"十二五"上海重点图书
城镇化与社会管理丛书

创新社会管理的社会工作路径

——崇安社会工作体系建设探究

○吕　青　徐向林　编著

華東理工大學出版社
EAST CHINA UNIVERSITY OF SCIENCE AND TECHNOLOGY PRESS

图书在版编目（CIP）数据

创新社会管理的社会工作路径——崇安社会工作体系建设探究/吕青，徐向林编著. —上海：华东理工大学出版社，2012.4

（城镇化与社会管理丛书）

ISBN 978-7-5628-3238-6

Ⅰ. ①创… Ⅱ. ①吕… ②徐… Ⅲ. ①社会工作－研究－无锡市 Ⅳ. ①D632

"十二五"上海重点图书 城镇化与社会管理丛书

创新社会管理的社会工作路径——崇安社会工作体系建设探究

编　　著/吕　青　徐向林
责任编辑/姚　璎
责任校对/金慧娟
封面设计/戚亮轩
出版发行/华东理工大学出版社
社　址：上海市梅陇路 130 号，200237
电　话：（021）64250306（营销部）
传　真：（021）64252707
网　址：press.ecust.edu.cn
印　　刷/江苏句容市排印厂
开　　本/710 mm × 1000 mm　1/16
印　　张/17.25
字　　数/294 千字
版　　次/2012 年 4 月第 1 版
印　　次/2012 年 4 月第 1 次
书　　号/ISBN 978-7-5628-3238-6/C · 168
定　　价/48.00 元

序一

社会工作的出现和发展是工业化、城市化的产物，是社会进步、人类文明的重要标志。随着经济社会的全面发展，社会工作作为一项专业的助人方法和社会职业，开始引入中国内地。江苏省无锡市崇安区从2008年开始启动社会工作体系建设，社会工作的“种子”在崇安悄然生根发芽。

2011年，我曾到崇安区专题调研社会工作，考察了莫家庄社区服务中心、贝康戒毒康复中心、新市民综合服务中心、蓝丝带工作室等多家社会工作机构，并召开了社会工作人才队伍建设座谈会。这次专题调研令我印象深刻，至今还记忆犹新：崇安区委书记蒋伟坚同志对社会工作这一新生事物如数家珍，令人备感钦佩；社会工作已在崇安十大重点服务领域开展探索和实践，“七彩工程”切实服务于民，社会工作影响之大、服务范围之广令人备感惊奇；崇安目前已达到每个社区配备3名社工，全区每万人拥有社工8人，比例之高令人倍感欣喜。

崇安的探索是生动鲜活的，也是卓有成效的。近几年来，崇安区把加强社会工作体系建设纳入党和政府的中心工作，融入改革发展稳定大局，通过柔性化管理、人性化服务、社会化运作的工作方法，有效挖掘社会资源，回应社会需求，丰富管理方式，为社会成员提供了政府不便和市场不愿或不能提供的公共服务，形成了具有鲜明本土特色的社会工作“崇安模式”，走出了一条以推进社会工作加强社会管理的创新之路，被民政部确定为全国社会工作试点城区，成为我省社会工作的闪光亮点。

崇安社会工作体系建设有理念、有内涵、有活力，展示了时代风貌，体现了地方特色。《创新社会管理的社会工作路径——崇安社会工作体系建设探究》这本书详细介绍了崇安开展社会工作的做法：一套与时俱进的发展理念，一条清晰详细的工作思路，一支初具规模的人才队伍，一批务实多元的服务项目。这是一本难得的社会工作实务性书籍，将为其他地区社会工作的发展提供有益的借鉴和启示。

“长风破浪会有时，直挂云帆济沧海”。过去的几年，崇安抢抓机遇，脚踏实地，社会工作发展颇具成效；未来的征程中，崇安人要继续解放思想，锐意进取，用社会工作的理念和手法为民政工作注入新的力量，为地方百姓带来更多福祉。

江苏省民政厅厅长

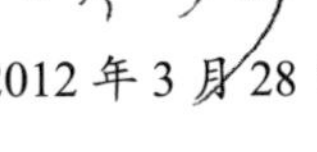

2012年3月28日

序二

江苏省无锡市崇安区，经济发达，人文荟萃，尚德务实，文明开放，现代化精品城区已现雏形。

面对社会转型时期民生保障要求的提高，利益诉求日趋多元，基层矛盾纠纷增多，社会管理难度增大的现实情况，崇安敏锐地察觉到在民生事业中推进社会工作的重要性和紧迫性，清晰地意识到社会工作的开展将为社会管理带来全新的理念和根本的变化，在宏观调控和政策引导的同时，把部分社会服务职能交由专业人员承担，主动为社会专业机构对接更多的政府资源，由此真正实现“小政府、大社会”的基本格局。

崇安对社会工作的思考和探索，可以说是逐步推开、自成一体的。2005 年，我区在无锡市率先推进街道“一街一楼”5 000 平方米和社区居委会“一居一房”500 平方米达标建设，公共服务平台建设更加规范；2006 年，制订了《和谐社区建设实施意见》，把居民群众满意度作为衡量和谐社区建设的重要标准；2007 年，提出了构建“便民、健民、乐民、育民、安民”五大体系“10 分钟服务圈”，完善公共服务，适应居民群众新需求；2008 年，引入社会工作理念，出台统领性文件《关于探索推进社会工作体系建设的意见》，明确十大重点发展领域和三类重点服务人群，全面探索推进社会工作体系建设。四年来，按照“社会工作体系化、社工队伍专业化”的目标要求，初步建立起一支适应社会服务管理需求的社工队伍，社会工作专业服务平台相继建立，政府购买社会工作服务有序开展，社会参与度不断提升，社会工作在我区深入人心。2011 年，全面实施创新基层社会管理“七彩工程”，推行建立红丝带、橙丝带、黄丝带、绿丝带、棕丝带、蓝丝带、紫丝带、金丝带等工作室或项目，为特殊群体提供专业服务，进而探索出一条由专业人才、专业机构提供专业服务的基层社会管理之路。

这些年来在社会工作上的思考和探索，为崇安的社会事业发展和社会管理创新增加了一抹亮色。社会工作的引入，有助于进一步转变政府职能，实现服务主体的多元化和服务项目的多样性；社会工作的引入，有助于进一步完善社区服务体系，在以适度普惠为原则的行政事务服务基础上，更加满足个性化需求；社会工作的引入，有助于进一步深化民政工作最基本的救助功能，为特殊、困难、弱势群体提供从物质到精神的多层次援助，为经济社会发展创造和谐稳定的环境。

由江南大学吕青教授主笔的《创新社会管理的社会工作路径——崇安社会工作体

系建设探究》一书，对崇安社会工作体系的建设背景、推进演变、发展脉络进行了全面的梳理总结，并与深圳、上海等先进地区对照，突出了崇安的特有做法和创新亮点，展现了崇安社会工作发展的全貌。我相信，本书的出版将对社会工作的定位、认识、价值和意义，起到积极的宣传作用，也必将推动社会各界更加关心社会工作、支持社会工作、参与社会工作。

当前，崇安踏上了率先基本实现现代化的历史征程。加强以改善民生为重点的社会建设，创新社会管理，是实现这一目标的重要抓手和必然要求。让我们以社工队伍建设为抓手，更加积极地培育引导社会工作组织，更加热情地投身社区建设，更加有效地发挥社工、社区、社会组织“三社联动”作用，共同创造崇安的美好明天！

中共崇安区委书记、区人大主任

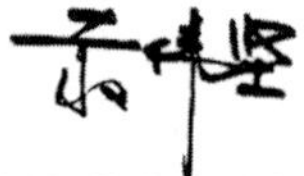

2012 年 3 月 28 日

FOREWORD
前 言

改革开放以来，中国社会发生了结构性的变化。随着市场经济体制的逐步建立，我国“社会活力明显增强，同时社会结构、社会组织形式、社会利益格局发生深刻变化，社会建设和管理面临诸多新课题”。

中国共产党第十六届中央委员会第六次全体会议（以下简称党的十六届六中全会）通过的《中共中央关于建构社会主义和谐社会若干问题的决定》(以下简称《决定》)指出，“必须创新社会管理体制，整合社会管理资源，提高社会管理水平，在管理中体现服务”。

胡锦涛总书记在中国共产党第十七次全国代表大会（以下简称党的“十七大”）上的报告中指出：“加快推进以改善民生为重点的社会建设。重视社会组织建设和管理。”为社会工作注入了新的内涵，提出了新的要求。社会建设作为中国特色社会主义事业总体布局的重要组成部分，其内涵主要包括发展社会事业、扩大公共服务、协调利益关系、完善社会管理、调处社会矛盾、促进社会公平正义等，以及与之相关的改革与建设。胡锦涛总书记还提出了社会主义经济建设、政治建设、文化建设、社会建设四位一体的总体布局，并强调以改善民生为重点加快推进社会建设，这是党对中国特色社会主义事业的新认识、新概括，在理论上和实践上都具有重大意义。

党的“十七大”报告把社会工作放到了党领导下的社会建设部分，这说明社会工作已经不仅仅是党领导下的一项群众工作，从更广泛的意义上说，它更是公民福利和社会建设的内容。这就为社会工作发展开拓了更加广泛的领域，提出了更高的要求。

2011 年 11 月 8 日，中共中央组织部、中央政法委、民政部等 18 个部委和组织联合发布了《关于加强社会工作专业人才队伍建设的意见》(以下简称《意见》)。《意见》提出了当前及今后一个时期加强社会工作专业人才队伍建设的目标任务：要大规模开展专业培训，大幅度提升现有从事社会服务人员的专业素质和职业能力，逐步扩大社会工作专业人才队伍规模；深化社会工作专业教育改革，完善社会工作专业培训体系，初步形成适合我国国情的社会工作专业人才培养模式；逐步建立社会工作专业人才培养、选拔、使用、流动、评价、激励等方面的政策法规体系；着力加强中国特色社会工作专业人才理论研究和宣传普及，提升社会工作专业人才的认知度和认可度；加大社会工作专业人才使用力度，形成各地各部门共同推进社会工作专业人才队伍建设的总体态势。到 2020 年，我国要建立较为完善的社会工作专业人才队伍建设运行机制和工作格局，使社会工作专业人才队伍的数量、结构和素质能力适应构建社会主义和谐社会的需要，满足广大人民群众不断增长的服务需求。

我们这个时代将是产生和影响未来中国社会建设和社会工作思想的伟大时代。推进社会工作体系建设，是江苏省无锡市崇安区提高社会管理水平、切实加强社会建设、促进社会和谐的创新之举。我们希望通过本书梳理、总结和呈现昨天，更好地规划与展望明天。

CONTENTS

目 录

CONTENTS

目 录

CONTENTS

目 录

CONTENTS

目 录

CONTENTS

目 录

第一章

社会工作体系建设的背景

第一节 ▶ 社会工作在国外的发展

社会工作是以利他主义价值为指导，以科学的知识为基础，运用科学方法助人的职业化的服务活动。它是世界工业化和现代化的必然产物。它既是一门科学和一种专业方法，又是一项有效的制度安排。其工作领域广泛涉及学校、医院、社区、司法部门以及各种社会弱势群体、边缘群体和问题人群，其本质功能在于预防和解决社会问题，实现和维护个人与社会之间的和谐关系，提升个人、家庭和社区的生活质量，推动社会的文明与进步。

一、西方社会工作的产生背景

西方社会工作形成于 19 世纪末至 20 世纪初，受各种思潮和社会矛盾的深刻影响，专业的社会工作是在解决各种错综复杂社会问题的过程中，在人们长期的助人活动中发展起来的。

1. 文化背景

尊重人、关心人并致力于人的发展的社会工作与西方的文化传统及社会思想有关，可以说西方的文化和宗教是社会工作专业产生和发展的文化根源及思想基础。西方文化有着崇尚个人价值的传统，但在黑暗的中世纪抬高神而贬低人，使人的尊严受到损害，使人的发展受到抑制。文艺复兴时期以来，主张以人为中心、一切为了人的利益的思想得到彰显，法国资产阶级革命进一步张扬了人道主义，把天赋人权、自由、平等、博爱写到了自己的旗帜上。资产阶级思想家强调天赋人权，认为所有的人在人格上都是平等的，都有追求幸福和自我发展的权利，而资产阶级人道主义作为西方社会的意识形态与宗教伦理一起为后来兴起的慈善活动和广泛的助人活动奠定了思想基础。

作为社会工作雏形的西方早期慈善事业的发展是建立在宗教实践的基础上的。19 世纪工业革命以来，慈善事业逐渐成为一种有组织的助人活动，而最早从事社会工作专业的“友善访问员”本身就是虔诚的基督教教徒，他们具有强烈的宗教使命感，认为帮助穷人和有困难人士是服膺上帝的一种荣耀。与此同时，在西方的社会福利领域，很多非政府机构都是有宗教背景的，宗教信仰不仅影响了这些机构组织的构成和管理，也影响了在机构内部从事社会工作专业的工作人员的价值理念。

2. 社会背景

社会工作是西方社会工业化、城市化进程中应对城市贫困、失业、犯罪和人际关系疏离等社会问题的产物。正如马克思、恩格斯所指出的，资产阶级在它不到一百年的阶级统治中创造了巨大生产力，但同时，资产阶级工业革命也对这些国家的社会关系、社会结构产生了深刻的破坏性的影响。这表现在：第一，整个社会被划分为两大阶级即资产阶级和工人阶级。阶级的两极分化也使得财富和贫困、特权和无权向两极发展，由此资产阶级和工人阶级日益尖锐对立起来。第二，资本主义经济的高速发展打破了封建时代封闭的农村经济，迫使农业劳动力成为大工业生产劳动力的出卖者，他们走出农村进入城市。大规模的社会流动破坏了农村的社会和家庭结构。第三，资产阶级经济的发展及追求个人利益最大化的价值理念的蔓延冲击着以往的社会关系，使得人与人之间的关系变为赤裸裸的利害关系，利己主义不断膨胀。第四，社会问题大量出现，在资本主义的发展中，自由竞争使得竞争中的失败者沦为贫困、无助的群体，贫困、饥饿、失业、堕落充斥着社会。这些不期而遇的社会问题引起了许多思想家、政治家及社会人士的关注，他们致力于解决这些社会问题，以使社会摆脱病态，弱者免于痛苦。社会工作就是人们众多解决社会矛盾尝试中的一种方法。

3. 制度背景

作为一种社会制度，社会福利是社会工作重要的制度背景，19 世纪以来，随着西方工业化进程的不断加快，社会福利也在不断发展。而 20 世纪以来，伴随着工业化、城市化和社会变迁的进程，社会福利制度又经历了一个新的发展阶段，福利国家的出现成为西方世界一个普遍的现象。欧美的社会工作发展史就是国家社会福利的发展史。社会工作专业伴随着社会福利制度，由社会救济、社会保险和福利服务，向着教育、医疗、住房、就业服务和公共福利事业转变而不断发展，社会工作者的福利服务领域也不断扩大，就业岗位日趋多样化，但其归属的是社会福利与社会服务机构。

社会工作与社会福利制度紧密相连，它是社会福利体系的一个重要组成部分。社会福利制度是为满足公民的社会需要、解决社会问题而设置的专门制度，它必须通过社会服务体系来实现上述目的。因此，若缺乏与之相适应的社会服务传送体系，即社会服务的管理、规划与传输，则无法实现服务与人的需要的相互联结。社会工作专业则正好充当了社会服务传递体系的角色，发挥着满足社会需要和解决社会问题的功能，并对促进社会福利制度的变迁起着积极的作用。专业的社会工作者（以下简称社工）是最能深刻认识社会福利制度改变必要性的人，他们积极推动着社会福利制度的建构和完善，因而对社会稳定和社会发展起着积极的作用。

从系统论的角度来看，社会福利制度本身代表着一系列有组织的专业服务的结构与内容，它们彼此相互联系与依赖。社会工作专业是一个重要的实施社会助人的行动系统，社会工作专业的发展水平在很大程度上体现着一个国家或地区社会福利制度的完善或成熟的程度。社会福利制度中的公正、理想、技术、人性和非人格化的服务必须通过社会工作专业来体现，而社工专业能力的提升将有利于社会福利制度的完善。

社会工作专业的工作归属和处境是社会福利机构，社工是社会服务的主要提供者，社会工作与社会福利是服务与处境、形式与内容、手段与目的两相依托的关系。

二、西方社会工作的产生发展

从西方社会工作专业产生和发展的历史来看，社会工作专业是以一种自下而上的内生性的方式逐步发展壮大并成熟起来的。

工业革命以前，人类社会就存在着向弱势群体和个人提供的服务，如早期基督教堂经办的对病人和穷人的照顾，但现代意义的以科学方法助人的专业活动是在工业革命以后出现的，社会工作的专业化是在长期的社会服务实践、对实践经验的总结和不断借用其他学科的新的研究成果等多种因素的共同作用下形成的。

19 世纪始于英国并逐渐传播到欧洲大陆乃至全世界的工业革命带来的不仅仅是生产力的飞跃发展，它同时也伴随着工业化和城市化的发展，伴随着诸如贫富分化、城市人口膨胀、住房拥挤、环境污染等新的社会问题。社会工作专业正是在不断地回应社会问题中应运而生，无论是慈善组织会社[①]中的友善访问员，还是睦邻组织运动[②]中的教区领袖，这些带有慈善性质的社会活动无一不兼具民间性和自发性。西方社会工作专业的出现、发展和成熟，正是从这些民间和自发的慈善活动中发展起来并逐渐壮大的，这凸显了西方社会工作专业内生性、自下而上的发展轨迹。

为了改善社会服务机构的服务质量，英美等国的慈善组织于 19 世纪末开始了对志愿人员和服务人员的训练。1893 年，英格兰由济贫院和英国慈善组织会社开设了一所两年制的“慈善训练”学校，从此开启了社会工作专业培训的历史。通过培训，服务人员在服务方法上有明显的进步，服务的规范性明显增强，服务效果也明显改善。1898 年，美国纽约慈善组织会社举办了为期六个星期的训练课程，训练受薪的“友善访问员”。同时，荷兰的阿姆斯特丹社会工作学院成立，开设了两年制的社会工作教育课程。1904 年，纽约社会工作学院成立，原来六个星期的社会工作训练课程也拓展为一年课程。1910 年，美国哥伦比亚大学高等学院开设社会工作课程。由此，社会工作专业教育和训练成为社会工作人员和队伍发展的重要专业支撑，后又变为专业社会工作发展的重要条件。社会工作专业教育和训练的发展及其正规化有力地促进了社会工作专业的形

① 1869 年英国建立的慈善组织会社致力于协调民间各种慈善组织的活动，推动民间社会服务活动的发展。
② 1884 年兴起的睦邻组织运动致力于发挥社区在助贫救困中的作用，鼓励志愿工作者进入社区活动中心为贫民服务。

成和发展。

一种现代职业的形成需要独特的专业技术和方法，而这些是可以通过教育等过程进行传递，从而通过学习获得的。随着社会工作实践的发展和教育培训的展开，一大批学者对社会工作专业的知识体系、助人模式、问题解决模式等进行研究和总结，使社会工作的专业方法逐渐明确。从此，社会服务业逐渐脱离了仅凭善心、热情和经验为贫困人群提供帮助的状态，开始走上以系统的助人知识为基础的专业化发展阶段。可以说，至 20 世纪初，一个有系统的服务体系、服务人员有一定的方法和技巧、追求服务效果的现代社会工作逐步形成了。1898 年，美国社会工作者玛丽 · 里士满（Mary Richmond）出版了《贫民中的友善访问员》,开始对社会工作实践经验进行理论化总结。1917 年，她发表了著名的《社会诊断》一书，试图使社会工作方法成为一套独立的知识体系。里士满指出，友善访问员就像内科医生一样，要运用“研究—诊断—治疗”的科学方法去助人，并把科学方法置于十分重要的地位。后来，她又发表了《什么是社会个案工作》，社会个案工作作为一种专业方法被社会工作者普遍接受，个案工作在社会服务实践中也发挥了重要作用。

自 20 世纪 20 年代开始，小组工作也被纳入社会工作训练课程，研究者积极地从事小组工作方法的科学梳理和理论发展。到 40 年代，小组工作作为社会工作的专业方法被接受，社会工作的专业方法得到进一步加强。另外，社区工作作为一种专业工作方法也逐步发展起来。起初它只是一种服务于个案工作的间接方法，后来，社区工作者形成了自己的专业团队，并运用自己的专门知识去解决社区中的问题，到 60 年代，社区工作已被正式承认为社会工作专业的一个基本方法。70 年代，社会行政作为一种间接的工作方法被接受。这样社会工作逐渐成为一个比较成熟的专业。

社会工作专业组织对专业服务的规范和引导作用也不容忽视。实务社会工作开始于个人的慈善行为，它的上规模、成气候的发展主要依赖于非政府组织的积极参与。非政府组织既是早期社会工作的发展引擎，又是现代实务社会工作的组织基础。早期实务社会工作主要是由像慈善组织会社、安置院、汤恩比馆和霍尔馆之类的非政府组织实施和推动的。它们填补了工业化社会的家庭照顾的空缺，努力建构一种新型的社会照顾体系和社会工作制度。现代实务社会工作大多是由非政府组织实施的。非政府组织是政府福利项目的承包者，政府通过市场化机制向非政府组织购买公共服务，非政府组织是政府福利行政的得力助手。社会工作专业的非政府组织是职业社会工作的发展平台。例如，美国的社会工作教育理事会与英国的社会工作教育和训练中央委员会，就分别对美国和英国的社会工作职业发展规划负责，还负责社会工作职业资格认证，以保证社会工作职业资格的公正性、专业性和权威性。总之，目前世界上社会工作比较发达的国家已经形成了以政府为主导，以非政府社会工作机构为主体，以社会工作者为核心，并由社会志愿者广泛参与的社会工作的良性运行和发展机制。西方社会工作发展的历程表明：社会工作的发展是和工业化、市场经济的需要分不开的；相关的社会福利理念是支撑社会工作发展的重要思想基础；国家干预是推动社会工作发展特别是专业社会工作发展的关键力量；发展社会工作需要制度化的空间；发展专业社会工作是提升福利服务地位与效果的必然选择。

第二节 ▶ 社会工作在中国的发展

一、社会工作的萌芽

现代社会工作是工业化、社会化、现代化的产物，我国传统社会缺乏产生社会工作的社会条件。但是，我国历史上有着丰富的社会福利思想，渗透于我国的传统文化中。

1. 传统文化中的社会福利思想

中国传统文化深受儒释道三家的影响，尽管三家的思想也存在分歧与争论，但它们是可以相互吸收，共同影响中国人的文化与性格，是中国社会工作发展的思想源泉。

（1）儒家文化。儒家文化对中国社会的巨大影响是不言而喻的，它是千百年来中国社会的主流文化。儒家为我们民族提供了一个人本主义的学术系统、人本主义的文化传统。儒家文化博大精深，源远流长，与社会工作价值观比较契合的主要有：第一，大同理想。《札记 · 礼运 · 大同篇》中提出：“使老有所终，壮有所用，幼有所长，鳏寡孤独废疾者皆有所养。”这种大同理想所追求的社会形态与社会工作的目标是极为吻合的，即老人福利（老有所终）、就业服务（壮有所用）、儿童福利（幼有所长）、社会救助与残障福利（鳏寡孤独废疾者皆有所养）。大同社会中的具体目标，正是现在社会工作所致力的，况且大同理想在中国有着极为广泛和深厚的群众基础。第二，“礼”的思想。“礼”是儒家很重要的一个思想，孔子虽然不是一个社会学家，但他对社会秩序与规范的高度重视是非常值得社会工作者借鉴和学习的。一般认为，礼有两层含义：社会制度和仪式。李泽厚提出礼当属周礼。一种是在周初确定的一整套典章、制度等，一种是上下级、尊卑长幼之间的严格秩序。不管如何解释，有一点是共同的，即“礼”是维持正常社会秩序的规范，社会若失去这个规范（礼崩乐坏），就会滋生一系列社会问题和社会动荡。社会工作的主要方法就是修复和修补被破坏的社会秩序或构建新的社会秩序。对于正处于转型时期的中国社会来说，这一点尤其具有现实意义。第三，孝道观。儒家认为“士有百行，孝敬为先”，“治身莫先于孝”，非常注重和推崇孝道。孝道观在中国具有强大的社会规范和社会压力作用，它不但体现了亲情之爱，给老人以心理上的慰藉，同时它又维持了家庭稳定，解决了养老问题。尽管随着社会的变化和家庭的变迁，家庭传统的养老功能衰退，家庭的承受能力和照顾功能减弱，社会养老和机构照顾很可能成为今后的发展趋势。但不可否认，在一定时期内传统的孝道观念和体制仍然会发挥重要的作用，在中国仍占主流。就是社会养老和机构照顾也仍然要重视适合中国国情的模式，而不是把老人放在那儿就万事大吉。因此，社会工作依然要推崇孝的理念，尊重孝的特殊地位和作用。第四，入世观。《大学》中载“物格而后知，知至而后意诚，意诚而后心正，心正而后身修，身修而后家齐，家齐而后治国，国治而后天下平”。这种“修身齐家治国平天下”的理念不知曾经激励和引导过多少中华儿女为了民族的伟大复兴去拼搏和奋斗。其入世的思想被赋予了积极的意义：人应有积极的人生态度去有所成就；人应对社会和家庭承担责任；个人利益与社会利益是一致的。社会工作的核心是人，而人是社会性的。因此，追求人与社会和家庭的和谐是儒家文化与社会工作价值观的一个契合点。

（2）道家文化。道家为中国传统文化提供了一个自然主义的系统，把人本主义传统和自然主义传统结合起来。提倡“自然与人，天道与人道相通、相类和统一”，即“人与自然的和谐相处”。同时道家文化政治上主张“无为而治，顺其自然”，虽然这是一种难以企及的理想境界，但却提出了政治和谐的理想。另外庄子认为：“自其异者视之，肝胆楚越也；自其同者视之，万物皆一也。”世事万物虽然在表面上千差万别，但从它们的根源看，都是基于同一个“道”，又归于同一个“道”，并没有什么根本差异，所以“以道观之，物无贵贱”。既然人与天地万物之间都没有真正的差异等级，那么人类社会自身中的尊卑贵贱又何足挂齿！人人平等，甘苦与共。而今天我们国家提倡建设和谐社会，正是体现了人与自然，人与人和谐的理念。而实现和谐社会也是社会工作者的终极目标，对于中国社会工作者来说，把“天人合一”的思想和“天地与我并生。而万物与我为一”的理念放在和谐社会的建设和发展的框架中来考虑，是十分必要和有现实意义的。

（3）佛教文化。中国传统文化中儒释道三家互补，其中的释就是佛教。佛教是一种宗教，而前面所讲的儒家文化和道家文化则是一种人文。佛教本起源于印度，在东汉时期传入中国。对中国人尤其是士大夫阶层的生活曾产生过巨大影响。佛教认为功名利禄只是镜花水月、烟花泡影。人们如能淡泊功名利禄，也就减少了社会生活中为功名利禄而进行的钩心斗角和相互倾轧，对于社会秩序的和谐稳定自然大有裨益。同时，佛教提供了一种解脱主义的传统。我们经常探讨在有限的生命里如何来确定自己的理想，如何实现自己的理想，其中自然会产生很多烦恼和痛苦。而佛教的解脱主义理念，就是解脱烦恼、痛苦和生死问题，这正好适应中国人的需要。社会工作价值观中关于宽容、接纳的理念，说的就是要求人要善于保持一种海纳百川的心态。能够容忍和接纳诸多困难和痛苦之事，甚至于死。另外，佛教主张互助互爱、众生平等的理念。佛教认为父子、夫妇、主仆等甚至众生的关系是平等的。"扫地不伤蝼蚁命"，对蝼蚁尚且留一命，更何况是人呢？它要求大家要相互尊重，平等相待。不要相互残杀，"放下屠刀，立地成佛"。佛教生命至上的思想，高举以生为本的旗帜，把个人的生命和健康放在首位，把尊重、保护、优化生命作为道德的核心价值。平等的理念是社会工作最重要的价值观，只有秉承平等的价值观，才有可能成为一个合格的社会工作者。因为社会工作的服务对象主要是社会的弱势群体，如残疾人群体、精神康复群体、吸毒群体、艾滋病群体、低保户群体等，社会工作者如果没有平等的价值观，就不会去接触这些群体，如果鄙视这些群体，尊重和帮助就无从谈起。

2. 传统社会保障事业

上述复杂多元的伦理思想和文化传统是中国传统社会工作的思想源泉，而建立其上的传统社会保障事业为现代社会工作的发展提供了实践基础。传统社会保障事业包括灾荒救助、救治贫病、救助鳏寡孤独、养老、育婴、助学、救济失业、优抚优恤等。①

（1）灾荒救助。国家在灾荒之年实施的对民众的临时性救助措施，也即"荒政"的内容，尽管是临时性举措，但经长期发展，已形成了相对固定的制度，包括灾前预防（兴修水利、设立常平仓、义仓、社仓等）、灾中救济（调粟、移民就粟、安置流民、赈济、以工代赈、养恤、蠲免等）与灾后重建（贷种、贷牛、垦荒等）等方面。其中在灾荒发生后，形成报灾、勘灾、救灾的程序；官员必须进行实地调查，逐级汇报；根据受灾程度不同，实行不定数量的赋税蠲免以及生产、生活救助等。

（2）救治贫病。这包括医病和扶残。从西周时期开始，政府即担负起了对贫病之人救治的责任，为此《周礼》中专设有"医师"、"疾医"官职。《管子》要求实行"九惠之教"，其中"养疾"一项即要求政府将身患残疾、生活不能自理者收养在"疾馆"中，终身侍养。历代政府在就业、日常生活、法律待遇等各个方面对残疾人都有优待。南朝齐代设有"六疾馆"，专门收养贫病之人。唐朝寺院设"悲田养病坊"，后改由国家主持，功能与"六疾馆"大致相同。宋代以后，政府设立"惠民药局"，为贫民医病提供方便。而民间社会也设立慈善机构，对贫病、残疾之人施医施药，为救治贫病之民发挥了重要作用。

① 王卫平：《中国传统社会保障史研究述论》，《江海学刊》，2011 年第 4 期。

（3）救助鳏寡孤独。先秦以来，历代政府都极为重视对鳏寡孤独的救助，采取了一系列的优惠政策，包括进行定期或不定期的物质赏赐，设立专门机构予以收养（六疾馆、孤独园、福田院、养济院等），有病医病、已死代葬等。为了将相关政策落到实处，元代政府以法令形式要求地方官、亲族对鳏寡孤独者予以救助：“（至元十九年）仍令每处创立养济院一所……专一收养上项穷民，仍委本处正官一员主管。应收养而不收养，不应收养而收养者，仰御史台按察司计点究治”[①]；“及同宗有服之亲，鳏寡孤独老弱残疾不能自存，寄食养济院，不行收养者，重议其罪”。[②]明代朱元璋更要求：“天下郡县立孤老院。”《大明律》中规定：“凡鳏寡孤独及笃疾之人贫穷无亲属依倚不能自存，所在官司应收养而不收养者，杖六十。若应给衣粮而官吏克减者以监守自盗论。”[③]

（4）养老。《周礼》将“养老”作为保护生息百姓的“六政”之一，养老事务有专门官员负责，每年举行隆重的养老仪式，老年人及其家属可享受免除赋役的待遇。西汉以后，在养老方面实行存问制度、“高年赐王杖”制度等，并对他们进行物质赏赐和给予优免赋役、量刑从轻等法律方面的优遇。汉文帝时还颁发“养老令”，要求地方官经常慰问老年人，并对老人们赐予米、肉、酒、帛、絮等衣食。以后历代王朝大都沿用了这一做法。南北朝时期，开始出现了收养孤贫老人的“孤独园”。宋代以后，设立福田院、孤老院、养济院等机构专门收养贫困老人成为常制。朱元璋统治时期，是否设立养济院以及养济院经营得好坏，成为地方官考核的重要依据。清代由于养济院功能的逐渐衰败，又由民间建立普济堂以补养济院的不足。与此同时，宗族义庄对本族鳏寡老人按期发放赡养费用，使其不致流浪外乞，有力地补充了政府养老设施的不足。

（5）育婴。《月令》中说，夏王朝就实行了“养幼少，存诸孤”政策，西周政府实行的“慈幼”政策在先秦古籍《周礼》、《管子》等书中多有记载。自宋代开始出现了慈幼局、婴儿局等专门的育婴机构，而明末以后尤其清代，育婴机构的设立更为普遍。清代育婴堂的普及率仅次于官方的养济院，在民间慈善团体中位居第一。清代育婴机构大致可分为两类。一种是育婴堂，从京师、省城至府县城市均设有，构建房舍，雇用乳妇，收养弃婴。在江南地区，甚至一些市镇也设有育婴堂，并在僻远乡村设立育婴堂派驻机构“留婴所”、“接婴所”，收送乡村的弃婴，从而构成覆盖城乡的育婴网络体系。另一种是保婴会，是江南地区自清代中期以后出现的、与育婴堂运作方式不同但又互为补充的新的民间育婴团体。鉴于乡村地区送婴入堂的不便、育婴堂规模有限等情况，一些地方绅士另设他法，对生子之家给予一定数额的物质补助，由父母自行养育婴儿。这种方式简便易行，存活率又高，因而在江南地区得到普遍推广。

①②③ 王卫平：《中国传统社会保障史研究述论》，《江海学刊》，2011 年第 4 期。

（6）助学。科举取士是我国隋唐以后选拔人才的主要途径，学而优则仕也是莘莘学子梦寐以求的人生幸事，但是不少优秀的知识青年因为家境贫寒而被迫辍学。如何救助这些贫困学子，政府、社会及宗族都非常关注。宋元以后，政府备有学田、膏火田等公产收入作为膳廪支持；而地方社会与宗族义庄也建立义田、义学、贡士庄等，为地方或族内贫寒子弟的学业、举业提供支持。苏州范仲淹创建范氏义庄，除设义学外，还有对读书、参加科举考试的同族子弟予以钱、米资助的规定，这一做法被许多宗族义庄所继承并发扬光大。

（7）失业救济。这种情况主要出现在晚清。工商业者为了规避包括失业在内的各种生存风险，积极构建更加完善的保障体系，如明清苏州碑刻中所见布业经义公所、绸缎业七襄公所等议定的同业伙友之间的互助救济，实是与宗族血缘保障系统不同的另一种保障体系，即以业缘为纽带的社会保障。如七襄公所规定："如同业中有老病废疾不能谋生者，有鳏寡孤独无所倚藉者，有异乡远客贫困不能归里者，由各肆报之公局，令司月者核实，于公费中量为资助。"①有些工商业组织还为同行失业人员创造再就业机会，如苏州兴复公所："经同业公议，停收学徒，俾使失业各伙，即可设法安插，不致有流离失所之苦。"②

（8）军人抚恤。中国历代政府都很重视对军人及其家属的保障，先秦典籍《周礼》、《管子》中即有对为国捐躯者优抚的规定，如《管子》主张实行九种惠民的措施，其中有"接绝"一项，即士民死于国事，死于征战，国家发放抚恤金给其亲朋、故旧，负责祭祀。《三国志・魏书》中说到对于"力战死事者，皆如旧科，勿有所漏"，说明此前各王朝对于战死沙场的军人是有专门抚恤规定的。明朝时立有《优给优养条例》，是关于军人优抚方面的律令记载。条例对军人待遇有明确规定，其中包括：武官残疾者月给米三石优养，京卫官老疾无子孙者，全俸优养。军士阵亡，有妻者月粮全给，三年后守节无依者，月给米六斗终身。清代军队有绿营和八旗的区别，由于清朝统治者实行种族歧视政策，绿营兵享受的待遇往往只有八旗兵的一半。八旗军官战死不但能得到高额恤银，子女也可荫职，而抚恤待遇的高低也与官阶紧密联系，如品级较高的都统战死，其恤银可达 1 000 ～ 1 200 两，但普通士兵战死，则根据兵种的不同，往往只有数十两至二百两不等。此外，国家对于伤亡将士的家属、将士退役后的生活也给予一定的关怀。

①② 苏州历史博物馆等编：《明清苏州工商业碑刻集》，江苏人民出版社 1981 年版，第 28、172–173 页。

3. 现代社会工作的萌芽

尽管中国传统文化中有丰富的社会福利思想和传统社会保障制度内涵，但还没有专业意义上的社会工作。这是因为传统中国一直是一个农业国家，其经济基础是自给自足的小农经济，其社会结构特征是以生活和生产相重合的家庭为单位，以家族、亲友、邻居为生活共同体而形成的家族集团式结构。虽然在农业社会中不乏贫困与社会问题，但是由于社会结构稳定，社会分化程度低，流动性不高，人们主要依靠家庭、家族、亲朋来解决问题，社会保障仅仅发挥有限的补充作用。所以，现代专业社会工作萌芽于近代社会。

19 世纪中期以来，受外国资本主义列强入侵及本国民族工业发展的影响，我国开始进入近代社会。19 世纪末以来，我国社会发生了巨大变化。国内政治局势动荡、社会危机长期严重威胁着人民生活，国家和民族的命运也不时处于危机状态。同时，由于西方帝国主义列强的经济、军事和文化侵入以及中国人民自觉向西方寻求民族自救的道路，西方文化也以各种方式进入我国。20 世纪初至二三十年代，一些传教士在我国开办社会服务，并在我国的大学讲授社会服务等课程（这与西方社会工作的发展是有一定联系的），一些大学开始从事社会服务教学并从事服务实践活动，由此，现代意义的社会工作开始出现。1925 年燕京大学建立社会学与社会服务系可视为我国社会工作发展的重要标志。

在社会服务方面，一些上层社会的人士开展了具有现代意义的孤儿救助、贫民救济等活动。此外，一些在西方受过正规教育同时又受西方文化影响的知识分子为了救国救民也开始从事农村发展活动，其中以晏阳初倡导并极力推行的华北平民教育运动最为典型。虽然因战争等原因，这些实践活动效果有限，但它对我国社会工作的发展仍具有重要意义。20 世纪 40 年代，当时政府将社会工作引入我国，对我国社会事业（社会工作）的发展有一定推动作用。社会主义制度建立后，出于对社会学、社会工作的错误理解，1952 年政府决定在大学取消社会学、社会工作学科和相关教育，社会工作专业教育至此中断。

二、转型期发展的社会背景

1. 改革开放前的“单位体制”和思想政治工作

改革开放前，我国的社会体制主要是单位体制，即绝大部分成员都组织在单位之中：在农村是公社、大队、生产队；在城市是机关、事业单位、主管局下属的国有及集体企业。单位不仅管工作、生产，而且管每个人的生老病死。单位实质上是国家和行政机关的派生机构。单位体制无法覆盖的少数社会成员，如“纯”居民、孤寡老人、残疾人等，才由街道办事处居民委员会来组织管理。在单位体制中，社会工作被单位的思想政治工作、群众工作、工会和共青团工作所替代，无需单独存在和进行。

思想政治工作是思想政治教育工作的简称，是一定的阶级和政治集团为实现一定的政治目标，有目的地对人们施加意识形态的影响，以转变人们的思想和指导人们行动的社会行为。思想政治工作就是在党和国家的路线方针指导下，围绕组织（如企业）的目标，对本组织的成员施加意识形态和心理的影响，以期转变思想政治品德，引导其行为的工作。思想政治工作的主要特征具有党性和阶级性、实践性、群众性和综合性、应用性、科学性及工作内容方式的渗透性、工作效果的积累性与潜在性等。在方法上，思想政治工作强调以理服人与情感相结合（说服教育与关心体贴等），抓两头带中间与抓中间促两头相结合（树榜样、帮后进等）及针对性和环境建设等要求；具体形式有报告、演讲、开会、谈心、评比、奖励、寓教于乐等；也有经验层次的手段、技巧等。在思想政治工作中注重几个原则：理论联系实际，发扬民主与正确指导相结合，思想政治工作结合经济工作，表扬和批评相结合以表扬为主，物质鼓励和精神鼓励相结合，言传身教相结合并注重身教重于言教，解决思想问题与解决实际问题相结合，耐心说服与严格纪律结合等；要求坚持正确的方针，如服务、疏导与物质利益相结合等。思想政治工作主要由单位中的政工干部担任，也称思想政治工作者，社会身份比较明确，他们主要扮演教育者及组织管理者的角色，应该具备一定的政治、道德、文化、心理素质及知识、能力等方面的综合素质。思想政治工作的功能体现在其是精神文明建设的根本保证，是物质文明建设的重要保证，是推动社会生产力发展的可靠保证，当然思想政治工作的保证功能与服务功能是统一的。

思想政治工作与集中统一的计划经济运行及“行政—单位”一体化社会管理体制相匹配，但与市场经济体制的确立及改革开放所带来的转型社会较不适应。随着我国用工制度的不断放开，单位之间、行业之间、城市之间、城乡之间的人员流动不断加速，个人在社会中的角色由单位人向社会人转变。传统的单位思想政治工作体系无法应对这种现实变化，既表现为组织的不适应，又表现为社会群体多元化的不适应及工作方法、手段的不适应等，总之运用思想政治工作的方法无法解决复杂的社会问题。从问题的产生来看，社会问题引起思想问题，思想问题也可以转化为社会问题；从问题的解决来看，思想问题的解决有赖于社会问题解决，反之思想问题的解决也有利于社会问题解决。思想政治工作不能脱离整个社会机制而单独起作用，所以需要发展解决社会问题的社会工作机制，应该将思想政治工作纳入社会工作的重要组成部分。

2. 社会转型与社会工作发展需求

我国目前经历的社会转型，不仅表现为传统农业社会向现代工业社会转变，计划经济体制向社会主义市场经济体制转变，还表现为“政社合一”的一元社会结构向“国家—市场—社会”三元结构转变，政府与企业将原先承担的社会性事务转移到社区、社会组织及社会福利机构。正是在这种社会转型和体制改革的宏观背景下，社会工作发展有了巨大需求。

首先，工业化、城市化的迅猛发展对社会工作提出了新的更高要求。工业化、城市化是推进我国社会主义现代化建设，实现传统社会向现代社会转型的必由之路和根本动力。工业化、城市化在给经济社会发展带来巨大活力的同时，也对人民群众的日常生活产生着深远影响。这些影响突出体现在两个方面：一是社会需求日益复杂多元。随着社会财富不断积累，广大人民群众生活水平不断提高，思想活动的独立性、选择性、多变性和差异性明显增强，社会需求已从低层次的温饱型转向高层次的发展型，从单方面的物质生活满足转向物质、文化、精神生活多方面的满足。二是社会问题日益复杂多元。主要表现为贫富悬殊问题、流浪乞讨问题、犯罪吸毒问题、劳资冲突问题、拆迁冲突问题、干群冲突问题等。特别是随着大量农村人口向城市转移而产生的“新市民”缺乏社会服务、合法权益无法得到有效保障的问题更是日益突出。要及时回应这些需求，解决这些问题，需要新型的社会政策措施，需要新型的社会服务手段，需要新型的社会治理方式，需要传统社会工作向现代社会工作转化。

其次，社会结构的深刻变动对社会工作提出了新的更高要求。改革开放三十多年来，我国在经济结构发生深刻变革的同时，社会结构也发生了深刻变动。突出体现在：人口结构深刻变动，人口流动、人口老龄化趋势日益明显；家庭结构深刻变动，家庭规模越来越小，核心家庭、单亲家庭、空巢家庭、丁克家庭越来越多，家庭类型多样化趋势更加显著；社会组织结构深刻变动，新经济组织、新社会组织大量涌现；就业结构深刻变动，劳动力在产业、行业、岗位等方面的配置不断改变，产生了大量“体制外”成员；阶层结构深刻变动，在中产阶层比例不断扩大的同时，低收入者、生活困难群体也日益增多。社会结构的深刻变动，在对经济建设产生巨大推力的同时，也产生了大量新型社会问题，如养老问题、家庭问题、就业问题、医疗问题、住房问题、心理问题、道德建设问题等，对传统公共服务提出了巨大挑战，迫切需要建立和完善符合国情、比较完整覆盖城乡、可持续发展的基本公共服务体系，迫切需要以推动基本公共服务均等化为核心使命的社会工作从传统的、经验的、单一的、被动的服务方式向现代的、专业的、综合的、主动的服务模式转型。

第三，加快推进社会体制改革对社会工作提出了新的更高要求。社会体制改革是加快转变经济发展方式的强大动力，是构建社会主义和谐社会的重要基础。加快推进社会体制改革，关键是要不断健全和完善社会保障体系、公共服务体系、社会组织体系和社区管理体系，推动建立政府调控机制与社会协调机制互联、政府行政功能与社会自治功能互补、政府管理力量与社会调节力量互动的社会管理网络，形成党委领导、政府负责、社会协同、公众参与的社会管理格局。这就决定了社会工作必须进一步发挥好其着眼社会基层、整合社会资源、培育社会组织、传递社会政策、深化社会服务、修复社会网络的强大优势，在保障民生、服务民众、发展民主、维护民利、加强社会管理、促进社会和谐稳定等方面不断开拓新路径、探索新模式、取得新成效。

三、社会工作的发展

社会转型和体制改革，社区建设日新月异，社会福利改革不断深化，非营利组织增长，这些都为具有专业知识基础、价值观和专业技能的社会工作者提供了广阔的发展空间。

1979 年国家决定恢复社会学学科建设，社会工作课程作为应用社会学也在一些大学恢复起来。随着“政社分离”改革政策的推行和政府及群众团体由管理型向服务型的转变，加之民政部对干部知识化、专业化要求的提出，社会工作作为一个专业的要求被提上议事日程。1996 年，国家教委决定在高等学校设立社会工作与管理专业。一些学校开始招收社会工作与管理专业的本科生。这样，专业社会工作教育开始起步。与此同时，民政部门对干部进行在职培训，讲授社会工作内容，从而形成了此后的行政性社会工作与专业社会工作相结合的发展格局。

在社会工作专业发展之初，虽然社会工作教育呈现兴旺之势，但其力量弱小，并没有得到社会的普遍认同。与西方社会工作专业的产生方式相比较，我国社会工作专业并不具备自然成长的内生性，并且专业的发展方式也是以一种自上而下的方式进行。

首先，在我国改革开放之前的计划经济时期，社会工作的任务是由国家直接承担的，是一种“政府负责的、非专业化的社会工作”模式，其特点是几乎所有的福利性、服务性、公益性的活动均由政府负责推行，同时几乎所有的资源也都由政府提供。这一时期严格意义上来说，我国并不具备专业的社会工作。其次，从改革开放以来社会工作专业在我国的发展来看。1988 年国家教委批准北京大学社会学系设立社会工作专业，次年招收了第一批社会工作专业学生，至今 20 多年的发展，社会工作专业主要是在国家民政部的主导下进行发展，无论是社会工作教育还是社会工作实务均如此。近年来，社会工作教育在高等教育这一领域有了飞跃性的发展，我国各类开办社会工作教育的高校已有二百多所，由于教育部门的支持可以说在数量上发展速度惊人。从社会工作职业化来看，2004 年，国家劳动和保障部颁布第九批国家职业标准，社会工作被正式界定为一种专门职业，并规定了职业标准。2006 年，党的十六届六中全会通过的《决定》中指出：“建设宏大的社会工作人才队伍。造就一支结构合理、素质优良的社会工作人才队伍，是构建社会主义和谐社会的迫切需要。建立健全以培养、评价、使用、激励为主要内容的政策措施和制度保障，确定职业规范和从业标准，加强专业培训，提高社会工作人员职业素质和专业水平。制定人才培养规划，加快高等院校社会工作人才培养体系建设，抓紧培养大批社会工作急需的各类专门人才。充实公共服务和社会管理部门，配备社会工作专门人员，完善社会工作岗位设置，通过多种渠道吸纳社会工作人才，提高专业化社会服务水平”。2008 年 6 月 28 日，由民政部和人事部共同组织的“初级社会工作师”和“社会工作师”第一次在全国范围开考。这是我国社会工作专业化和职业化发展中具有里程碑式意义的事件。2010 年，全国 30 所高校开始招收社会工作硕士专业研究生。从专业的发展历程可见，社会工作专业在我国的发展主要是在政府的支持下发展起来的，是一种自上而下推动的发展方式。

虽然国外与国内社会工作的产生方式有着自下而上与自上而下之分别，但总体而言，社会工作是现代社会结构不可或缺的重要组成部分，是补偿社会变迁损失，修正市场失效，追求社会公平和改善人类福利状况的重要社会机制与制度安排，也是维持社会有序运行的重要社会机制，其基本功能是通过解决社会问题满足人类需要，营造良好的社会环境，促进社会经济协调发展，工具性质十分浓厚。这意味着其拥有跨越社会制度、民族国家和文化价值的普遍适用性，意味着社会工作同样适用于社会主义国家。因为追求幸福美好生活是人类社会的共同需要。

第三节 ▶ 崇安社会工作体系建设的背景

一、崇安区社会工作发展的基础

无锡位于江苏省南部，是经国务院批准的较大城市，长江三角洲重要的中心城市之一。无锡自古就是我国著名的鱼米之乡、中国四大米市之一，无锡也是一座现代化工业城市，我国民族工业的发源地之一，素有“小上海”、“布码头”之称。现在，无锡是江苏经济发达的地区，拥有产业、山水旅游资源优势，是长三角先进制造业基地、服务外包与创意设计基地和区域性商贸物流中心、职业教育中心、旅游度假中心。被《财富》（中文版）杂志评为“中国最佳商务城市”，2004年当选《CCTV》“全国十大最具经济活力城市”，连续多年入选福布斯大陆最佳商业城市。

无锡市辖2市（江阴市、宜兴市）7区（崇安区、北塘区、滨湖区、新区、惠山区、锡山区），共有32个镇、51个街道。全市总面积4 787.6平方公里，其中山区和丘陵为782平方公里，占总面积的16.8%；水域面积为1 089.26平方公里，占22.82%，耕地面积140.82千公顷。城市建成区面积为216.5平方公里。1978年改革开放以来，无锡经济社会进入快速发展阶段，综合实力不断提升，城市面貌日新月异，城乡居民生活水平大幅攀升，城市化水平有了提高。2005年无锡达到江苏省全面建设小康社会指标，2006年开始向基本现代化目标进军，2010年地区生产总值超过5 750亿元，人均地区生产总值突破1.3万美元，城镇居民人均可支配收入和农民人均纯收入分别达到27 600元和13 700元。

崇安区是无锡市政治、文化和商贸中心，辖区面积17.8平方公里，下辖6个街道（崇安寺街道、通江街道、广瑞路街道、上马墩街道、江海街道、广益街道），42个社区居委会，常住人口23万人。作为中心城区，崇安区推进社会建设的基础好，资源多，早在2005年8月19号，无锡市委、市政府就出台关于加快崇安、南长、北塘新城部分重点片区开发建设的意见，加快推进城市化和城市国际化进程，强化城区功能开发，提升中心城区的集聚力和辐射力，提出：“以‘区域城市化、城市国际化’为目标，着力推进中心城区转型发展和功能提升。坚持重点片区开发与完善城区功能相结合、与增强辐射能级相结合、与推进城市化进程相结合、与提升城市形象相结合、与改善居民生活质量相结合，促进服务业集聚，促进工业企业退城入园，促进城中村改造，促进城郊结合部形态改观，统筹规划，分步实施，用三五年时间，高起点、高标准、高质量地推进重点片区开发建设，确保干一片，成一片，努力打造若干个具有地方特色、时代特征、产业特点的现代化新城区。”现代化新城区建设使崇安区的发展方式已步入由重点发展向优化发展，由注重经济增长向更加注重社会发展转型的新阶段。

2006年6月29日，崇安区委、区政府出台《关于推进和谐社区建设的实施意见》，提出按照“民主法治、公平正义、诚信友爱、充满活力、安定有序、人与自然和谐相处”的构建社会主义和谐社会要求，努力把社区建设成为居民高度自治、社会秩序稳定、社会保障充分、生活环境舒适、公共服务完善、各种社会群体和谐相处，社区与组织、社区与群众、社区与环境良性互动、协调发展的现代化城市生活共同体。并出台了无锡市崇安区和谐社区创建标准，标准包括8个项目，65个工作内容。

2007 年 5 月 28 日，崇安区委、区政府出台《关于印发〈构建“便民、健民、乐民、育民、安民”10 分钟服务圈实施方案〉的通知》，提出以步行 10 分钟左右为半径，以便捷高效的生活保障、医疗保健、文化娱乐、学习教育、治安安全为主要服务内容，以街道服务中心、社区事务工作站、睦邻中心和其他公共服务设施为基础平台，逐步形成“普及型、系统性、全覆盖”的服务网路体系，最大限度地满足居民的物质精神文化需求，为构建和谐城区奠定坚实基础。“五个 10 分钟服务圈”是一个有机整体，共同构成了社区服务网络体系。“五个 10 分钟服务圈”建设把社区居民需求作为构建服务圈的第一要务，体现了“以人为本”的服务理念，整合了机关团体、企事业单位、中介组织及个人等一切力量共建共享，使社区整体功能与服务水平不断提升，形成了良性循环机制，以保证社区居民能长期受益。

通过近几年的社区与社会建设，崇安区有序推进了以下五项重点工作：

1. 加大基础设施建设投入，为发展社区服务提供坚实的载体支撑。崇安区下大力气推进街道“一街一楼”和社区居委会“一居一房”建设，在居民集中居住区建成了 6 个“睦邻中心”，满足了居民群众基本生活需求，辖区内社区居委会用房全部达到 500 平方米，形成了“布局合理、功能完备、管理规范、设施健全”的服务网络。

2. 实施老新村业主自治管理，扩大基层群众自治范围。崇安区针对一些老住宅小区未实行物业管理，影响居民正常生活秩序的情况，用三年时间指导和帮助他们成立了业主委员会，推行业主自治管理，受到广大人民群众的普遍欢迎。近几年，结合两届社区居委会换届选举，公开招聘引进 98 名高素质社区工作者，通过他们及其他社区工作者的共同努力，培育社区组织、开展公民意识教育、培养社区领袖、发展社区互助网络，逐步增强了基层管理的自主性。

3. 以和谐社区建设实施评价体系为指导，创建和谐社区。《关于推进和谐社区建设的实施意见》提出的 8 个项目，65 个工作内容创建标准，具有科学性、针对性和可操作性，是和谐社区评价考核细则，它把居民群众满意度作为衡量和谐社区建设的重要标尺。通过努力，崇安涌现了一批和谐社区创建示范点，2007 年崇安区被命名为全国和谐邻里建设示范城区，除此之外，还先后荣获了全国社区卫生服务示范区、全国社区残疾人工作示范区、全国社区教育试验区、全国科普示范城区、江苏省义务教育均衡发展先进区、江苏省老龄工作先进区、无锡市首批文明城区等称号。

4. 完善社区综合服务体系功能，提升群众满意度。推动社区公共服务广覆盖，群众性互助和志愿服务制度化，社区专业服务和商业服务规范便利，建立公共服务、便民利民服务、志愿服务有效衔接的社区服务体系，实现居民群众生活的舒适方便。

5. 满足社区居民需求，构建社区服务网络体系。“五个 10 分钟服务圈”共同构成了社区服务网络体系。同时，每个服务圈又具有各自独特的内涵、功能和要求，见表 1–1。

表 1–1 “五个 10 分钟服务圈”的功能定位

名称	功能定位
“便民”服务圈	以满足居民日常生活必需为目标，完善相关服务设施，引入和整合便民、利民服务项目，提供方便、快捷的基本生活保障
“健民”服务圈	以满足居民卫生健康需求为目标，建立健全卫生服务平台，提供价廉、质优的疾病预防、医疗保健、健身康复服务
“乐民”服务圈	以满足居民精神文化需求为目标，建设、整合和开放各级文化、体育活动场所和设施，提供大众化的精神文化娱乐服务
“育民”服务圈	以满足居民终身学习和提高文明素养的需求为目标，搭建社区学习、教育、培训平台，通过大力开展技能培训、校外教育、成人教育等途径，努力提高居民文化素质，树立健康文明的社会风尚
“安民”服务圈	以保障居民安居乐业为目标，健全各项综合治理措施，完善社区治安防控体系，营造安全放心的居住环境

“便民、健民、乐民、育民、安民”是“五个 10 分钟服务圈”的宗旨，居民由居住地步行 10 分钟左右，就可享受到医疗保健、文化娱乐、学习教育等“一站式”便捷服务。有了这样的服务圈，办证缴费、看病就医、文化娱乐，这些大大小小的生活所需，都能就近在自己社区搞定。通过服务圈的打造，崇安区形成了服务平台到位、服务网络健全、服务手段先进、服务机制高效、服务质量满意的社区服务体系。

社会与经济协调发展是科学发展的重要内容，加快推进社会建设，其核心是着力保障和改善民生，建立健全基本公共服务体系，建立健全覆盖城乡的社会保障体系，加强和创新社会管理，切实维护社会和谐稳定，不断提高人民群众的生活质量和水平。崇安区五项重点工作的推进是提供社会服务、解决社会问题、调节社会关系、促进社会公平的创新探索，为社会管理创新提供了有益的经验，也为社会工作体系建设奠定了良好的基础。

二、社会工作体系建设任务的提出

崇安区在构建服务圈、创建和谐社区、建设和谐城区工作的过程中，也切实感受到，面对社会转型阶段深层次矛盾和问题的不断显现，单靠政府的有限力量和传统的行政方式已经不能满足和适应居民群众的需求，必须依托新的社会力量来做支撑。为此，区委、区政府坚持以科学发展观为统揽，认真学习贯彻党的“十七大”关于“社会建设同经济建设、政治建设、文化建设四位一体、同步发展”的论述和“建设一支宏大的社会工作人才队伍”的要求，敏锐地觉察到推进社会建设的必要性和紧迫性，率先把推进社会工作作为和谐社区建设的重要基础工程摆上议事日程。在组织深入调研分析和试点探索的基础上，于 2008 年 1 月出台文件，1 月 7 日召开了社会工作体系建设大会，在全市率先启动社会工作体系建设，旨在深入贯彻党的“十七大”关于“加强社会建设、提升社会文明”的重要精神，以社会工作体系建设为突破口，切实加大社会建设推进力度，为率先基本实现现代化、建设和谐宜人新崇安打下更加坚实的基础。

推进社会工作体系建设，是区委、区政府根据崇安区发展的阶段性特征，切实加强社会建设、促进社会和谐的创新之举。

社会工作体系包括社会工作制度体系、组织体系、人才体系和服务体系。社会工作体系建设是一个庞大的系统工程，必须综合协调各种工作资源和力量，形成稳步推进体系规范化、一体化的建构模式。一是建立和形成党委领导、政府负责、行业管理、民间组织运作、社工服务、义工参与的社会工作领导和管理体制，制定一系列的社会工作法律法规，完善包括职业资格认证、注册管理、从业规范、薪酬标准等内容的社会工作制度。二是建立履行社会工作职能的社会工作组织机构和服务机构，发挥社会组织整合社会资源的优势和专业服务优势。三是以社会组织为载体，不断夯实社会工作人才创业的基础平台。在当前和今后一个时期内，社会工作人才队伍建设要紧紧围绕促进社会组织有序参与社会服务与管理工作；进一步加强事业单位体制改革；全面推进社区建设，把社会工作人才队伍建设与社区基层党组织建设有机结合起来；不断拓宽工作领域，通过专业服务介入人们的社会生活领域或空间，构建“难有所助，呼有所应”的社会工作服务体系，创建具有本土特色的社会工作体系。

中国共产党第十六次全国代表大会以来，在科学发展观、社会建设、加强执政能力及建设和谐社会的背景下，尤其是在改善民生、改革创新社会管理机制的探索中，社会工作遇到了发展的大好时机；同时，伴随着我国已进入改革发展的关键时期，中国社会正经历着经济体制的深刻变革、社会结构的深刻变动、利益格局的深刻调整及思想观念的深刻变化，使发展中国社会工作的机会和挑战并存。

中国的社会工作是社会建设的重要组成部分，它是一种体现社会主义核心价值理念，坚持“助人自助”宗旨，遵循专业伦理规范，在社会服务与管理等领域综合运用专业知识、技能和方法，帮助有需要的个人、家庭、群体、组织和社区，整合社会管理资源，协调社会关系，预防和解决社会问题，恢复和发展社会功能，促进社会和谐的职业活动。

首先，从定义来看，我国的社会工作发展与社会管理有着紧密的关系，社会工作作用于社会管理和服务领域，其目标是整合社会管理资源，促进社会和谐。因此可以说，社会工作的发展是对社会管理迫切需求的回应。

其次，社会管理是一种专业性很强的管理工作，社会工作是一门比较成熟的专业和应用性很强的职业，没有一支宏大社会工作人才队伍是无法完成社会管理相关任务的。因此，社会工作人才队伍是进行社会管理的有力保障，是健全社会管理格局的专业力量。

同时，从方法层面来看，社会工作的方法是受专业理论和专业价值观指导的，具有科学性，对提高社会管理水平具有积极作用。社会工作方法分为宏观工作方法和微观工作方法，宏观工作方法包括社区工作、社会行政等，其本身就是进行社会管理的方法之一。

第二章 社会工作体系建设的理念与思路

第一节▶ 社会工作体系建设理念

社会工作在中国社会主义现代化建设的历史过程中，以其特有的专业服务功能对构建社会主义和谐社会发挥着独特作用。建立社会工作体系，对推进政府职能转变和市场经济发展完善，推动社会管理模式向社会治理模式转变，帮助各级政府把工作重点从经济发展的第一线转移到社会建设的第一线，实现服务型政府的转变，发挥着十分积极的作用。

崇安区将社会工作作为构建社会主义和谐社会的专业推动力量，积极、有效地嵌入公共服务领域，以它的知识和技术展开了一场公共管理的革新。

一、加强社会工作就是推进社会管理

“社会管理创新”是在2004年召开的中国共产党第十六届中央委员会第四次全体会议上正式提出的，即“加强社会建设和管理，推进社会管理体制创新”。在那次会上，“社会管理”和“社会建设”并提，被纳入了更完备的体系性框架之中。2007年党的十七大报告提出要“建立健全党委领导、政府负责、社会协同、公众参与的社会管理格局”，明确指出了我国社会管理的治理结构有待完善。

社会管理涉及社会活动、社会生活的各个方面和领域，涉及社会各类子系统之间错综复杂的关系，以政府、市场、社会组织等为多元社会主体对社会系统进行社会管理，服务社会公共事务，回应社会诉求，化解社会矛盾，解决社会问题，维护社会公正、社会秩序和社会稳定，创造富有理性、宽容、和谐、文明的社会运行机制，建设社会、政治、生态、经济协调发展的社会环境。现代社会管理体制是政府与市场、社会组织、公民等主体的共同治理和协同行为，是以政府调控、市场配置、社会组织和公民协同参与为基本格局的系统整体。目前，我国正处在经济体制转轨和社会快速转型的时期，经济快速增长和物质财富不断增多的同时，各种社会问题和社会矛盾日趋突出，构建和谐社会的核心问题就是要更好地统筹解决社会资源发展的全面性、有效性和协调性问题。为此，我们就必须从社会管理着手，创新社会管理体制，加强社会管理，通过实施系统的、有效的社会管理，提高各种社会资源开发的充分性和有效性，为解决制约和谐发展的各种问题提供良好的运行机制和发展平台，逐渐形成管理科学化、沟通信息化和服务社会化的高效社会管理体系，促进我国社会建设、经济发展、人民幸福。

崇安区把社会工作作为创新社会管理的重要举措，培育新型社会管理格局，借助社

会工作提供的非行政化服务，转变单一行政手段管理社会方式，通过深入调研分析，组织试点探索，全面动员推进，开展专题研究，引导相关职能部门学会用社会工作的理念思考社会问题，用社会工作的思路解决社会问题，从而达到维护社会秩序，加强社会管理功能之目的。

社会工作在加强和创新社会管理中具有专业优势和积极作用，其表现为：

1. 发展社会工作，有利于体察社会需求、社会心态和社会矛盾，并通过提供系统化、多样化、个性化、专业化的服务，及时为群众排忧解难，把社会问题化解在基层，增强社会管理与服务的亲和力和时效性。

2. 发展社会工作，有利于整合社会资源，加强社会协调，创新社会管理机制，降低社会管理成本，提高社会管理效率。

3. 发展社会工作，有利于疏导公众情绪，塑造自尊自信、理性平和、积极向上的良性社会心态，构建平等互助、尊老爱幼、扶贫济困、礼让宽容的和谐人际关系，促进社会良性运行。

4. 发展社会工作，有利于更新群众工作观念，创新群众工作机制，改进群众工作方法，密切新形势下党同人民群众的血肉联系，夯实党的执政基础。

二、加强社会工作就是改善民生

民生问题与百姓生活密切相关，涉及教育、医疗卫生、住房、收入分配、劳动就业、社会保障等方方面面。民生问题处理得如何，不仅关系到广大人民群众的根本利益是否得到满足，而且直接关系到党和政府与人民群众的关系。

党的“十七大”报告指出，社会建设与人民幸福安康息息相关。所以，创新社会管理方法的出发点和落脚点首先应该考虑解决好人民群众的切身利益问题，统筹兼顾现阶段人民群众的共同利益和不同群体的特殊利益的关系。改革开放 30 年来，是我国解决民生问题成就最大的时期，是群众得到实惠最多的时期。特别是近年来，党中央、国务院为改善民生采取了一系列政策措施，取得了明显成效，得到了广大群众的衷心拥护。而国民教育问题，就业问题，利益差别、城乡地区差距继续扩大问题，社会保障制度不统一问题，城市如何搞全民医疗保险问题，农村养老保险问题，农民工的社会保险问题，基层民主建设问题，还有食品安全问题等，都在不同程度上影响民生状况，影响和谐社会建设的进程。因此，我们需要完善社会管理制度，提高社会管理水平。

社会工作秉持“助人自助”的理念，把对社会困难群体、弱势群体的关怀和帮助放在第一位，有着政府单一行政化管理手段无法比拟的优势。社工向有困难的服务对象提供各种具体的帮助和服务，解决其困难、增强其能力，更长远的目标是帮助他们恢复正常生活功能。社工在物质帮助、心理和社会支持方面提供的援助是具体的，可以解决服务对象遇到的迫切、基本问题。但是社工并不只是帮助他们解决基本问题，而是希望以此帮助为契机，增强服务对象解决问题的能力，走出困境，走向“正常生活”状态。由于在分析服务对象问题成因时，社工倾向于既重视服务对象个人方面的原因，也重视社会方面的原因，认为人与环境是相互依存的，将人与环境的相互协调和适应作为分析和处理问题的基本出发点，所以社工既把解决服务对象的问题、增强服务对象的能力作为工作目标，也把外部环境改变作为工作目标，在此基础上，促成人与社会环境的良性互动：一方面，通过解决问题和增强能力使服务对象有能力应对环境的压力和挑战；另一方面，通过调动环境中的资源和改善环境，向人们提供更多支持。由此看来，社会工作维持社会秩序的功能不同于行政手段以自上而下的行政系统和权力解决问题，而是通过化解矛盾、解决问题，从而达到维护社会秩序的效果。对于改善民生，创新社会管理具有更加实在的作用。

三、社会管理必须依靠社会力量

社会管理，说到底是对人的管理和服务，涉及广大人民群众切身利益，必须始终坚持以人为本、执政为民，切实贯彻党的全心全意为人民服务的根本宗旨，不断实现好、维护好、发展好最广大人民根本利益。要坚持贯彻党的群众路线，坚持人民主体地位，发挥人民首创精神，紧紧依靠人民群众开创新形势下社会管理新局面。要坚持思想上尊重群众、感情上贴近群众、工作上依靠群众，把群众满意不满意作为加强和创新社会管理的出发点和落脚点。要以人民群众利益为重、以人民群众期盼为念，着力解决好人民最关心、最直接、最现实的利益问题，始终保持党同人民群众的血肉联系。随着经济社会快速发展，人民群众越来越关注生活质量的提升，精神文化需求正向多元化、个性化方向发展，社会管理仅靠行政化和传统力量远远不够，必须依靠社会力量共同完成。为此，必须注重引导政府职能部门动员调动社会力量，整合社会资源，扶持社会组织发展，在推进政府购买服务等方面积极探索，开拓创新，顺势而为。

社会管理的特质决定了社会管理的主体具有多元性。也就是说，进行社会管理的组织者、参加者或行动者，不仅包括政府，还包括党组织、社会组织、公民等。所以，社会管理既是政府对有关社会关系和社会事务进行规范和制约的过程，即政府的社会管理，也是各种社会力量（如自治组织、社会组织和公民）依据一定的规章制度和道德约束，规范和制约自身行为的过程，即社会自治管理和社会自我协调。为此，需要一方面架构和完善多元主体间有序合作的社会管理方式。政府部门应当清楚地知道自己社会管理的范围与边界，明确什么该管、什么不该管、该管的管到什么程度，为其他社会管理主体让出足够的空间。另一方面要扩大现有体制接纳社会意志、社会力量、社会资源的弹性空间，提高吸纳社会意见和社会力量的能力，推行参与式合作治理；完善合理的社会利益协调机制和保障机制，重构社会利益表达机制，建立新型的社会流动机制以及科学有效的公共危机处理与社会预警机制。

四、社会管理需要专业人才承担

广大社会工作者既是实现社会管理和服务的最前沿队伍，也是实现参与式合作治理的最基本力量。解决好我国进入改革发展关键时期，因经济与社会体制、社会结构、社会利益格局等深刻变化带来的诸多社会问题，迫切需要社会协同参与；而实现社会协同又迫切需要建设一支贴近群众的专业化、职业化的社会工作人才队伍。他们不仅能够体察群众需求、社会心态和各种矛盾，而且可以通过开展思想政治工作、群众工作和提供系统化、多样化、个性化的服务，及时为群众排忧解难，有利于增强社会管理与服务的亲和力和实效性，有利于把各种社会问题化解在基层。

无锡市正在加快推进以改善民生为重点的社会建设。特别是现阶段，经济发展到了一定程度，社会已经进入“社会矛盾凸现期”，社会问题更为复杂。一是社会问题涉及人群范围扩大了，除了以前的弱势群体以外，还增加了由于经济和社会改革随之出现的新的弱势群体以及新的社会工作服务对象；二是改革已经进入了关键阶段，人们利益矛盾复杂化、价值取向多元化、生活方式多样化的特征也越来越明显，社会问题更加复杂多样。因此，社会建设、社会管理和社会服务的主要工作最终要由专业化的社会工作人才队伍来承担。社会工作人才队伍作为一支独立的队伍，在人才强国战略的实施过程中，在经济建设、政治建设、文化建设和社会建设中将扮演着越来越重要的角色，要营造尊重和重视社会工作专业人才的良好环境。把社会工作人才培养纳入区“人才兴区”战略规划，建立培养考核机制，激发社工服务社会的热情。

第二节 ▶ 社会工作体系建设思路

一、指导思想

崇安区社会工作体系建设的指导思想是：以科学发展观为指导，认真贯彻落实党的“十七大”精神和关于构建社会主义和谐社会的决定，紧紧围绕全区四大目标定位和构建和谐城区的目标，加快建设以政府为主导、以公共服务和构建和谐社会管理为取向、以专业为基础、以公众广泛参与为动力的社会工作体系，形成较为健全的社会工作系列、较为专业的社会工作队伍和较为完善的社会工作机制，为建设和谐宜人新崇安提供有力的支撑和保障。

上述指导思想将推进社会工作体系建设作为完善社会管理和服务体制的必然选择；将推进社会工作体系建设作为构建和谐社区和提升品质生活的重要保证；将社会工作体系作为解决社会问题、化解社会矛盾的专业和职业，为社会管理注入新的理念，使社会工作体系成为和谐社区建设的新支撑。

社会工作体系建设的指导思想从根本上讲，体现了社会管理由行政控制向服务管理转变的理念。在新的社会管理结构中，社会工作扮演着重要角色，其对公民社会的发展提供专业支持，能促进现代社会管理理念和管理方式的改变，也能在实践中推动新型机制的形成与完善。

公民社会的兴起和社会管理主体结构的变化，与社会工作发展密切相关。社会工作是公民社会的专业构成力量，也是现代社会管理的专业构成要素之一。从某种意义上说，社会工作与公民社会一道构成了当代社会的“第三部门”，在社会管理机制的构成中，它借助其与民众的广泛联系和专业化的服务，在连接个人与社会、公民与国家的关系中起着纽带作用。作为社会管理组织的一种形式，社会工作组织兼有服务与管理的双重功能。一方面，它作为社会福利体系的输送终端，承担着向社会成员提供福利服务的职能；另一方面，它又是社会管理体系的终端，通过其与人们日常生活的联系和互动，承担着沟通各种社会需要，达成管理任务和目标的功能。因此，将社会工作放到现代社会管理的组织框架中考察，不仅对公民社会与社会管理的关系会有更深入的认识，而且对致力于社会主义现代化和社会主义民主政治发展，对构建拥有稳定、和谐、有序的社会秩序的中国社会，也会产生积极的影响。就此而言，通过发展社会工作，对改革社会管理制度，提高社会管理水平，促进基层社会管理的人性化和基层民主的发展有着更加深远的政治和社会意义。

在国家、社会、市场三种类型组织并立的现代社会治理结构中，社会工作具有的社会管理功能不仅能使公民组织以更专业的方式参与到发展社会公益事业、增进社会福祉、维护社会平等与公正的管理和服务活动中去，而且能使公民组织以更贴近社会基层的方式将管理与服务活动延伸到社区及人们日常生活空间，更好地满足人们的日常生活需求。从更大的社会层面来看，社会工作以其专业服务的精神和追求民主、平等与正义的社会理想，影响着现代社会的管理理念和管理方式的改变，并且在实践中推动着社会治理机制的形成与完善。

首先，社会工作强调“助人自助”和“自助助人”原则，为在传统社会管理向现代社会管理转变过程中如何处理管理者与社会大众的关系，提供了新思路。社会管理涉及公共利益和人们的日常生活，管理者和社会大众在其中会相互影响和制约，只把管理者看作管理主体而忽视或不承认社会大众在其中也是行为主体和“利益相关者”，社会管理就只能变成行政机构或自上而下的行政命令。现代社会管理的本质就是要将社会管理变成大众参与的过程，发挥公民的积极性，引导他们关注并参与与其利益相关的公共事务，在自助过程中发展科学民主的精神和自主负责的参与能力。

其次，社会工作作为扎根社区、服务基层的专业制度和工作方法，可以为改变传统社会管理自上而下的行政控制方式，建立以基层民主和社区参与为特征的基层社会管理体系，提供科学理论和专业方法的支持。现代社会管理的立足点是建立在社区参与基础上的基层社会管理的民主化。运用社会工作方法特别是宏观社会工作方法，有计划地在组织和社区内实施变革，既是改善和强化基层社会管理的行动，也是解决社区或基层组织问题的有效途径。运用社会工作方法去营造社区，既有助于社会管理重心下移，也有助于社区重建和社区自治的发展。

再次，社会工作作为一种防治社会问题发生的调节机制，对化解社会矛盾和建立稳定有序的社会秩序有重要作用。现代社会是一个风险社会，其基本特点就是机遇与风险同时存在；预防风险会演化为社会冲突，而纠正人们的失范行为，维护社会秩序，就成为社会管理的基本内容。在这一方面，社会工作发展了一整套针对个体心理和行为的微观工作方法与针对社区、组织、社会群体问题的宏观工作方法，能从不同层面对社会问题和社会矛盾进行预防性与治疗性处理，也能影响并改变制度设置和政策导向，以期防止或减少社会矛盾与社会冲突。正因为社会工作可以恢复个人、家庭和社区组织的社会功能，它才被视为现代社会的稳定剂和社会管理的重要手段。

最后，社会工作作为一种将政策与人民群众联系起来的机制，一方面要用行政的方法将社会政策转化为社会服务，以满足社会成员的生活需要；另一方面，又要在具体服务活动中发现社会问题，了解人们需要，提出解决社会矛盾的建议和方案，并动员民众参与到社会政策实践中去。从这一点来看，社会工作还可作为社会政策的实践主体，它能使政策不再是少数管理者或政治精英操控社会生活的手段，也不是高高在上的政府官僚“造福于民”的“仁政”手段，而是有社区和民众参与的社会过程。这就使宏观社会管理的民主化有了可行的载体，可推动社会管理向着社会治理转变。

二、遵循原则

1. 坚持以人为本，通过加强社会工作提高居民幸福指数。科学发展观的核心是以人为本，全心全意为人民服务是党的根本宗旨，党和政府的一切奋斗和工作目标都是为了造福人民。社会工作是经济社会全面发展的重要组成部分，是一项以人为本、为民解困的专业性和社会性的服务工作，与人民的切身利益直接相关。加强社会工作，就要不断提高居民幸福指数，不断促进人的全面发展，真正做到发展为了人民，发展依靠人民，发展成果由人民共享，实现人的全面发展和社会的全面进步。

2. 坚持正确方向，通过加强社会工作改善社会管理。党的十六届六中全会《决定》指出，维护社会和谐稳定必须创新社会管理体制，整合社会管理资源，提高社会管理水平。随着经济社会的不断发展，人民群众对教育、医疗、社会保障、环境保护等方面的公共需求大幅上升，对社会福利、社会救助、社区服务等专业化社会工作的需求也越来越多，要求越来越高，呈现出主体多元化、结构复杂、需求多样的特点。然而，传统政府直属、直管、直办的社会管理格局，制约了社会力量进入社会服务领域，存在社会服务效率偏低、功能偏弱、领域偏窄等问题。另外，传统的管理手段往往忽略人的个性需求和主体地位，难以满足人们深层次的需求。而通过社会工作则能较好地整合社会资源，提供有针对性和个性化的社会服务，弥补传统管理体制的不足。

3. 坚持循序渐进，通过加强社会工作实现社会和谐。社会工作体系建设既是一项紧迫的现实任务，又是一项长期的奋斗目标。建设社会工作体系，要从崇安区的实际出发，先易后难，先点后面，由表及里，注重特色，合理设置社会工作岗位，充分利用社会工作现有力量，提升转换社会工作队伍专业角色，提高机构、人员、资金在社会工作领域的运行质量。发挥社会工作维护社会公平正义，促进社会和谐进步的作用，使其成为构建社会和谐的重要基石。

上述原则体现了发展战略的转变和总体发展目标。从当前中国经济社会发展的总体需要来看，随着国家发展的总体战略从以经济建设为中心向经济建设、政治建设、文化建设、社会建设全面推进的转变，社会管理不能仅局限于寻求社会稳定，而是要把建立稳定有序的社会运行机制当作目标，才能在全面推进经济社会协调发展的过程中构建和谐社会，实现“国家富强、民族振兴、人民幸福”(《决定》，2006)的总体发展目标。

在构建和谐社会的过程中，社会工作最突出的作用就是能从提供社会服务的方面协调社会关系，促进社会稳定。随着社会主义市场经济体制的逐步形成，以“小政府、大社会”的管理模式为目标政府管理体制改革目标加快，全能政府开始转向有限政府，政府的大量社会服务职能交由社会承担。它的许多社会管理工作也将转变为社会服务，并且需要通过发展社会服务来使社会管理更加人性化和更能有效地满足人民群众日常生活的需要。通过政府部门寓管理于服务中的活动，协助人们解决日常生活问题，减少他们日常生活中的不满情绪，防止日常生活中的矛盾积累而形成社会问题，引发社会冲突。

具体地说，社会工作对构建和谐社会的作用体现在以下两个方面。

从微观方面来看，社会工作关注个人处境和状况，它从个人与社会关系出发，通过个案工作、小组工作等微观方法和技巧来帮助个人解决其与社会环境的关系，对人们的心理、行为和生活态度进行干预，帮助个人调适与工作、职业、家庭、社区的关系，使个人和家庭更好地应对生活中的困难和问题。就此而言，在中国建立社会工作职业制度，发展专业化的社会工作，既是一种帮助个人和家庭调适其与社会关系的助人活动，也是一项在微观层面营造稳定有序社会管理环境，为构建和谐社会奠定社会基础的社会建设事业。

从宏观方面来看，社会工作常常把个人生活中的困难或问题与社会环境或问题联系起来，力图通过社会环境的改善和某些社会组织与社会功能的恢复来抑制或克服社会变迁中社会问题的发生。因此，它发展了一系列宏观工作方法。这些方法把个人问题放在社会背景中加以考察，着眼于个人心理和行为问题发生的社会根源，主张在社区层面采取行动，运用社会行政和社会政策的手段去影响、改变社区状况，改善影响和制约人们行为的社会环境。在这一层面上，社会工作将服务对象扩大到组织、社区和政策领域，试图通过社区工作、社会行政和社会政策的方法来解决带有普遍性的问题，营造和谐的社会关系氛围，引导人们的社会行为朝着有序、和谐的正常化方向发展。这对于构建和谐社会来说，具有重要意义，表现为通过宏观社会工作来构建一种将直接行政控制的社会管理方式转化为民主参与的现代社会管理体系；运用社会工作专业知识和技巧来支持社会组织与社区的发展并扩大其服务民众、改善民主的功能，以维护基层社会稳定，达到有效管理社会的目的。

在更深的层面上，社会工作理念对创建和谐社会管理关系、推动社会管理理念更新具有深刻的意义。首先，社会工作的助人理念为建立以人为本的社会管理模式提供了价值依据；其次，社会工作追求平等、公正的社会理想为推动社会管理的民主化提供了具有专业实践意义的途径；再次，社会工作贴近社会基层，关注普通群众福祉的社会福利追求，为构建服务型政府和促进基层社会管理向社会服务转变提供了理论支撑；最后，随着新的社会管理结构的逐步形成，社会管理重心下移到基层，社会工作立足基层、服务社会群体、关注弱势群体的工作理念，构建扁平化的网络系统来推进社区服务发展，既是实现基层社会治理目标的重要依据，也有助于“小政府、大社会”社会管理与服务体制的形成。

三、建设思路

崇安区提出：党政组织必须站在战略高度，切实将构建具有崇安特色的社会工作体系作为一项重大任务摆上议事日程，分类指导、分步实施、全力推进，努力形成经济、政治、文化与社会建设“四位一体”的整体格局。

1. 要不断加大培育力度，逐步建设“业有所专、专有所长”的社会工作队伍体系。培养造就一支颇具规模、结构合理、素质优良的社会工作人才队伍是加强社会建设、构建和谐社会的当务之急，也是重中之重，为此，崇安提出要针对实际，采用不同途径，切实加大社会工作人才队伍的建设力度。首先，要加快引进具有专业证书及相关工作背景的人员，以他们为核心骨干，促进专业化的理念和操作方式向社会工作领域渗透。其次，要从现有社区工作者队伍中，选拔一批业绩突出、经验丰富、热心公益的优秀人员，通过有计划、分层次的专业培训和教育，不断提高他们的职业素质和专业水平，将他们充实到社会工作队伍中来。再次，要进一步丰富和深化志愿者活动，不断扩大志愿者队伍和义工组织网络，并与社工形成联动效应。同时，要建立健全社会工作考评机制，在政府管理、群众评议的基础上，充分发挥社会工作协会等行业优势，对社会工作者进行专业评估有效监督，不断提高社工职业化水平。

2. 要不断拓宽工作领域，逐步建设“难有所助，呼有所应”的社会工作服务体系。随着社会管理属地化的发展，人们迅速由“单位人”向“社会人”转变，原先隐含消化在单位内部的社会问题转变为显性的社会问题，在加大基层管理压力的同时，也促使社会工作由救助服务型向多样化和个性化、满足身心需要的高层次、深层次服务发展。崇安区已在禁毒、综合治理、交通等领域开展了社会工作的实践探索，取得了初步成效，积累了有益经验，但总的来说，目前所涉及领域仍较为狭窄，未能充分发挥社会工作涵盖面广、社会性强的特点。随着社会的不断发展，社会工作领域必将进一步拓展，新的社会需求也会不断出现，这就需要坚持“以点带面、逐步拓展”的原则，优先解决好重点群体、特殊群体、特困群体的现实需求，在此基础上，有计划、有步骤地拓宽社会工作领域，满足多元化的社会需求。

3. 要不断转换政府职能，逐步建设“扶放结合、共同参与”的社会工作推进体系。政府促进社会工作发展的作用十分重要，特别是在起步阶段，更需要职能部门超前谋划、主要介入。要充分发挥政府柔性化管理的优势，不断整合区域资源，努力为社会工作发展搭建服务平台。要通过深化机关效能建设，不断提高民政、残联、妇联等部分社会工作部门的服务意识，进一步建设“服务型政府”；通过开设不同的实训基地，为社会工作专业毕业生和有志于社会工作的各类人才提供模拟岗位和实践机会，进一步凝聚和吸引社会工作人才；通过开设各类社会工作论坛和座谈会，加强引导和组织各类社会工作者之间的交流，不断总结经验，进一步提高服务水平；通过大力宣传社会工作塑造其品牌，使社工的劳动得到充分肯定，价值得到充分认可，精神得到充分弘扬，进一步形成社会成员自觉支持社会工作、积极参与社会工作的氛围。

四、体系推进

崇安区委、区政府高度重视和支持社会工作体系建设，将社会工作体系建设摆上全区重要议事日程，列入区政府重点工作。在推进以民政为重点的社会工作服务中，坚持以社区社工（社区社会工作者简称）为基础、条线社工（在职能部门工作的社会工作者简称）为支撑、民间组织社工（在民间组织工作的社会工作者简称）为补充、社工义工联动全覆盖，注重建设和利用社区块面、条线系统和民间组织三股社工（社会工作者简称）力量，开展专业服务。一是打牢社区工作基础。以社区事务工作站为平台，以扁平化管理[①]为手段，社工在区民政部门和街道的领导下，运用专业方法，与社区工作者和居委会干部一道，协调解决社区居民中遇到的问题，在和谐社区建设中发挥基础作用。二是发挥条线（指职能部门）部门职能作用，由相关行政部门和社会团体牵头推进，按照行政职能，融入社会工作专业理念，依托平台载体开展专业服务。三是吸引民间组织参与，重点引导民间组织社工参与政府推出的社会服务项目，通过授权委托、直接资助、订单转接和差额补贴等方式进行有偿服务。四是社工义工联动全覆盖。形成长期固定的社工、义工联动服务机制，建设“难有所助，呼有所应”的社会工作服务体系。

崇安区社会工作的体系推进，体现在成立工作机构、明确工作职能；建成工作平台，提供服务场所；培养社工人才，形成专业队伍；制订相关制度，形成工作规范等各个方面。这些内容又可以归纳为制度建设、实践突破和专业推进三个方面。

社会工作是有着许多面孔、综合技能的助人专业，它同时具有实践、专业和制度三个层次的意义，需要在三个层面同时推进，才能达到体系化运作之结果。

1. 社会工作是一种制度，其发展需要制度建设。社会工作属于社会福利制度的发送体系，其本身也是一种社会制度设置。社会工作强调提供服务、解决具体问题，是整个社会福利体系的一个层面，它直接决定了社会福利制度目标的达成。发展社会工作，

① 扁平化管理是江苏省无锡市社区管理的创新模式，详见本书第七章。

需要整体推进，党和政府对于推进社会工作具有领导核心作用。政府的主导推动作用体现在制定政策规范、支持社会工作机构、公共财政保障、组织协调等诸多方面。制订社会工作职业化的准则、规定社工的培训和考试办法，明确社工的职业要求，设置社会工作岗位，都依赖政策规范的制定及社会工作制度的建设。社会工作机构是提供专业服务的职业组织，也是多数社工的从业机构，积极组织和培育各种社会工作机构，支持、推动和帮助它们在推进社会工作的过程中发挥独特作用是政府的另一项重要职责。当然，推进社会工作，发展社会工作教育和培训事业，实现社会工作职业化，都需要加大政府对社会工作的公共财政支持力度。社会工作具有跨部门、跨行业、跨所有制和极其分散的特点，需要统筹和整合，政府无疑要担当动员、组织、协调社会各方力量的作用，政府在组织协调社会各方力量推进社会工作的同时，还要从行政角度加强对社会工作发展过程的管理和监督，逐步解决制约社会工作发展的体制、机制问题。

2. 社会工作是一种助人活动，它的实践需要重点突破依次递进。西方社会工作，最初起源于宗教团体和上层人士的慈善救助活动，作为一种职业，社会工作在现代社会仍以其助人活动发挥了巨大功能，在实务领域，社会工作包括个案、小组和社区等一系列的实践方法，社会工作之所以是社会福利制度的发送体系，也是由其实践取向决定的，没有社会工作的助人行动，社会福利资源就无法顺利地输送到社会成员那里。在我国，社会工作实践的发展需要区域试点、领域突破、制度跟进，依次递进。崇安区社会工作实践是从和谐社区创建，到社会工作体系建设，再到十大服务领域推进，制订出台了一系列的方案和规范意见，探索出一条工作路子，形成了体系，覆盖到各个方面。

3. 社会工作是一门专业，需要加快专业人才的培训与使用。社会工作具有完整而科学的专业体系，包括专业知识、专业伦理、专业团体和专业技能等。社会工作的专业性是社会工作专业化的结果，西方社会早期的工业化和城市化引发了诸多社会问题，使得人们对社会服务提出了更高要求，传统的慈善救助活动无法适应这种要求，社会工作知识和技能随即趋于专业化。社会工作实践需要大批掌握社会工作价值理念、知识和方法，同时经过实践训练掌握专业技巧的从业者，这些都说明发展社会工作的关键之一是建设宏大的社会工作人才队伍，以满足社会发展对社会工作人才的需求。崇安区在加强队伍建设方面，完善了“五个统一”，即统一岗位设置、统一任务分配、统一培训竞聘、统一薪酬保障、统一管理考核，在发挥队伍作用上处于全国领先地位。

当然，社会工作体系化也是社会工作各方协调、合力运行格局的反映。社会工作的推进形成了政府、企事业单位、社区、民间社会组织和志愿者等各方协调、合力运作的模式。

第三章 社会工作体系在十大服务领域的推进和成效

第一节 ▶ 顶层设计及制度保障

社会工作领域是指社会工作作为一种专业服务所介入的人们社会生活领域或空间。社会工作服务领域相当广泛，面向社会各个阶层和社会生活的各个方面，特别是社会的各类弱势群体。我国社会工作的主要服务领域有：儿童及青少年服务、老人社会服务、妇女社会服务、康复服务、社会救助、就业服务、心理健康服务、家庭服务、医疗社会工作、学校社会工作、矫治服务、城乡社区发展、军队社会工作、企业社会工作等，当然，随着社会变化和新问题的出现，社会工作领域还在扩展。社会工作在传统上关注社会问题，并以解决社会问题、促进社会公正为己任，至今这一传统仍然表现得十分明显。现代社会工作除了关注社会问题，还特别关注社会和谐与社会发展。对社会问题的解决有助于促进社会和谐，因为对贫困群体的社会救助，对困难群体问题的解决可能会在一定程度上化解社会矛盾和冲突，从而有助于社会整合，另一方面，通过完善社会政策也可以从整体上改善贫弱群体的生存状况，促进社会认同。

崇安区在改革开放的过程中，深切感受到传统的社会服务领域，从服务内容、服务方式和方法、服务人员的专业素质到服务的运行和管理模式，都难以适应各项社会改革的要求，迫切要求转变传统的社会服务观念，探索现代专业工作的模式，录用专业社会服务人才，大力提高现有社会服务人员的素质，推进现代社会工作实务。

社会工作体系建设是一项系统工程，需要强化组织领导，整合各方力量，大胆探索实践，才能确保取得实效。

一、加强领导，明确责任

崇安区委、区政府主要领导高度重视社会工作体系建设，将其作为社会建设的重大任务来抓，按照“党委领导、政府负责、社会协同、公众参与”的要求，由区和谐社区建设指导委员会统一领导全区社会工作体系建设。在区民政局设立了社会工作办公室(以下简称区社工办)，配齐、配强人员力量，负责牵头推进社会工作。各社会工作领域由各主管部门负责推进，其中社会救助服务主管部门是区民政局，劳动保障服务主管部门是区人事和劳动局，预防青少年违法犯罪主管部门是区团委，妇女儿童服务主管部门是区妇联，社区矫治主管部门是区司法局，禁毒工作主管部门是区综治办，综合治理（以下简称综治）工作主管部门是区综治办，外来人口管理服务主管部门是区综治办。（见图 3–1）充分发挥党委政府的组织优势和行政力量，将各个领域、各个部门、各个层次、各种所有制单位的社会工作资源组织和利用起来。

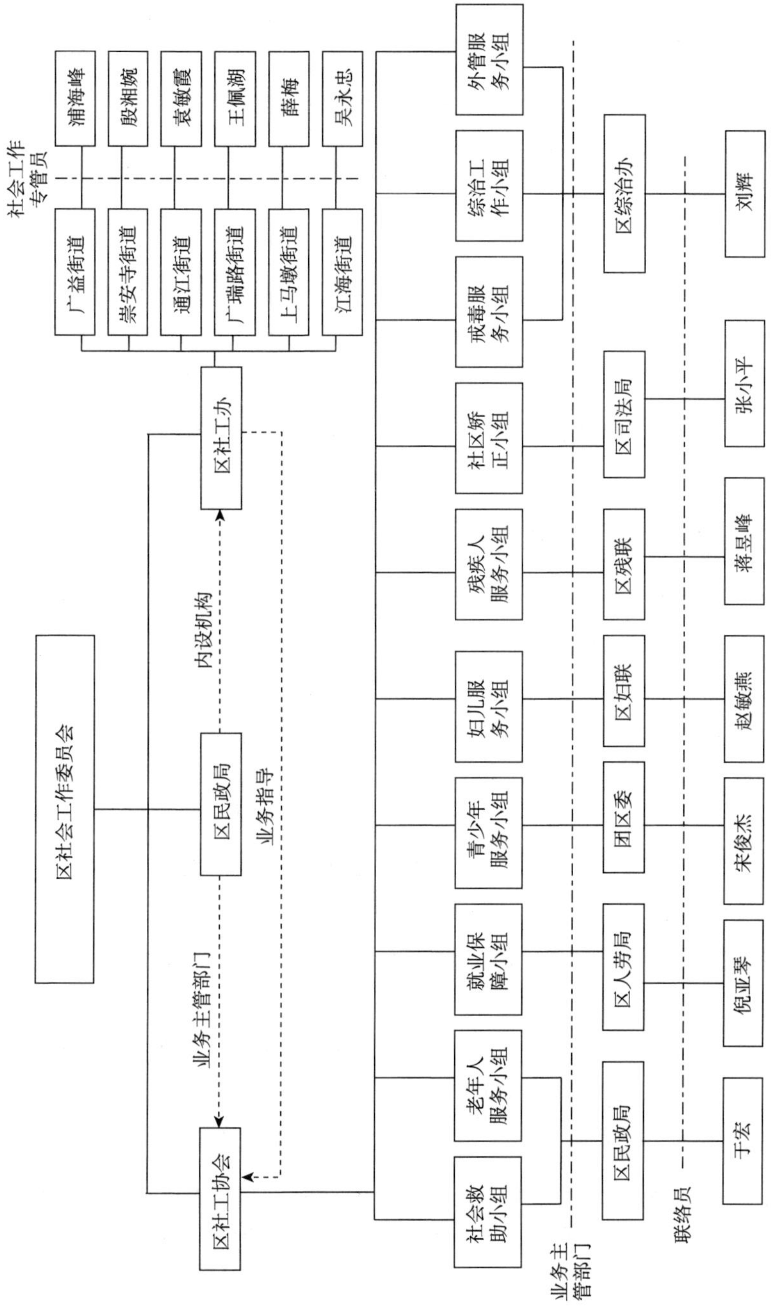

图 3-1　崇安区社会工作体系建设组织网络

2008 年 7 月 27 日，无锡市崇安区成立社会工作协会，旨在动员和组织从事社会服务的行业和单位支持参与社会建设，为和谐社会构建献计献策、贡献力量。其意义在于整合和利用现有社会资源，使其成为和谐社会建设的第三方力量，弥补行政力量在社会管理和服务领域的不足，为推行“小政府、大社会”管理体制，推进“政府购买服务”奠定社会组织基础。

崇安区社会工作者协会是全国首家区级社会工作民间组织，主要负责社工队伍的培训、登记、注册、管理、制订规章、继续教育等专业技术方面的工作，发挥其在促进社工队伍专业化、优化社工队伍年龄和知识结构、保障从业人员权益等方面的作用。崇安区社会工作协会既是一个代表广大社工组织和人员的非营利性民间组织，又是由政府大力推动和倡导而成立的政策执行和行业管理机构，它要充分发挥自身既联系政府，又代表民间的特点，架起党和政府与社会工作服务机构、专业社工之间沟通的桥梁。

二、建章立制，有序推进

崇安区坚持规范操作、有章可循，依据国家制定的社会工作政策法规，借鉴先进地区的成功经验，积极探索社会工作运行机制，创新社会工作管理模式，制订和实施符合本地区社会工作实际的工作规范，在岗位设置、教育培训、登记管理、考核评价、薪酬保障等方面建立针对性强、具有可操作性的措施、规定和办法，逐步形成了完善配套的社会工作体系规章。

2008 年初，崇安区制订的《关于探索推进社会工作体系建设的意见》指出，社会工作体系建设具有重要意义，它确立了社会工作体系建设的指导思想和四项遵循原则，列出了当前加快社会工作体系建设的十大重点领域，将加快社会工作队伍建设、加强社会工作基层平台建设和加强对社会工作体系建设的领导作为体系建设的重要内容列入其中。

随后，依据我国相关的社会工作法律法规和方针政策，结合实际，崇安区还制订了《社会工作者登记管理办法》《社会工作者守则》《社会工作机构职责》《社会工作岗位的设置办法》《社会工作者考核评估办法》《关于扶持社会组织开展社会工作的指导意见（试行）》等一系列工作制度（详见本书附录Ⅰ），为开展社会工作提供依据，同时也规范了社工的职业操守，明确了社会组织开展社会工作的扶持方式。

三、优化投入结构，畅通投入渠道

资金投入是社会工作体系建设的重要保障。社会工作体系建设以来，区财政加大对社会工作体系建设的经费投入，创造有利于社会工作发展的财政支持机制。各有关部门、单位也落实相应资金，并整合社会资源，扩大社会参与，多渠道融资、引资，引导社会资金参与民间社会工作机构建设，努力争取上级部门专项资金支持，切实保障社会工作资金，保证社会工作体系建设的推进。

近年来，崇安区公共财政对社会建设的投入逐步增大，每年用于社会建设的公共财政支出占比将增加 1 个百分点。进一步优化新增加的投入在社会事业内部的分配结构。社会事业包罗万象、内涵丰富，我们追求社会事业的全面均衡发展，就是要杜绝某一方面扯后腿，在投入分配上，认真比对社会事业在综合发展中存在明显的薄弱环节，适当向迫切需要的部分倾斜、向新市民倾斜、向困难群体倾斜，并对社会建设推进进程形成动态监控，根据不断发展变化的新情况和新需求，有针对性地补短、补弱、补缺，该紧则紧，该松则松，不该花的钱坚决不花，能不花的钱暂时不花，切实做到每一分投入都有成效，确保消除盲区、不留死角，确保社会建设全覆盖，确保辖区内全体市民包括新市民共享社会发展成果。在公共财政投入加大的基础上进一步畅通社会资本投入渠道，积极扩大政府购买服务的范围和方式，充分发挥公共财政的主导作用，激活民间资本，鼓励、引导、支持社会力量增加对社会建设领域的投入，同时加强监管和指导，逐步形成和完善多元化的投入机制。

四、深入宣传，营造氛围

采取座谈会、研讨会、培训班、专家讲座、考察学习等多种方式，采取群众喜闻乐见、生动活泼、通俗易懂的形式，利用广播、电视、杂志、报纸、网络等媒体，深入宣传大力发展社会工作的重大意义，使人们逐步了解社工高尚的道德情操、感人的精神力量、科学的职业规范和丰富的专业内涵，不断认识、理解、尊重、接纳社工，努力形成“有困难、找社工”的新局面，为推进社会工作体系建设营造良好的社会氛围。

由崇安区社会工作办公室和区社会工作协会主办的《崇安社工》已办刊两年，每季度一期，设有: 社工动态、思考研究、实务分享、社工心声、社工课堂、媒体关注等栏目，起到了非常好的宣传效果。《崇安社工》还将社会工作体系建设十大领域配上书画进行宣传，如图 3–2 至图 3–11 所示的“崇安社会工作体系建设十大服务领域书画配”寓教于乐，形象生动。

图 3-2　崇安社工体系建设十大服务领域书画配（一）

社会救助

贫困人员愁莫生，应保尽保有保证。

内外结合搞救助，帮扶脱贫是根本。

图 3-3　崇安社工体系建设十大服务领域书画配（二）

就业保障

开辟就业新岗位，培训掌握新技能。

充分就业定目标，自主创业绘前程。

图 3-4　崇安社工体系建设十大服务领域书画配（三）

青少年服务

问题儿女家人愁，社工与之交朋友。

助困助学解困惑，自强不息写春秋。

图 3-5　崇安社工体系建设十大服务领域书画配（四）

妇女儿童服务

妇女儿童遇问题，社工是你好助理。

解困疏导维权益，“三自”为你增底气。

（注：三自为自信、自立、自强）

图 3-6　崇安社工体系建设十大服务领域书画配（五）

外来人口管理

外来人口求“六有”，人性对待新市民。

社工理念爱为本，引领融入大家庭。

（注：六有就是就业有培训、劳动有合同、居住有改善、社保有拓展、维权有保障、治理有力度）

图 3-7　崇安社工体系建设十大服务领域书画配（六）

老年人服务

朝是青丝暮成霜，敬老爱老代代传。

社工义工送温暖，家养院养写新篇。

图 3-8　崇安社工体系建设十大服务领域书画配（七）

残疾人服务

身有残疾不要紧，时时关爱处处情。

助残助到心坎里，方见社工真本领。

图 3-9　崇安社工体系建设十大服务领域书画配（八）

社区矫正

社工寄语监外人，曾经歧路莫自弃。

专业社工来引路，前程坦荡无崎岖。

图 3-10　崇安社工体系建设十大服务领域书画配（九）

综合治理

和谐社会安为先，综合治理是根本。

打防结合防为主，社工为你筑长城。

图 3-11　崇安社工体系建设十大服务领域书画配（十）

戒毒服务

从来毒品是恶魔，毁己毁家谁能救？

心理戒毒何其难，社工为之除毒瘤。

第二节 ▶ 社会工作体系在十大服务领域的推进

一、社会救助服务

社会救助是指公民在不能维持其最低生活水平时，由国家和社会按照法定标准向其提供满足最低生活需求的援助。它以所有特困公民为对象，以保障其基本生活为目的，通过给予现金、实物和提供服务等多种方式实施救助，主要由灾民救助、最低生活保障、社会互助等组成。社会救助是解决群众生活困难最古老的措施，也是现代社会保障体系中最基本的项目，它与社会保险、社会福利等一起，构成现代社会保障制度。进入新世纪以来，我国的城乡最低生活保障制度以及社会救助工作有了很大的发展。在大规模的“应保尽保”扩大救助面工作完成之后，社会救助工作进入了一个平稳发展的时期。在这个时期，进一步完善、规范城乡最低生活保障制度和社会救助的制度安排，将成为工作的重点。其中很重要的一点就是城乡最低生活保障制度和社会救助走向专业化，社会工作的介入也就成为其题中应有之义。

崇安区社会救助的主要目标是基本建立以最低生活保障和困难救助为基础，以医疗、教育、住房、司法等专项救助为辅助，其他救助、救济和社会帮扶为补充，政府责任明确，社会广泛参与，资金落实、管理规范、全面覆盖的社会救助体系，切实保障困难群众的基本生活。健全低保工作网络，推进低保工作信息化建设，落实低保标准自然增长机制，提升低保工作管理成效，确保做到动态管理下的应保尽保，确保城乡低保对象保障率、低保资金到位率和低保资金兑付率保持 100%。

我国传统社会救助模式是在 20 世纪 50 年代形成的，一直延续到 20 世纪 80 年代，其显著特点是：政府社会救助的对象主要是“三无”人员，社会救助发挥拾遗补阙的功能；政府通过扶持企业来减少贫困人口；以临时救助为主、定期定量救助为辅，具有道义性。20 世纪 90 年代以后，随着国有企业改革的深化，大量下岗失业人员开始出现，贫困成为严重的社会问题之一，贫困人口的结构与传统社会救助相比也发生了很大变化。传统社会救助的救助理念、救助方式和资金来源都难以适应日益变化的新形势，社会救助制度改革成为新型社会保障制度建设的突破口。最低生活保障制度的建立标志着城市社会救助开始走向法制化的道路，国家第一次在法律层面上把获得物质帮助作为公民的一项基本权利，而且是一项可诉的权利，从此社会救助走向制度化。制度化的社会救助也为社会工作专业介入奠定了基础。

社会救助对象并不是单纯的生物体，而是有各种需要的社会人，他们不仅具有生存的权利，而且也有发展的权利，因此社会救助应该从单一走向综合：救助手段从单一的最低生活保障走向最低生活保障、社会互助、临时救济、配套优惠政策的综合运用；救助主体从单纯的政府行为变为政府行为和社会行为的有机结合，既突出政府的社会救助责任，又发动社会力量参与社会救助工作；救助目的从单纯保障基本生活发展到既保障生活又注重其发展生产脱贫致富，既保障贫困者的生存权益又保障其发展权益。实现生活、医疗、教育、住房救助四位一体。

社会救助是社会工作的传统服务领域，社会工作者的介入不仅能够更好地保障困难群众的基本生活需要，确保救助工作的公开、公平、公正，还能够帮助救助对象构建社会网络，从而提升他们的人力资本与社会资本，促进社会融合。在专业社会工作恢复和重建后的较长时间内，社会救助工作与专业社会工作属于两张皮，两者在价值、知识和技巧等方面都缺乏对话的基础，随着社会救助从道义性救助到制度性救助、从消极救助到积极救助、从单一救助到综合救助的转变，社会救助工作日益需要专业知识的支撑，需要专业理念的指导，专业社会工作也需要走出象牙塔，服务民众，造福社会。社会救助工作与专业社会工作在价值、制度、知识和技巧等方面开始逐步融合。

在社会工作介入之前，城市最低生活保障的救助工作主要由社区居委会干部担任，他们承担了其中最为繁重的家计调查和追踪调查的任务。由于属于居委会的社区干部是以“业余”方式去做社会救助的，工作开展难以全面和到位。社区居委会干部的特点在于与社区居民的“零距离”关系，但服务的规范与客观要求有距离。从某种意义上说：社会救助工作是政府工作，申请低保应该向政府机关申请，而不应该向群众自治组织申请。所以，作为一项基本公共服务，在社区工作事务站由专业社工来承担对低保户的个案管理，社区居委会协同服务，更能使低保救助工作走向规范化。

从社会工作介入社会救助的实际效果来看，主要体现在以下两个方面：

一是提前介入及预防机制，社会工作是缓解一些社会问题及冲突的重要手段。在很多情况下，社工能够更早地发现社会问题或是及早关注可能会发生的社会问题。即用社会工作专业的眼光及早发现问题，及时采取措施，预防问题发生或恶化。一线社工与群众百姓直接接触，他们在很多问题初见端倪之时就已经引起了足够的重视，因此可以做到在很多个体或是群体即将面临贫困问题的时候，社会工作就已经开展了。社会工作的宗旨是帮助救助者恢复自我发展及成长的能力。面对救助对象，如果仅仅解决他们当前所面临的经济问题只是治标不能治本。而社会工作的介入能够很好地预防依赖心理的产生，同时还能积极鼓励被救助者自食其力，找到适合个体发展的道路。这些更为人性化的救助只有专业的社工才能够较好地胜任。在具体的实务工作中，社工不单单是帮助弱势群体自力更生的支持者，更是协调和动员社会资源的志愿者。专业的社工能够在第一时间理性清晰地分辨出被救助者已有却没有被很好运用的社会资源，同时，社工还会动员一切可能的社会资源来帮助被救助者走出困境，恢复其自我发展和成长的能力。通过这些，社工能够真正地帮助被救助者们走上可持续发展道路，摆脱对单向救济的依赖。与此同时，社会工作者们还能注意到，对于这些弱势群体来说，经济上的支持并不能解决他们的所有问题。很多时候，他们的心理健康状况往往更加令人担忧。有经验的专业社工能够在心理问题形成的早期就发现苗头，及时介入进行干预治疗，而不是等到这些心理问题发展到不可收拾的地步才介入。心理问题往往会被忽视，是因为它的潜伏性极强，而如果错过了早期最佳的治疗时间，最后结局往往很难挽回。这也充分说明，我们不能等到问题出现后再行动。近几年来，社会工作模式中的“危机干预模式”获得了越来越多工作者的青睐和好评，通过这种模式快速与短期的帮助，被救助者心理情绪失衡的状态将会得到明显改观，以此来预防可能更加严重的后果。由此可见，运用社会工作的专业知识建立健全社会救助的预防机制势在必行。社会工作不但能预防问题发生或恶化，而且还能够节省行政成本，达到事半功倍的效果。

二是提供服务保障，使救助工作更富有实效性。社会工作所遵循的价值理念有利于社会救助工作道德体系的建立。专业的社会工作理念强调的是一种“以人为本，助人自助”的思想，这将使得直接或间接的施助者们用更加尊重和平等的态度来对待救助对象。因为社会救助工作大多是直接面对弱势群体的，这一工作性质使得社会工作“以人为本，助人自助”的价值理念在实务工作中尤显重要。同时，社会工作的建设性和维护性是专业社会工作和社会救助工作融合的内在依据和价值保证，践行“以人为本”的和谐民政理念要求社会救助工作者更新服务理念，运用社会工作“助人自助”的专业价值理念，去帮助救助对象，改善他们的生活，赢得他们的信任。可以说社会工作的价值理念强化了一线社会救助工作者的服务意识，为一线的社会救助工作提供了价值观上的保障。社会工作的理论模式还可以为社会救助提供理论支撑。社会工作理论者通过对具体案主的情况特征、具体案件的性质需求等方面的分类及分析，总结出大量的社会工作模式，如任务中心模式、危机干预模式、行为治疗模式、交互分析模式、社区发展模式等。通过对这些理论模式的学习和实践运用，工作人员可对不同的理论模式的理论基础及特征原则等有更深入地了解。那么，当其面对受助者时，就能够通过专业化的判断，及时有效地选取适合的模式来实施救助工作。社会工作的实务技巧又可以为社会救助提供方法支持。在现代社会救助体系建设中，社会救助的内容越来越复杂，方式也越来越多样，这些都迫切需要社会工作在实务技巧上加以支持。在接案、收集资料与预估、制订计划、实施计划及评估与结案等五个社会工作一般服务流程中，不同的模式在各个环节中都有一些具体的实务技巧和处置原则。比如，在接案中，与受助者之间的会谈就是一个很重要的环节，对于整个辅导是否成功起着决定性的作用。社会工作者通过会谈与受助者之间产生互动并了解其内心想法，进而判断其核心问题所在，促使其自我成长和发挥潜能。在会谈中，社会工作者要注意的技巧包括：支持和鼓励受助者卸下防卫心理；疏导受助者情绪，对受助者内心世界做适当处理和进一步探索；澄清受助者曾有的错误观念、见解及矛盾等。当然，不同的社会工作者因其自身性格的差异在谈话风格上会有所区别。但社会工作者一般都经历了专业化、职业化的长期培训，掌握了各种模式所特有的技巧，而这些技巧对社会救助实践工作的开展无疑会锦上添花。最后，社会工作的服务效果可以为社会救助的效果提供基本保障。相对于现有的社会救助工作而言，社会工作是一种长期反复的救助,而不是单向单次的施助过程。社会工作实施过程中的最后步骤——“结案”和“评估”，不单单是对于某一个案的具体总结，更为今后类似的案例提供了一个可参照蓝本。在“结案”和“评估”之前，社会工作者一般将通过定期的观察和科学的检测来判断受助者是否恢复正常，而这对准确分析整个救助工作的服务效果提供了基本保障。此外，社会工作特别强调施助者与受助者之间的平等互动关系，这一点对于救助工作的最终效果也起着决定性的作用。随着救助工作的日渐深入，受助者已不会仅仅满足于生活上的暂时救济，他们更需要解决心理上以及个人发展方面的问题，比如，一些流浪的未成年人，他们的心理一般都较为脆弱，长期的流浪生活使得他们的行为产生偏差，这时候就特别需要社会救助部门在给予他们生活救助的同时，加以必要的心理辅导。社会工作者通过系统的辅导救助工作能够让受助者重新拾起对生活的信心，鼓励和引导他们通过自身的努力来实现自我发展。

崇安区社会救助的具体做法是：在全区率先建立低保对象分类管理并加以推广，建立了与劳动保障、失业就业扶持之间的沟通协调机制，通过全面覆盖的社会救助，全区低保对象总量从 1 100 户降低到 705 户，实现了“应保尽保”；建立了符合条件的低保对象自然增长机制，做好低保提高补助标准扩大受益面的工作，低保标准从原来 260 元连续四次调整到目前的 420 元；建立了临时生活救助制度，按人均 3 元标准落实财政保障的临时救助资金，每年为因病、因灾致贫对象发放 500 到 3 000 元不等的救济金 30 万元以上；建立了助学、助残、助房、助医联动保障机制，每年为 100 余名特困家庭学生、200 多名重度残疾人士发放一次性救助金 200 万元以上，为 120 名大病救助对象实行了 2 000 到 5 000 元不等的救济，实现低收入家庭无房补贴制度以来，为 315 个低保户落实补贴 17.2 万元。连续多年组织开展慈善“一日捐”活动，五年来共募集善款 700 多万元，用于资助贫困家庭和受灾地区。社会救助从单一由政府负担向全社会共同支持发展。目前，正在探索突破传统单一社会救助手段，构建新型福利生活保障方式。崇安区提出了建设现代化精品城区的目标，把品质生活建设作为未来五年改善民生的目标任务，在《品质生活建设行动纲要》中的“打造福利生活”内容细化了具体任务标准，努力在实现多样化、发展型民生保障方式上有所突破。在完善现行救助体系基础上，实现救助对象从“收入型”贫困群体向“支出型”贫困群体拓展，从单纯物质救助向物质与非物质救助结合发展，从“生存型”向“发展型”转变，变就保障抓保障为在保障的基础上实现发展，切实彰显对困难群众的人文关怀、人格尊重，让困难群众生活得更加幸福、更有尊严，建立起适度普惠、水平较高的民生保障体系，实现公共服务的均等化，提高全民社会福祉水平。

二、就业保障服务

就业服务兴起于 20 世纪初期，目的是为了改善失业者的生存状况和维护社会稳定。随着西方国家的经济增长和就业需求的扩大，就业服务发展迅速，逐渐成为国家就业政策最直接的体现者和执行者。概括地说，就业服务是具有普遍意义的干预劳动力市场并能有效调节和改善供求关系的直接手段，是就业制度和就业政策的重要组成部分。就业服务可以分为公共就业服务和私营就业服务两部分，其主要职能在于通过运用劳动力市场信息、职业介绍、职业指导和相应的职业培训等手段，帮助用人单位用人和劳动者就业。

公共就业服务指的是政府通过综合运用研究和发布劳动力市场信息以及提供咨询、帮助等各种方法和手段，充当劳动者和用人单位或雇主之间联系的媒介，便利劳动者的就业过程，改善劳动力市场的组织和运行，促使全部劳动力资源得到合理有效的配置和使用。根据世界各国劳动力市场理论与运作的实践，公共就业服务的方法和内容主要有职业介绍、就业咨询、研究和发布信息以及就业帮助等。

崇安区就业保障服务的目标是：以实现充分就业、人人有保障为目标，加强对辖区内下岗失业人员和企业退休人员的动态服务及管理，大力开发社区岗位，及时掌握各类企事业单位的用工和参保信息，使劳动保障成为建设“满意崇安”的推进器、构建和谐社区的安全网，确保城镇登记失业率控制在 4% 以内，充分就业社区覆盖面达 100%，社会保障水平不断提高。

在我国传统计划经济体制下的劳动就业制度，其主要特点是对劳动力的计划配置、统包就业、行政调配，即实行国家统一计划、统一招收、统一调配的就业体制。20 世纪 70 年代末改革开放后，随着市场经济体制改革的深化，大量劳动力开始涌向市场。而与此同时，劳动就业制度进一步改革，劳动力市场的培育和发展也在探索中前进，就业服务体系逐渐建立，20 世纪 80 年代末初步形成了以劳动部门开办为主体、以社会开办为补充、覆盖大部分城乡和用人单位劳动者的职业介绍网络，初步建立了以职业介绍、失业保险、就业训练、生产自救等事业为基础的劳动就业服务体系。1993 年 12 月，劳动部制定了《关于建立社会主义市场经济体制时期劳动体制改革总体设想》，把通过市场实现劳动力的充分就业和合理流动作为即将建立的新型劳动力就业体制的内涵，提出了一系列实行市场化就业的构想。随着 1994 年 7 月《中华人民共和国劳动法》的颁布，及劳动部于 1994 年颁布《职业指导办法》、1995 年颁布《职业介绍规定》、1994 年颁布《就业训练规定》、1995 年发布《就业登记规定》、1996 年颁布《劳动力市场管理规定》、2002 年颁布《境外就业中介管理规定》，劳动力市场的规范基本形成。2003 年，党中央、国务院提出了就业服务要实现制度化、专业化和社会化（简称“新三化”）的要求。“新三化”建设是在我国公共就业服务机构自身建设基本完成后，在建设公共就业服务体系的时机和条件基本成熟的情况下提出的新要求，标志着我国已全面进入建立健全就业公共服务体系的新时期。

完善的就业服务体系有助于建立自由公平的劳动力市场，为劳动力市场正常运行提供条件，促进就业；有助于开发劳动力资源，提高劳动者的技能和就业竞争力，减少失业；有助于向劳动者，尤其是特殊劳动者提供所需的咨询和培训服务，提高该群体的就业竞争力，促进充分就业。然而，面对严峻的经济形势和变化的劳动力市场，就业服务目前还面临着许多新的挑战，其主要表现为：城镇新成长劳动力、农村富余劳动力、下岗失业人员“三碰头”，就业压力加大；下岗失业人员中的困难群体人数集中，再就业难度大；劳动力素质有局限，结构性失业问题日益突出；就业模式多样化，对就业服务提出新要求。

面对如此艰巨的任务，就业服务自身也存在不少问题，具体表现为：政府能够投入的经费有限，特别是一些财政比较困难的地区就业服务经费来源不稳定，由于投入不足，信息网络无法建立，就业服务手段落后，提供公益性就业服务的对象范围较窄，免费服务难以落实，也无力设立专门项目来开发岗位，安置困难群体就业；就业服务机构仍有行政化和官僚化倾向，服务效率和质量有待进一步提高；就业服务工作队伍缺乏专业人员。

针对上述问题，除采取继续加大政府投入，保障对下岗失业人员免费服务和落实困难群体援助所需资金来源，完善就业服务社会化等措施外，还需要引入社会工作专业化服务，实现就业服务在价值、制度、知识和技能、技巧等方面的提升，提高就业服务的质量和效率。

就业服务是现代社会工作的重要组成部分。目前，绝大多数就业服务机构都提出了“以人为本”的口号，但在具体实施中体现得却不够充分。社会工作融入就业服务就是基于对劳动者、企业、社区、社会的深入理解，关注劳动者的生理、心理、社会需求，同时考虑个人、企业与家庭利益。从宏观上倡导就业政策制度建设；中观上协调社区和用人单位的岗位设计、开发满足劳动者需要的就业岗位和提供多样化的就业服务项目；微观上满足不同群体、家庭和个人的需求，提供具体的就业服务，弥补管理非人性化所导致的疏离倾向，提高就业服务水平，增强就业服务工作的社会影响力，为提高劳动者的福祉、构建和谐社会作出应有贡献。

社会工作的基本理念和基本价值观是开展就业服务工作的基本前提，社会工作机制是我国就业服务工作改革和创新应遵循的依据，也是确立就业服务改革和创新发展策略的依据。社会工作的价值理念包括：第一，全人的观点，将员工当作一个独立的、整体的个人，包括个人本身的生理和心理、环境及行为因素，强调个人在环境中的所有影响因素，尊重个人的独特性和价值观；第二，关注家庭因素的影响及其塑造个人行为的重要性，尝试去了解家庭成员互动的原则，并注重与家庭合作，增进就业者的社会功能；第三，关注不同群体就业的特殊需求及处在不同群体中成员的相互影响，运用群体动力解决个人和环境的问题；第四，注重发掘并使用社区资源，运用社区资源满足求职者的需求，将社区推介作为就业服务的一项基本职能；第五，强调“专业关系”的意义和作用，努力发展和建立与求职者的良好专业关系，了解并满足求职者的需求，有针对性地解决求职者的问题；第六，强调用生理、心理和环境（社会）三维视角去分析求职者的行为和需要，特别强调精神与心理支持的作用，注重求职者如何感受自己及他和别人的关系；第七，强调社会资本和社会网络对求职者的作用，注重帮助求职者积极培育新的社会支持网络，积极运用社会资本；第八，注重求职者社会互动与社会功能的健全与否，运用社会学、心理学的相关知识创设积极的人际互动条件和机会，解决求职者的人际互动与人际冲突问题；第九，社会工作具有社会制度与社会政策的敏感性，认识到社会问题和人类行为在某种程度上是与人类的社会制度相关联的，并尝试从社会政策角度看待问题、解决问题。

将社会工作的基本方法用于就业服务工作，能够实现就业服务工作方式方法的创新，也能使求职者获得从资源到服务、从生理需求到心理需求的满足。第一，社工可以运用个案工作方法，对求职者或者其家属进行咨询与辅导、家庭治疗、经济援助与救济及亲子关系服务，也可以对个案进行跟踪、转介与服务评估。第二，社工可以运用小组工作方法去处理求职者的社会关系困扰和群体发展面对的一些共性问题，将小组视为治疗的工具，在对求职者提供服务的过程中，让求职者通过小组活动学习和思考，分享彼此的感受和经验，共同计划未来，相互协助，最终达到相互支持以及赋权的目的。第三，就业服务中还可以使用社区社会工作方法，充分了解社区资源，与拥有社区资源的机构保持联系，必要时转介特殊个案，善用社区资源等方法都有利于就业服务。第四，社工还可以协助就业服务机构及员工、求职者了解国家就业政策，并可监督相关部门切实执行这些政策。第五，社工可以协助就业服务机构去调查、了解和评估求职者的状况，以及人力资源市场的实况，充当用人单位与求职者之间的桥梁和纽带，传递用人信息，协助人力资源部门寻求、调动和合理地运用劳动力资源。

社会工作介入就业服务工作，能够实现就业服务工作内容的创新和服务对象的扩展。近年来，随着中国改革开放进程的加快，劳动力市场竞争日趋激烈，求职者对职业的要求越来越高，但是，就业服务的内容依然比较单一且流于形式。社会工作介入就业服务，能倡导人性化管理，相应地拓展就业服务内容。第一，在员工个人层面，促进员工身心健康，指导其提高生活品质；对生活上有困扰、工作上遭遇困难的求职者，给予咨询和辅导服务，以协助其解决个人问题；帮助求职者缓解压力；推进求职者建立良好的人际及工作关系；促进员工家庭和睦，改善夫妻、亲子关系；促进求职者工作与生活的平衡；协助求职者自我成长，引导其职业生涯发展，争取在工作中有良好的表现。第二，在就业服务机构整体层面，可设计发展一套未来的工作计划，丰富就业服务的内容和方式，满足求职者不断变化和提升的需求，特别是心理层面的需要；为员工提供多样化的服务，并协助其拟订未来的创新计划，提高求职者的各项满意度指标。第三，在求职者群体层面，对不同年龄、工龄、学历、岗位、家庭、性别的求职者的利益和诉求给予关注，协助政府组织拟订切实可行的有关妇女、青年、少数民族、进城务工人员、残障人士以及高学历、高技术等求职者的就业指导和相应的就业扶助规划。第四，在就业服务机构的专业建设层面，加强对第一线工作人员的培训和督导，培养工作人员的专业敏感性，及时了解求职者的需求，并给予适当的协助和转介；记录各种服务资料，建立一套档案系统，以供延续工作分析之用。

综上所述，社会工作在就业保障领域的介入主要是运用社会工作的理念、方法、技巧帮助服务对象调节失业压力，通过个案辅导提升服务对象的就业信心，鼓励其勇于进行寻求工作的活动，通过个案、小组、社区活动教授服务对象以基本的工作技能，帮助其掌握求职技巧，包括如何发现空缺岗位、准备求职材料及进行面试等。还可开展就业信息、社会保障政策的咨询。对于青年失业者，除上述服务外还要帮助其进行职业生涯规划，包括失业青年的人格评估、适合岗位指导等。

崇安区就业保障服务的具体做法是：

1. 启动项目带动就业。按照“迅速启动一批，全面推进一批”的目标要求，崇安区通过安排城市综合体项目、商业服务类项目、基础设施类项目、公共服务类项目等重大项目建设，广泛吸引社会各类人员实施创业，促进以创业带动就业。

2. 强化监测关注就业。加强对各类用人单位岗位流失情况、失业动态和人力资源市场供求变化情况的监测，重点关注有一定规模企业的用工动态，及时准确地研究判断就业形势。利用“金保工程”建立的信息平台，及时采集企业用工信息，将辖区内用人单位劳动用工等基本信息全部录入数据库中，对企业用工全程实施数据信息化管理，实现“全过程、全方位、全覆盖、全动态”的监管。

3. 开发岗位促进就业。实施积极的就业政策，统筹安排好下岗失业人员、大中专毕业生等各类群体的就业和再就业工作，全方位促进就业增长。

4. 优创环境鼓励创业。在“抓重点、强基础、拓亮点、上水平”上狠下工夫：一是在所有工地建立“工地工会”，扎实推进农民工集体合同制度；二是开展企业劳动用工制度专项检查，建立健全劳动用工制度；三是全力推动全区42个社区全面创建“充分就业社区”，大力开展社区就业服务，优化社区创业环境，帮助就业困难群体解决就业问题；四是大力推进社区工会劳模之家建设，形成促进就业的良好氛围；五是开通无锡市首条社区工会维权热线，搭建社区维权平台。

5. 严格监管保障就业。执行最低工资标准，完善和落实工资集体协商制度，切实做到“劳有所得”；完善劳动保障监察网格化管理，延伸维权服务网络，实现劳动保障监察“两网化”无缝隙管理；严厉制裁恶意欠薪、欠薪逃匿等严重侵害劳动者权益行为；建立完善区级劳动争议仲裁机构建设，区法院设立专门审判机构，维护劳动者的合法权益。

6. 服务企业稳定就业。积极开展走访、调研等举措，掌握企业发展运行、用工管理、社会保障、劳动关系调整等方面的实际状况，协调解决企业遇到的困难。劳动、财政、经贸等部门联合做好困难企业的认定工作，帮助落实更加优惠的就业政策，落实社保补贴、岗位补贴以及培训补贴等措施，促使企业变“减员增效”为“稳员增效”，倡导企业留住职工，促使企业稳定就业、减轻负担、增强后劲。

三、青少年服务

青少年服务是伴随着现代化生产而产生发展的。在自给自足的小农经济为基础的社会，很多社会问题都在家庭和宗族内部解决，青少年问题并没有引起政府和社会的关注和投入，随着社会变迁和社会问题的增多，青少年问题引起了社会各界的广泛关注，青少年服务随之发展起来。青少年服务的目的，就是发展青少年的潜能，促进他们健康成长，协助他们面对在家庭、朋辈、学校及社会中的挑战，培养他们的公民意识及对社区的归属感。

崇安区青少年服务的主要目标是构建学校、家庭、社区三位一体的教育网络，积极做好重点青少年群体的思想道德教育、权益保护、危机干预和预防违法犯罪等工作。针对影响青少年健康成长的突出问题，狠抓环境优化，促进青少年健康成长。

青少年是国家建设和社会发展中最为重要的后备军和现实力量。因时代变迁、经济发展、社会转型及信息爆炸，青少年群体所面临的压力与日俱增，这也为青少年社会工作带来了新的挑战。作为相对独立的群体，青少年在行为方式上与成人相比有着较大的差异，他们在人生理想、价值取向、思维方式、行为习惯、生活观念等方面都具有较为鲜明的群体特征。这些特征不仅决定着青少年群体自身的未来发展，在某种意义上也将影响到现实社会以及未来国家的发展进程。作为个体，青少年时期也是个体社会化最为重要的时期。它是连接儿童期与成年期的桥梁，青少年在个体由儿童角色向成年人角色转变，从自然人过渡为社会人中起着非常关键的作用。但是，由于青少年正处在初次社会化的重要时期，其生理、心理都不太成熟，并常常面临许多成长的烦恼与陷阱。因此需要国家、学校、社区、家庭的关心、保护、扶持与指导。社会工作在给予青少年有效的帮助与支持，恰当地处理青少年所面临的问题等方面具有突出的专业优势。

我国传统的青少年工作基本上可以归纳在思想政治工作范畴里，传统的青少年工作在长期的实践中积累了丰富的经验，形成了一套完整的工作模式。这些模式主要有：政治教育、文化教育、文体活动、法律服务、经济活动、个人辅导、社团活动、义务工作、帮教工作、沟通与政府的联系等。它集合了我国党群工作的经验，吸纳了社会主义时期公民教育的精华，对我国青少年一代的成长发展起到了重要的、不可替代的作用。运用组织的优势做青少年工作是我们的传统，也是过去青少年易于接受的形式。从方法上说，以往我们较多强调组织对青少年的约束力，强调运用系统性、行政性的整合机制；在具体的设计上，则较多地运用大规模的社会性运动的方式，运用正面教育、正面灌输的方法；工作的介入点一般以政治要求为主，以社会性规范的制约为目标。而且，形成了以共青团干部为主体的青少年工作者从事青少年工作的局面。所以，从总体上看，过去中国青少年工作在方法、技能上具有较多的行政色彩，青少年工作在社会实际运行和人们的意识形态中都还不是一个成熟完整的专业。

与世界上许多国家的青少年事务工作由政府部门中的青年部来具体掌管和指导不同，我国由党团组织来具体组织或实施青少年工作，在党的领导下，共青团构建了全国自上而下统一协调的青少年工作体系。《中国共产主义青年团章程》在总则部分把共青团组织的性质表述为："中国共产主义青年团是中国共产党领导的先进青年的群众组织，是广大青年在实践中学习共产主义的学校，是中国共产党的助手和后备军。"

我国共青团组织 80 多年的奋斗历程充分表明，党的领导是共青团组织不断发展壮大，从胜利走向胜利的根本保证。在各个不同的历史时期，中国共青团组织始终围绕党的中心任务，自觉服从和服务于全党工作大局，团结带领广大青年在革命、建设、改革的广阔舞台上为祖国贡献力量；始终按照党的要求培养、教育和引导青年，使一代又一代青年在人民群众奋斗的洪流中锻炼成长；始终把广大青年紧密团结在党的周围，使建设中国特色社会主义的伟大事业有了强大的生力军和可靠接班人。

从改革开放 30 多年来，共青团组织在党的领导下团结带领广大青年走过的波澜壮阔的历程来看，共青团紧紧围绕党和国家的工作大局，与改革发展同步伐，与时代同发展，为我国的经济发展、文化繁荣、社会和谐作出了重要贡献。

然而，在经济社会深刻变革的时代里，随着城市化进程的加快推进、经济转型和社会转轨，在青年的思想观念、行为方式和群体分布深刻变动的情况下，目前共青团工作面临着许多新情况和新问题，存在着与新形势、新任务不相适应的矛盾。主要表现在以下三个方面：

1. 共青团工作体制与经济社会迅速发展的要求之间的矛盾。现阶段共青团的工作，主要以身份来确定工作对象和工作领域，以战线为主导推进各项工作，依托单位体制和行政区划设置团组织。但是，随着社会经济成分、组织形式、就业方式、利益关系和分配方式的日益多样化，青年流动日益频繁，青年群体分化加剧和生活方式多样化，这样的工作体制已经难以广泛联系和有效覆盖全体青年，这在很大程度上削弱了团组织的影响力和战斗力。因此，城市共青团必须完善自己的组织体系，调整工作布局，才能更好地联系和覆盖青年，吸引和凝聚青年，组织和动员青年。

2. 共青团工作的服务能力与团员青年不断增长的物质和精神文化需求之间的矛盾。竭诚服务青年是共青团组织一切工作的出发点和落脚点，是共青团得到青年真心欢迎和支持的关键所在。当代青年物质文化需要的日益增长，更为广泛、多样和实际，而共青团组织服务青年的能力相对不足，服务青年的资源有限，服务的手段陈旧简单，服务的项目相对较少，解决青年学习、工作和生活中遇到的实际困难的办法不多，缺乏长效性和系统性，个别团干部服务意识不强。因此，必须把提高服务能力作为当务之急，在政府、市场和社会组织的总体供给机制中找准共青团服务的定位，找准服务的着力点和切入点，调动社会资源为青年服务，把党政关注、社会支持、青年关心、共青团能做的项目打造成品牌项目，使服务取得实效。

3. 共青团工作日益提升的要求与工作资源、工作队伍建设不足之间的矛盾。随着城市化进程的加快，共青团工作的重要性日益提升，党和政府对共青团工作的要求越来越高，青年对共青团工作充满新的期待，但是共青团组织自身拥有的资源十分有限，越到基层所能调动的社会资源越是有限；专职团干部数量较少，兼职团干部任务繁多，少数团干部工作浮躁、作风不够深入、有短期行为，专职青少年工作者数量较少。因此，城市共青团组织必须努力解决整合与配置资源问题，拓宽获取资源的渠道和途径；加强干部队伍建设，提高专职干部的工作能力与工作水平。

上述存在的矛盾和问题表明，一方面，经济社会的深刻变化，使得共青团工作的重要性日益凸显；另一方面，青年的发展变化，对城市共青团工作提出了新的更高要求，共青团工作进入战略转移阶段。

随着我国改革和社会主义现代化建设的不断深入，社会公共需求的全面快速增长与公共产品供应严重不足的矛盾日益显现出来，成为制约和影响我国经济和社会协调发展的一个突出问题。因此进一步转变政府职能，建设公共服务型政府，促进“政府再造”已经成为时代和社会发展的客观要求和必然选择。党的“十七大”报告提出要把“加快行政管理体制改革、建设服务型政府”，“在经济发展的基础上，更加注重社会建设”作为深化政治体制改革的重要内容，从而为我国加快政府职能转变，推进社会建设指明了方向。公共服务型政府奉行有限政府理念，其角色定位是弥补和纠正市场与社会的功能缺陷，满足人民群众对公共产品日益增长的多样化需求。政府要把一部分社会管理职能转移到社会中去，与社团组织、社区、企业和公民共同管理社会公共事务，推行公共服务的社会化和市场化。目前，在我国政府工作机构序列中，没有设立专门的青少年事务工作机构，但是，在具体工作中，共青团组织实际上已经直接或间接承担了相当数量的政府青少年事务，发挥着政府帮手的作用。而且，共青团又是青年群体组织，是青少年具体利益的代表者和维护者，它把竭诚服务青年作为一切工作的出发点和落脚点。所以，从这个角度来说，共青团又具有“第三部门”的功能和特征，发挥着非政府组织的作用。这三重角色定位，决定了共青团组织必须承担和协调处理好三类青少年事务，即政党青少年事务、政府青少年事务和社会青少年事务。因此，青少年事务既是政治事务，又是国家事务和社会事务。作为国家和社会事务的组成部分，青少年事务是政府公共管理和公共服务的一个重要内容。

中国共产主义青年团第十六次代表大会（以下简称共青团“十六大”）报告明确指出：“要适应政府职能转变，积极参与和促进制定政府青少年事业发展规划，承担政府委托的青少年事务。”共青团“十六大”通过的《中国共产主义青年团章程》修正案在总则部分也强调指出：“中国共产主义青年团要充分发挥党联系青年的桥梁和纽带作用，积极协助政府管理青年事务。”党的“十七大”报告明确指出，要“动员社会各方面共同做好青少年思想道德教育工作，为青少年的健康成长创造良好的社会环境”，支持共青团等人民团体“依照法律和各自章程开展工作，参与社会管理和公共服务，维护群众合法权益”。这些纲领性文件为青少年事务工作的开展指明了方向。

社会工作是一个助人的专业，它的目标是助人自助，有着它自己的一套助人程序，通过专业的理论、方法和技巧，发掘人类的潜能，并运用各种社会资源来协调人与人之间的关系，使得人与社会达到良好的适应状态。社会工作介入青少年事务或发展青少年社会工作，对青少年事务工作的推进有着积极的作用，具体可概括为以下三方面：

第一，青少年群体中存在的种种社会心理问题需要专业化的社工介入和干预。在发达国家的大、中、小学中，都有“学校社会工作者”的设置。他们与国内常见的学生辅导员角色的区别在于，社工以“科学助人”为专业或职业，在学校中，他们是相对独立于校方、教师和学生之外的“第四方”，以社会工作价值理念、理论、方法和技巧去“助人自助”。他们与学生的关系，并非管理者与被管理者的关系，而是类似于朋友的关系。从表面上看，社工的设立与现行的学生辅导员体制只是制度安排上的不同，其实他们之间在社会角色、职业态度、专业学识和工作方式等方面存在着本质差异，对于各种社会心理问题防患于未然的效果也会有所不同。笔者以为，最理想的制度安排是：哪里有社会问题，社工就出现在哪里。

第二，弱势青少年群体急需社工介入。目前，我国对于青少年特别是弱势青少年群体的帮助更多的是共青团和妇联等机构，并未真正有实力的机构参与。这种人员设置及筹资渠道单一的现状，极大限制了为青少年群体服务项目的实施，也影响了对弱势群体服务工作的拓展和深入。

第三，社工建设和谐社区的潜力巨大。社工通过吸收社区内热心公益并具有一定技能的青年志愿者，提供给他们发挥才干和奉献爱心的平台，可以开展以下工作：（1）社区服务，即面向社区残疾人、老年人、特殊青少年等弱势群体，提供福利服务、便民利民服务、面向单位的社会化服务、再就业服务和保障社会化服务等。(2)社区卫生，包括公共卫生、疾病预防、保健、康复、医疗、计生等。(3)社区治安，包括社区的治安保卫、民事调解、防火防盗等。(4)社区文化，即开展各种群众性的文化、教育、科普活动。(5)社区环境，包括净化、美化社区，进行环境保护等。

社会工作的内涵极深，覆盖面极广，意义重大。当代社会工作的发展已经在两个方面超越了传统的救贫济弱的活动范围：一方面，社工有志于为全体公民提供服务，调适人与自然、人与人之间的关系，创造和谐的社区环境，以提高人们的生活质量；另一方面，社会工作已经发展出一套专门的技术与方法，从而成为当代社会中一种可以得到普遍认同的专业，一种不可或缺的专门职业。因此，建立一支专业化的社工队伍是构建和谐社会中的一项必要条件。

从实际工作成效看，目前开展青少年社会工作实务的作用可体现在以下三个方面：

1. 通过特殊的心理辅导、行为矫正、生活照顾等服务帮助特殊青少年，使之消除不良心理，修正行为模式，适应社会生活。具体内容包括：促进青少年家庭建设；帮助残疾人实现医疗康复、教育、社会适应；对孤儿的救助、心理辅导；减少青少年的情绪问题，纠正偏差行为等。

2. 通过专业服务帮助全体青少年，激发其自我发展、自我成长的潜能，促进青少年全面健康发展。具体服务内容有：健康成长指导、就业辅导、生活方式辅导、社会交往和社会适应训练、领袖素质培养、自我发展训练，等等。

3. 通过倡导工作，改善青少年成长的自然环境、社会环境和政策环境，努力减少青少年成长的障碍，实现其健康全面发展。具体内容包括：推动有关青少年的立法、在青少年问题上为政府提供资讯和建议、促进青少年健康、推动青少年教育、监督和维护青少年健康成长的社会环境、为青少年创造娱乐休闲的各种条件、促进家庭建设、推动青少年发展、推动青少年的社会参与、保护青少年权益、面向全社会代表和宣传青少年等。

崇安区青少年工作的具体做法是：实施“五步工作法”探索闲散青少年教育帮助新途径。

第一步，建立台账，明确工作对象。做好闲散青少年的教育帮助工作，首先要知道工作对象有哪些，在哪里，情况如何。由区综治办、区预防青少年违法犯罪工作领导小组办公室(以下简称区预防办)牵头，对全区6周岁以上25周岁以下的5类重点青少年群体进行了排查摸底，做到“底数清、情况明、分析透”，为有针对性地开展工作奠定了良好基础。在此基础上，为了更好地掌握具体情况，团区委还专门设计了个人情况登记表和汇总表，并紧密结合团市委开展的“青春邀约”主题活动，通过调阅相关材料、上门走访每位闲散青少年，对他们的家庭情况，特别是闲散青少年失学、失管、失业的原因进行了解，制作“一人一表”，将数据录入“无锡市基层青少年信息管理系统”，并定期根据个体情况变化及时更新管理系统内的信息。

第二步，组建工作组，夯实工作力量。崇安区所辖 6 个街道均成立了预防领导小组，由各街道分管领导和相关部门负责人组成，并将相关工作列入年度考核内容。领导小组下设几个工作组，分别是法制教育组（由区公安、检察、法院、司法以及街道教育科负责）、结对帮教组（由区民政局以及各街道社工负责）、关爱助学组（由崇安区关心下一代工作委员会和“五老”①负责）、环境整治组（由治安保卫主任负责）。各街道以基层青年服务中心为核心，凝聚综治②人员、“五老”队员、团组织负责人、社区干部、社工、志愿者和社区少先队志愿辅导员共同做好辖区内闲散青少年的帮教工作。另外，崇安区团委积极探索发挥青年自组织的作用。崇安区目前活跃着一批致力于从事公益事业的青年自组织，他们通过网络聚集，共同开展活动，“欢乐义工”组织就是其中的典型代表。崇安区团委通过主动引导，在“欢乐义工”组织中成立了团组织，并通过人员交叉、双向交流等方式，为全区开展社会闲散青年教育帮助工作增添了新的力量。

第三步，打造帮扶平台，拓展工作载体。崇安区团委依托全区各社区的基层青年服务中心，协调整合资源，为开展社会闲散青少年教育帮助工作服务。各社区基层青年服务中心以打造特色化、长效化、社会化载体为依托，贯彻组织（solidarity）、引领（shepherd）、服务（service）、维权（safeguard）4S 工作理念，坚持从青少年实际需求出发，建立“力量整合、资源共享、多方联动”的工作协调机制，形成了对社会闲散青少年教育、管理和服务的整体合力。同时，积极开拓教育基地，如崇安区未成年人管护基地、禁毒教育馆、无锡市第一支部团员意识教育基地等。

第四步，开展系列活动，丰富工作内容。按照无锡市团委统一部署实施的“五项行动”要求（即针对不在学、不在职的社会闲散青少年开展“导航行动”；针对有不良行为的青少年开展“关爱行动”；针对流浪乞讨的青少年开展“保护行动”；针对服刑在教人员的未成年子女开展帮困助学、心理辅导等“温暖行动”；针对新生代农民工的子女开展引导监护“护苗行动”），崇安区团委结合自身实际，针对社区青少年普遍性需求开展了法制安全教育、社交文化活动及就业创业服务等系列活动。

① “五老”是老干部、老战士、老教师、老模范、老专家的简称，他们发挥余热，参与了未成年人思想道德建设。

② 综治是指：在各级党委和政府的统一领导下，以政法机关为骨干，依靠人民群众和社会各方面的力量分工合作，综合运用法律、政治、经济、行政、教育、文化等各种手段，惩罚犯罪，改造罪犯，教育挽救失足者，预防犯罪，以达到维护社会治安，保障人民幸福生活，保障社会主义现代化建设顺利进行的目的。

第五步，营造氛围，形成工作合力。为形成社会闲散青少年教育帮助工作各级联动、齐抓共管的局面，崇安区团委积极协调负有未成年人保护责任的成员单位、相关部门联合开展工作。同时在街道、社区、楼层成立帮教小组，制订帮教计划，签订帮教协议，推动形成社区、学校、责任单位和家庭等“多位一体”的教育帮助工作氛围。

四、妇女儿童服务

妇女儿童服务是妇女服务与儿童服务的合称，是国家和社会为满足妇女、未成年人的特殊需要，维护其特殊利益而提供的照顾和福利服务，是社会服务项目之一。

崇安区妇女儿童服务的主要目标是着力促进妇女平等就业，提高妇女综合素质和健康水平，提供家庭婚姻服务，保障妇女合法权益；保障儿童享有文化教育、医疗保健、法律保障、文化娱乐等全方位的公共资源和公共服务，促进妇女儿童事业与经济社会全面协调发展。

长期以来，我国妇女儿童服务的最大特点就是多由专门的妇女机构来承担，如妇联、工会妇女委员会等。而且妇女儿童工作尤其是妇女工作大多由妇联承担。妇女工作实际上包含两个层面的工作：“宏观的社会政治层面的工作”和“微观的社会服务层面的工作”。前一类主要包括代表妇女群众参政议政，争取男女平等、妇女解放；围绕党和政府的中心开展工作，团结、动员妇女投身于改革开放和社会主义现代化建设，促进社会发展；加强各族各界妇女的团结，维护和促进世界和平、祖国统一等；后一类主要是围绕妇女在自我成长、就业、婚姻家庭、子女抚养教育、赡养照顾老人等方面出现的困惑、问题或危机，向求助的妇女提供具体帮助，发挥她们的潜能，促进发展。在实际运作中，妇女的政治工作被拔得较高，并借助长期积累起来的宝贵的妇女政治工作经验，使这方面的工作开展得有声有色，卓有成效。而后一类工作的力度则相对较弱。

中国妇女工作经过几十年的发展，取得了辉煌的业绩。妇女在政治、经济、文化、社会和家庭生活等方面有了长足的发展，妇女地位逐渐提高。在看到妇女工作取得可喜成绩的同时，我们也应该看到妇女工作目前还存在以下一些局限：第一，妇女工作不规范，缺乏系统的理论指导。我国妇女工作“教育先行”、“实践先于理论”的发展道路与西方相比缺乏理论指导，工作人员也缺乏系统专业训练，这些现状影响了妇女儿童工作的服务效果；第二，传统妇联工作系统与现实社会中妇女问题的多样化、复杂化不相适应。在妇女群体同质性很强的社会中，在妇女需求相对单一化的时代中，妇联曾经起到了不可替代的作用。但是随着经济的发展，中国经济体制发生了根本性的转变，社会转型在带来前所未有的经济增长和社会进步的同时，也带来了诸多问题和矛盾，如女性自杀问题，吸毒问题、下岗和就业难问题、劳动权益保护问题、参政问题、贫困及家庭暴力问题等，这些问题仅靠传统妇联工作系统无法真正面对和彻底解决。需要从社会工作视角探索如何为妇女的全面发展创造有利的社会条件和社会环境，也需要借助于社会工作的专业方法为妇女提供多元化的服务。

社会工作嵌入妇女儿童服务领域，就是要借助社会工作专业方法服务于妇女和儿童，通过社会工作的专业介入，提高妇女的能力，赋权于妇女，整合妇女服务资源，从而帮助妇女完善自我，获得社会发展，并推动社会公正；通过运用社会工作的专业方法和技巧，帮助一些在生理、智能、情绪或适应生活上遇到困难的儿童解决问题，引导他们健康成长，激发儿童自我发展、自我成长的潜能，促进儿童全面发展，进而促进社会和谐发展。

妇女社会工作，以妇女为对象，一方面运用社会性别视角以及社会工作专业价值理念和方法，在总结和提炼本土的妇女工作实践经验的基础上，着力解决妇女中存在的特殊问题和发展问题，满足妇女的需要，维护妇女权益，完善妇女的社会福利制度，推动妇女工作向专业化发展；另一方面推动社会性别视角的普及和纳入决策主流，实现性别平等的目标。两者相辅相成，构成了中国妇女社会工作的核心内涵。具体内容包括：解决妇女的婚姻家庭问题，实现和谐的家庭性别关系；解决针对妇女的暴力问题，提供相应服务；解决妇女的生存与发展问题，改善妇女的经济、政治和社会参与状况，提升妇女的综合素质和发展能力；维护妇女的合法权益，在社会中宣传男女平等的国策，树立马克思主义妇女观，让社会性别纳入决策主流。妇女社会工作除了要运用社会个案工作、小组工作和社区工作方法以外，还要加入性别视角，遵循妇女社会工作的实践原则。

儿童社会工作是根据儿童的生理、心理特点和成长、发展需要，以社会工作专业的价值观为指导，以科学的理论为基础，充分运用社会工作专业方法和技巧对儿童开展的助人服务活动。儿童社会工作包括宏观和微观两个层面。宏观层面的儿童社会工作包括：参与有关各项保障和维护儿童基本权益的政策和法律的制定和完善，并配合其宣传和实施；参与保障并推动适合儿童需要的教育事业的发展和完善，监督儿童受教育权的实现；参与保障并推动儿童卫生保健事业的发展和完善；参与保障社会面向儿童的信息和资讯提供，并努力使其符合社会整体对儿童的期望目标；积极地整合各方面资源，推动儿童的观点表达和对社会事务的参与。微观方面的儿童社会工作是直接为儿童及其家庭提供各项服务，可分为一般儿童社会工作和特殊儿童社会工作：一般儿童社会工作是对一般儿童提供的教育、卫生保健、营养、托儿、康乐等方面的服务；特殊儿童社会工作主要是针对残障儿童、问题儿童及特殊身世（孤儿、乞儿、受虐）儿童提供的救助、教育、医疗及机构照料、家庭补助、寄养和收养等方面的服务。这类服务又可以分为支持性、保护性、补充性和替代性四种服务类型。

崇安区妇女儿童工作的具体做法可归纳为以下五点：

1. 树立社会工作理念，转变妇联工作思路。设立舒心家庭社会工作服务站，承接政府购买社会工作服务项目、实施单亲家庭社会工作服务。引入社会工作理念，将专业社会工作与传统妇女工作相结合，为妇女儿童和家庭提供专业化、人性化、多元化的服务。

2. 掌握社会工作方法，转变妇联工作方式。由专业社工为服务对象开展个案、小组和社区工作，使其介入社区妇联工作。特别在开展社区社会工作时，一方面注重积极培育参与社区妇女工作的新生力量，发展心理咨询、法律咨询、社区服务等志愿者队伍，使妇女工作在广度和深度方面都能得到提高；另一方面妇联在帮扶弱势妇女群体的同时，充分发掘妇女的潜力，增强她们自身解决问题的能力和信心，通过他助、互助达到自助，促进其发展，使她们真正站立起来，成为社会发展的积极力量。

3. 凝聚社会工作力量，转变妇联服务模式。在单亲家庭社会工作服务项目实施过程中，探索了“社工 + 妇工 + 义工”服务模式，为单亲家庭社会工作服务项目的顺利实施奠定坚实基础。社工主要是以舒心家庭社会工作服务站为载体，运用专业知识和手段为社区内单亲家庭提供长期、系统、优质的专业服务。妇工（妇联工作者）主要是学习和引入社会工作的理念和方法，转变妇联传统的工作手段和渠道，培育妇女服务组织，探索服务妇女和家庭的新模式，发挥主导、引导和推动的作用。义工（巾帼志愿者）主要是利用社会资源弥补社会工作力量的不足。崇安区先后在社区建立了律师、心理、婚恋、医疗、家教 5 个专家服务团，招募了一批专家志愿者，同时利用无锡市欢乐义工、源沐心理咨询等社会组织，配合社会工作项目实施开展志愿服务工作。实践证明，社工、妇工、义工是推动基层妇联工作发展的三支重要力量，三者优势互补，合作共进，形成职责分明、协同配合、深度互动的工作格局，为有效提升基层妇联工作提供了有力保障。

4. 培植社会工作组织，转变项目运作方式。按照区政府购买社会工作服务推行的“政府购买、社团申请”原则，区妇联将舒心家庭社会工作服务站视作一个民办非企业组织进行培植，由其独立负责项目设计、申报、管理、指导工作。舒心家庭社会工作服务站成立以后，一是负责设计项目，向区社会工作办公室申请，经审核批准，获得政府购买社会工作服务项目资金后，面向全区招募妇女社工；二是根据项目需要，对社工进行实务培训后派驻社区，指导服务方案的设计与实施，力求项目运作制度化、规范化和科学化；三是掌握情况、跟进指导，及时发现问题、解决问题。

5. 加强社会工作学习，建设妇女社工队伍。目前崇安区 38 个社区中担任妇联主席、并通过国家社会工作师和助理社会工作师考试的有 10 人，占 26%，并且每年以一定比例增长。对于基层妇联工作两支基本力量——社会工作者和妇女工作者，特别是兼有社会工作者和妇女工作者双重身份的复合型人才，崇安区给以高度关注、全面培养、岗位锻炼。

五、老年人服务

老年人服务包括供养和生活料理服务、医疗保健和康复服务、教育服务、社会参与服务、文体娱乐服务及其他方面的服务。我国老年工作的根本目标是促进“老有所养、老有所医、老有所学、老有所为、老有所乐”。

崇安区老年人服务的主要目标是适应区人口老龄化趋势，努力提高老年人基本生活保障水平。加快老年人福利设施建设，扩大居家养老服务范围，在养老机构、社区养老、居家养老等社会福利领域配备一支具有陪护助护、居家照料、精神慰藉、临终关怀专业水平的社工队伍。确保无劳动能力、无生活来源、无法定赡养人和扶养人的“三无”老人应养率达 100%，集中供养率达 95%。

中国老龄问题是在 20 世纪 70 年代逐渐凸显的，并开始引起中央和地方政府的关注，各级老龄问题委员会和各级总工会所属的退休职工管理委员会等各类涉老机构就是因应人口老龄化的趋势和日益突出的老龄问题而成立的。在 1979 年以前，国内各养老机构收养的对象基本上都是无依无靠、无生活来源、无生产劳动力的孤寡老人和残疾人（简称“三无”对象），费用由政府负担。1979 年以后，养老机构开始了自费收养业务，此后自费收养的人数逐年增加。但即便如此，住进养老院的大多还是生活已经不能自理或者不能完全自理的老人，大多数老人还是要在家庭中度过大部分晚年时光，他们需要社区提供日常生活照顾和服务。传统的对老年人照顾和老年人服务基本停留在让老人吃饱穿暖以及不出意外阶段，如何让老年人生活得更有质量、更自信，具有更广泛的社会支持网络和更具成长性，以及在专业理念指导下对老年人的专业服务介入都是老年工作实务需要研究的重点。

无锡市是早于全国提前 16 年进入人口老龄化社会的城市，其老龄化社会的特征是：（1）人口老龄化起步较早，在 1983 年就进入了人口老龄化社会。（2）老年人口数量持续增长，2010 年末无锡市户籍人口中 60 周岁及以上老年人口为 93.90 万人，占户籍总人口的 20.13%，常住人口 60 周岁及以上老年人口数为 99.65 万人，占 15.63%。（3）老年人口扶养系数不断增大。2010 年户籍老年人口扶养比（65 周岁及以上人口老年人口数与 15~64 周岁人口之比）为 17.14%，常住人口为 12.88%。（4）老年人口中空巢老人增多，空巢老人家庭户由“十五”末期的30.87%上升到2010年的50%。（5）老年人口有较好的生活保障，但保障水平有待提高，根据无锡市民政局老龄工作委员会2009年2月对全市2万多名老人的抽样调查数据显示，100%的老年人口有月收入，老年人口生活有较好的保障，但老年人口收入普遍偏低，月收入在500元以下的占到了41.54%。从上述无锡市老龄化社会的特征分析可以看出，发展老年社会工作的任务非常迫切。

社会工作嵌入老年人服务，可以把社会工作的理论、方法和技巧应用到与老年人生存和发展有关的领域和机构，协助老年人解决人生最后阶段所面临的种种生理、生活、医疗、社会、经济、心理和宗教信仰等问题，改善老年人的生理、心理卫生保健，社会、经济状况和生活环境，促使老年人有尊严地、快乐和有价值地度过晚年。

老年社会工作主要内容包括以下五个方面：

第一，身体健康方面的服务。身体方面的问题是老年人遇到的比较普遍的问题，许多老年人，特别是高龄老年人都患有慢性疾病，需要长期的健康照顾。因而解决与老年人健康有关的问题是社会工作者日常工作的重要内容。首先要提供健康促进服务，即为老年人提供与身心健康有关的治疗、康复、预防等方面的服务，主要内容包括健康风险评估、例行体检、营养咨询与教育、有关慢性病的健康教育推广活动、处理酗酒和滥用药物问题、协助进行缓解压力管理、提供锻炼身体方案、采取防范措施以控制在家中受伤、提供精神健康服务、推广预防服务、提供与年龄有关的疾病信息、提供老年学咨询、提供有关社会服务和后续性健康服务的咨询等。其次要提供与健康照顾有关的服务，即为老年人提供与身心健康间接相关的生活照料、家务助理、出行协助、信息服务等方面的服务。

第二，处理认知和情绪问题。抑郁症、痴呆症、谵妄和焦虑是老年人最常犯的四个认知和情绪问题。在有些个案中，社会工作者会帮助老年人消除产生情绪问题的因素。而在另外一些情况下，社会工作者要致力于改善老年人的认知，帮助老年人适应其无法改变的情形。

第三，处理精神问题。要理解老年人的行为方式，重要的是理解老年人在精神上如何界定自己的现实世界，在精神上关怀老人。

第四，建立社会支持网络，包括正式支持和非正式支持。正式支持体系主要由政府的老年工作组织和涉老组织机构构成。主要提供贫困救助、生活照料、危机干预、老年人权益保障等多个方面的内容。非正式支持体系包括家庭成员、亲属、邻里、朋友、同事、慈善机构、非政府组织、社区志愿服务等，他们主要发挥经济支持、情感支持、生活照料、精神慰藉等作用。

第五，处理老年人特殊问题。老年人特殊问题包括：被虐待和疏于照顾、丧亲、缺乏临终关怀、自杀等。

崇安区老年人服务的具体做法是：在无锡市率先设立为老年人服务的老年社工服务基地。服务基地依托崇安康乐苑、靖海颐养院等养老机构现有的资源和条件，以社工带动义工为基础，为老年群体提供精神文化服务。义工志愿者中有长期从事老年疾病预防工作的、法律工作的、心理咨询工作的，还有从事社会学研究教学的大学教授，他们运用自身的专业能力，为老年人提供康复保健服务、精神慰藉服务、护理照料服务和权益维护服务，帮助老年人改善环境、舒缓情绪、提高生活质量。崇安区还建立了以社区为基础的老年人管理体系和适应社会主义市场经济的社区为老服务体系，丰富老年人的精神文化生活，保障老年人的合法权益，完善老龄事业投入机制，健全老龄工作体系，基本达到了“老有所养、老有所医、老有所学、老有所为、老有所乐”的要求，使老年人以科学，健康、文化的生活方式安享晚年。

六、残疾人服务

残疾人服务是指国家和社会以专业机构为骨干，以社区为基础，以家庭邻里为依托，以生活照料、医疗卫生、康复养护、社会保障、教育培训、劳动就业、文化体育、法律维权、信息化等服务为主要内容，为残疾人提供的各种服务。

崇安区残疾人服务的主要目标是尊重和保障残疾人权益，大力改善残疾人生存状况和生活福利水平，促进残疾人全面平等地参与社会生活，共享社会物质文化成果。确保有劳动能力的残疾人就业率达 95% 以上，残疾人及困难残疾人家庭子女受教育率达 100%，残疾人基本生活需求有可靠保障，中度残疾人生活得到特别关照，残疾人“人人享有康复服务”，无障碍设施遍及各街道、社区、公共场所。

人类自诞生之日起就存在残疾现象，然而人们对残疾个体认识的发展，却经历了一个漫长的过程，从被“同情”、“歧视”和“冷漠”到关注和帮助，直至“平等、参与、共享”。残疾人工作的开展，同社会政治制度、经济文化水平以及传统道德观念的更新有着密切的联系，目前各国残疾人工作的开展存在着一定的差异。新中国成立之后，残疾人和全国人民一样成为国家的主人，获得了政治权利和基本生活权利。农村残疾人分到了土地和生产工具，参加了互助组、合作社；城市残疾人在政府支持下组织起来生产自救，举办小型、多样的手工业合作社、组，后来发展为福利工厂。20 世纪 50 年代中期，社会福利院、伤残人福利院、敬老院、精神病院等相继出现。一些无依无靠的残疾人、残疾孤儿、残疾老人，分别被安置在社会福利院、儿童福利院和敬老院等场所。改革开放以后，国家为推进残疾人事业采取了一系列重大举措：建立全国统一的残疾人组织；颁布法律法规及重要文件；成立残疾人工作协调委员会，使残疾人事业由救济安养为主的初创阶段，步入了以“平等、参与”为宗旨，康复、教育、就业、文体、福利、环境、法治建设全面发展的阶段。各级党委、政府不断加大对残疾人康复工作的支持力度，逐步摸索出一套适合我国国情的残疾人康复工作模式；在残疾人教育方面，不仅各级、各类学校发挥着重要的教育职能，而且社区也有机地和家庭教育相结合，弥补了学校教育的不足。

虽然，从改革开放到现在，残疾人社会工作克服了许多困难，取得了很大的成就，但是也存在一些问题与不足，如各地残疾人工作发展很不平衡，缺乏专业人才，缺乏健全的法律法规保障等，要使残疾人工作更充分地体现人性化，服务全面性、多样化、多元化，就需要专业社会工作者的介入。

第一，持怎样的态度对待“残疾”，用什么样的眼光看待“残疾人”，这是开展残疾人社会工作的基础。社会工作有助于实现残疾人工作的人性化。残疾人社会工作将摒弃“残疾”即“无所作为”、“残疾人”即“怜悯对象”等旧时的残疾人观，树立起全新且真正意义上平等的残疾人观。在开展残疾人社会工作的过程中充分体现人性化的要求：重视助人与自助的关系，关注助人者与受助者的关系，主张社会工作者与残疾人之间的平等互动，强调把帮助对象放在特定的社会文化背景中，从残疾人的角度出发来了解他们的需求和心理状况，充分听取残疾人的心声，并根据每个残疾人的特点，结合他们的实际情况，提出有针对性且合理的建议与对策，为残疾人的康复、教育、就业、社会保障、扶贫、文化体育、维权等起到积极的帮助作用。

第二，社会工作有助于拓展工作领域，使工作内容更加全面，内容更加广泛。社会工作介入残疾人工作具体内容包括六个方面。（1）评估：对残疾人及其家庭需要做出评定，并为他们制订合理的服务计划；（2）康复：协助有关部门针对残疾人的基本康复需求提供经济有效、及时方便的综合性服务；（3）教育：关注残疾幼儿的早期干预工作，利用社区资源为适龄残疾儿童的义务教育提供支援；（4）就业：协助做好残疾人的就业指导工作，帮助残疾人理性择业、平等就业，重视在职培训、提升等工作；（5）家庭支持：为残疾人家庭提供服务，了解家庭需要和困难，帮助协调残疾人与其家庭成员间、邻里间的关系，协助取得家人、同事和邻居的理解与帮助；（6）心理咨询：帮助残疾人积极看待个人所经受的挫折与磨难，促进自我不断成长与提升。以上内容表明残疾人社会工作的领域将从原先的以抢救性康复工作为主，逐步扩展到政治、经济、康复、教育、就业、生活等领域中，充分关注残疾人权益的保障，如残疾人生活保障、就业保障、医疗保障、教育保障、服务保障等。

总之，社会工作嵌入残疾人服务，就是以残疾人为服务对象，围绕残疾人个人、家庭、群体以及相关的社会组织和社区开展专业性助人活动，根据不同类型的残疾人的不同特点，遵循社会工作的基本原则，有针对性地开展残疾预防和康复工作。

崇安区残疾人服务的具体做法是：从满足残疾人最急需的康复需求出发，结合辅读学校、社区学院建设工程，高起点规划、高标准建设崇安区残疾人康复服务中心，着力打造崇安区残疾人事业发展平台，为残疾朋友提供个性化、多元化的医疗、教育、职业、社会等康复服务，提高他们的福祉，让其共享改革开放成果，共同沐浴党和国家“惠民政策”，努力实现残疾人“人人享有康复服务”目标。除此之外，崇安区还是全国和江苏省第一批残疾人基层组织规范建设达标区、全国白内障无障碍区、全国社区残疾人工作示范区之一，最先成功举办了“区级特奥会”，率先开创了“特奥示范社区”活动，为促进残疾人国际化交流、相互学习、增进友谊搭建了有效平台，重视与媒体合作宣传，举办了电视直播的大型残疾人广场文艺表演活动，为大力宣扬残疾人自强不息精神和弘扬助残扶弱的社会风尚开辟了新的宣传形式。

“一条主线、两个体系、四个重点”是崇安区残疾人服务的基本做法。一条主线是以残疾人“人人享有康复服务”为主线。两个体系即政策法规及康复服务体系建设。四个重点就是要将精神病防治、社区康复指导等内容纳入公共卫生服务项目，按康复服务规范要求对社区卫生服务中心进行绩效考核并与社区康复服务管理补贴挂钩；社区卫生服务机构以家庭病床巡诊形式为有需求的残疾人提供上门服务和指导；加强基层康复服务和队伍建设；配合区残联全面开展康复训练指导、辅具配置、无障碍设施改造、康复知识等“四进家庭”服务，进一步完善和夯实全区残疾人社区康复服务体系建设。

七、社区矫正服务

社区矫正工作是与监狱矫正相关的行刑方式，是指将符合社区矫正的罪犯置于社区内，由专门国家机关在相关社会团体和民间组织以及社会志愿者协助下，在判决、裁定或决定确定的期限内，矫正其犯罪心理和行为恶习，并促使其顺利回归社会的非监禁刑罚执行活动。

崇安区社区矫正服务的主要目标是按照组织完善、制度健全、配置齐全、程序规范、队伍完整、公正执法的要求，充分利用社会各方面力量，加大对非监禁罪犯的教育、矫正力度，预防和减少重新犯罪，确保不发生社区矫正对象脱管、漏管和重新犯罪现象。

社区矫正的终极目标是矫正犯罪人员的犯罪心理和行为恶习，并使其顺利地回归社会。社区矫正要关注矫正对象在社会态度、认知、行为、心理、社会交往、家庭、社会支持、社会联结、社会适应等方面的问题，通过解决矫正对象的问题，恢复矫正对象的社会功能，激发矫正对象的潜能，促进矫正对象的自我发展，从而使他们回归社会，成为社会的正常成员。

在我国，给犯罪人员以社会处遇在新中国成立前就已经开始了，但最初并不称为社区矫正工作。伴随我国社会改革的深入发展与社会转型速度的加剧，公民的社会行为失范现象日益增多。原有的监狱矫正采取的将罪犯与外界社会隔离的方式，对于那些未成年犯、老病残犯以及罪行轻微、主观恶性不大的初犯和过失罪犯来说未免缺乏人道主义精神。为此，我国从 2003 年起试行在社区中改造罪犯的社区矫正制度。

2003 年 7 月 10 日，最高人民法院、最高人民检察院、公安部、司法部联合下发《关于开展社区矫正试点工作的通知》，决定在全国六个省市开展社区矫正的试点工作，至此，北京、天津、上海、江苏、浙江、山东等省市的社区矫正试点工作正式启动。2008 年 3 月，江苏省出台了我国首部"社区矫正工作办法"，这是江苏省开展社区矫正试点工作以来出台的首部综合规范性文件，也是我国首部全方位规范社区矫正工作的省级综合规范性文件。崇安区从 2007 年开始社区矫正工作，工作体现出以下一些特点：建档规范化，制度严格化；教育多样化、矫正个案化；劳动公益化、帮扶多元化；考核公开化、工作社会化。参与社区矫正的工作人员由三个部分组成：社区矫正执法者、社区矫正工作者以及社区矫正志愿者，为了提高社区矫正质量，崇安区加强了对相关工作人员的培训，注重运用社会工作专业方法解决矫正人员的心理、社会适应不良等问题，整合资源，帮助矫正对象顺利、健康地回归社会。

社会工作专业介入社区矫正工作是有益的探索，它对于恢复矫正对象的社会功能其手段是多方面的、综合的。刑罚、问题解决、心理治疗等都是矫正手段之一，但是这些手段或是针对行为，或是针对问题，都没有涉及根本，而且这些手段都具有单一性。要达到恢复矫正对象社会功能的根本目的，就要采用综合的手段，而社会工作恰好具有这样的特点。社会工作作为一门综合性很强的学科，具有综合各种手段的功能，其方法与手段本身具有系统性；社会工作具有康复的功能，能够协助矫正对象恢复其正常的社会联结和自我联结；社会工作还具有发展的功能，能够通过恢复矫正对象的社会联结和自我联结，使矫正对象达到自主、自立、自律，以使矫正对象恢复的社会功能能够在今后的生活中长期保持。

矫正社会工作者可以开展以下社会工作实务：（1）建立健全服务对象基础的信息和

档案资料，实现对服务对象的动态管理。(2)协助司法行政机关做好服务对象日常管理工作。(3)组织有劳动能力的服务对象参加公益劳动。(4)为服务对象提供改善其社会功能的各类社会工作专业服务，包括：开展风险需求评估工作；制订服务对象的分类、分阶段、分级矫正服务管理方案；开展心理、认知、行为、社会关系、社会适应等各层面的专业服务。(5)为服务对象适应和融入社会开展各类社会环境改善、社会资源整合活动。(6)发展和组织社区矫正志愿者开展工作。(7)开展社区矫正研究工作。

无锡市崇安区社区矫正的具体做法是：法院始终将社区矫正作为刑事审判活动的一项重点，积极采取有力措施推进辖区内的社区矫正工作，努力构建“家庭、法院、社区”三位一体的矫正体系，妥善做到“谨慎适用、判前考察、合力矫正”。在实际工作中，积极总结审判经验，借鉴其他法院的新方法、新思路，在社区矫正工作中紧抓“三个环节”，形成了以下基本成熟的社区矫正工作流程。

在审理环节，对被告人处以非监禁刑判决前，向负责具体矫正工作的当地司法所函送《委托调查评估函》，委托其对被告人矫正风险做出预测和评估，调查评估情况作为是否对被告人适用非监禁刑的重要参考依据，以此扩大非监禁刑的适用。

在宣判环节，明确实施社区矫正的对象范围，并向符合社区矫正的服刑人员发放《社区矫正告知书》，让其签订相关保证书，强调权利义务的宣示，逐步推广接受社区矫正的观念。

在交付社区矫正环节，注重具体工作的规范落实。完善交付社区矫正的程序、时限，解决相关法律文书的转递问题，并做好衔接工作。加强对社区矫正服刑人员考察情况的跟踪管理，落实相关部门间的通报制度，防止脱管、漏管。

通过以上措施，坚持宽严相济，确保司法公正；坚持工作有序，确保无缝衔接；坚持跟踪了解，确保矫正成效。全面推进了社区矫正工作。截至 2011 年 11 月，该院适用于社区矫正的被告人为 99 人，占该年度涉案被告人总数的 19%，与上年度同期相比提高了 2.8%，对未成年人实施社区矫正的占总适用社区矫正总数的 13%。这些适用社区矫正的对象，无一人重新犯罪，也无一人脱管，通过社区矫正，基本实现了绝大多数社区服刑人员较为顺利地回归社会的工作目标。

八、戒毒康复服务

戒毒康复服务是在社区为戒毒人员提供身心康复和社会康复场所的基础上，为他们提供有效服务，使其恢复社会功能，重返社会。戒毒康复服务是基于毒品问题日益严峻的形势提出的。据公安部统计，2005 年全国登记在册的吸毒人员累计达 116 万，比

2000 年上升了 35%。过去，我国一直采取强制和劳教戒毒为主，自愿戒毒为辅的戒毒体制，吸毒人员解除强制或劳教戒毒后，回到社区成为安置帮教对象，为期三年。2008 年 6 月 1 日起，我国实施《中华人民共和国禁毒法（草案）》，该法强调社区戒毒的重要性，即在一般情况下，对初次吸毒人员实行为期三年的社区戒毒，对情节严重者实行强制隔离戒毒，强制隔离戒毒后还要接受一到三年的社区康复。有学者将社区戒毒人员概括为特殊的“高危弱势人群”，既反映了吸毒行为的反复性和与犯罪的高关联性，又反映了戒毒人员边缘化的社会生活状况。社区成为戒毒人员实现身心与社会康复的重要场所，戒毒人员需要社区提供切实有效的服务以帮助他们恢复社会功能，重返社会生活。

崇安区社区戒毒服务的主要目标是结合创建“无毒社区”、“无毒学校”、“无毒家庭”、“无毒场所”等活动，加强对吸毒人员的宣传帮助、排查登记、动员药物治疗等管控工作，确保吸毒人员管控率达 60%，落实帮教率达 100%，受治疗者治疗维持率达 80%，复吸率明显下降，减少毒品交易，萎缩毒品市场，全区“无毒社区”覆盖面达 100%。

目前，我国对戒毒人员的安置帮教工作一般采用区、街道禁毒办统筹，司法所指导，派出所民警、居委会专职干部和家庭成员组成帮教小组，对社区内吸毒人员进行帮助、教育，并对其生活、就业等方面进行帮扶。现行制度主要存在以下三大突出问题：

1. 社区工作人员普遍缺乏专业意识与专业知识，难以提供专业化服务。现阶段，从事社区戒毒工作的主要有街道司法所工作人员、社区工作人员以及社区民警等。街道司法所和街道办事处主要以指导社区具体的安置帮教工作为主，较少进行直接服务；社区民警主要对戒毒人员进行监管，以维护社区安全，受角色与职责限制，较难与戒毒者建立互信关系；社区工作人员与戒毒人员接触较多，且能够注意到戒毒者的多方面需求，但社区工作人员日常工作繁琐，人力、物力有限，无法深入开展工作。社区戒毒工作重“管理”轻“服务”，服务方面偏重戒毒人员的基本生活保障和就业安置，对其心理情绪的疏导和社会功能的康复关注较少。

2. 社区服务资源的短缺与断裂。社区需要政府部门、非营利机构、志愿者团体等多种类型的机构和组织为戒毒人员提供相应的社会服务。目前，大多数社区还是依赖街道办事处、司法所、居委会和派出所等社区现有的正式组织开展工作，一方面这些组织并非专门戒毒服务机构，专业化水平不高；另一方面，这些组织的资源有限，能够为戒毒者所使用的资源就更少，加之各部门之间缺乏协调沟通，信息不畅，易造成有限资源的浪费或空置。与西方国家和港台地区相比，我国针对戒毒人员的专业社会服务机构的发展还处在起步阶段，现有的机构和组织远远不能满足社区戒毒人群的需要，还缺乏像中途之家、康复者社区活动中心等形式多样的为处于不同康复阶段的戒毒者提供专门服务的福利机构。

3. 社区戒毒人员缺乏改变的正向动机与使用资源的能力。社区戒毒人员大多吸毒历史较长，有过多次戒毒失败的经历，长期的吸毒行为扭曲了他们的人格，使他们自暴自弃，缺乏改变的正向动机，负面的人生观和心理状态是他们复吸率高的主要原因之一。社区戒毒人员的社会支持主要包括来自亲属、朋友等的非正式支持和来自社区各类组织机构的正式支持。吸毒行为严重破坏了戒毒者个人的非正式支持系统，而正式的社会支持系统还有待完善，这使得戒毒人员可以利用的社会资源少之又少。另一方面，戒毒人员普遍缺乏有效利用资源的能力，他们往往和家庭、邻里、社区关系紧张，在与外界的沟通和信息的获得方面都存在着相当的障碍，戒毒人群的特殊性和复杂性增加了社区戒毒工作的难度。

社会工作介入戒毒服务就是在社会工作专业价值理念指导下，运用社会工作专业理论、方法与技巧，为在生活中陷入毒品危机的个人及其家庭提供服务，协助戒毒人员戒除毒瘾、身体康复、回归社会，最终实现其个体及家庭的功能完善，维护社会安定与和谐。

对吸毒成瘾者的矫治是个复杂的、长期的、系统的工程，需要各方面的专业人士共同合作才能达到目的。毒品专家、戒毒社会工作者和政策制定者只有协同作战，才有可能降低戒毒者的复吸率。戒毒社会工作者是戒毒工作团队中的重要成员，他们是在社会工作专业价值观指引下，运用专业理论、知识和方法、技术，为吸毒成瘾者及其家人提供服务。以个人辅导、小组工作及社区资源整合运用等诸多方式与手法开展专业服务，协助吸毒成瘾者戒断毒瘾，回归社会；帮助其家庭不断完善与整合环境资源，共渡难关。因此，社会工作的专业服务在戒毒过程中发挥着不可替代的作用。

崇安区戒毒服务的具体做法是：无锡市公安局崇安分局在党委政府、市禁毒办及上级公安机关的领导和支持下，进一步创新社会管理理念，与区综合治理部门通力合作，在全省率先建立了“禁毒社会工作站”，由 8 名专职禁毒社工在街道综合治理、公安禁毒部门指导下深入社区开展禁毒宣传，落实涉毒人员帮教措施，全力推行社区药物维持治疗工作，为服务对象提供生活关心、戒毒康复等多项服务。在此基础上，分局依托社会力量，在省内创新建立了社区戒毒康复服务基地，组建了一支由 25 名医生、心理师、法律工作者、企业家等人员组成的社会禁毒工作志愿者队伍，为帮扶条件较好的戒毒人员提供就业岗位，落实社区戒毒和社区康复措施。“禁毒社会工作站”和“社区戒毒康复服务基地”运行至今，共帮助涉毒人员解决低保待遇 41 人、为其办理廉租房租赁手续 11 户，化解家庭危机 30 多户，使 259 名吸毒人员参加药物维持治疗，帮助 50 余名康复者重新走上工作岗位，实现了“帮教一个人，温暖一家人，带动一片人”的工作预期。此项工作得到了省、市有关领导的充分肯定。国务院防治艾滋病工作领导小组在全国会议上推广了崇安区的经验；中央政法委“平安中国”网站、《新华日报》社、省广播电视总台、无锡电视台等 20 余家国家、省、市级新闻媒体对崇安区禁毒社会工作进行了集中采访和专题报道；分局禁毒部门先后被江苏省禁毒委、江苏省公安厅、市委、市政府授予多项禁毒工作先进荣誉称号；8 名禁毒社工分别受到市、区禁毒委表彰、1 名社工获首届无锡市“十佳禁毒人士”荣誉称号。

九、综合治理工作

所谓综合治理就是在各级党委和政府的领导下，组织协调各条战线和各个系统，调动社会各种积极因素，运用政治、经济、文化、教育、法律、行政等各种手段，采取各种有效措施，全方位地对社会治安秩序客观地进行正确评价，有效地开展科学管理，为发展社会主义市场经济创造良好的社会环境，在宏观上采取重大的战略方针，在微观上进行一系列治理活动来预防和减少犯罪，维护社会稳定的系统工程。

崇安区社区综合治理的主要目标是积极开展社区综治和平安创建工作，组织群防群治活动，有效预防和化解矛盾纠纷，完善社会治安防控体系，最大限度地减少违法犯罪，确保社会治安安全和公共安全，确保崇安区始终保持省社会治安安全区称号，人民群众对社会治安满意率达到 95% 以上。

社会治安综合治理，说到底是对社会矛盾的综合治理，是社会建设和社会管理的重要内容。当前，我国正处于社会矛盾的凸显期。防范和化解社会矛盾，已成为维护社会稳定、和谐社会的首要任务。目前，我国处于社会主义市场经济大潮之中，社会结构转型，社会的政治、经济、文化观点纵横交错，城市和农村双向拓展，社会主体自由度和刚性化增加，人们的社会行为和观念呈现多元化，以及交通、通信、传媒现代化。在这样一个社会人文的大背景之下，社会矛盾发生的范围比历史上任何一个时期都更为广泛，过去的矛盾和当前的矛盾可能交织在一起，城市的矛盾和农村的矛盾可能交织在一起，此地矛盾和彼地矛盾又可能交织在一起，甚至国内矛盾和国外矛盾也可能交织在一起，造成了社会矛盾的范围由小到大、由窄变宽，由单纯、封闭转向拓展、开放性的矛盾。与此同时，矛盾的形态由隐蔽到暴露、由单一到叠加。20 世纪 90 年代中后期，随着我国全方位改革不断深入，社会问题社区化，不和谐因素在社区集中并凸显，社区成为社会问题的表现场域、解决场域。

近年来，各级政府十分重视在社区层面化解矛盾和民事调解的工作，形成了一整套工作机制，立足社区、整合资源、多方参与、分层负责，明确受理渠道，制订保障措施，在一定时期内，社区矛盾纠纷解决机制基本运行顺畅。但是随着社会的发展，新的社会问题层出不穷，社区矛盾纠纷解决机制也遇到了一些问题。如在传统的政府治理模式中，政府的社会管理和公共服务职能薄弱，在一定程度上忽视了社会发展，由于社会发展长期滞后于经济发展，政府对老百姓多方面诉求的回应能力还相当薄弱。随着利益主体和结构的日益多样化，社会矛盾日趋复杂，政府在回应群众反映的切身利益问题时，有关部门缺乏分类研究，解决的方法单一简单，领导责任制和跟踪督办制度不健全，解决力度不够，缺乏及时认真的反馈和有效的监督机制来落实群众的利益诉求。因此，对社区矛盾的解决，要区别不同情况，正确运用经济、行政和法律手段来加以处理，防止矛盾激化。更要运用社会工作的知识、方法、技能，为有需要的社会成员提供困难救助、矛盾调解、人文关怀、心理疏导、行为矫治、关系调适等多样化、个性化、专业化服务，从源头上解决问题。

以解决各种社会问题为重要任务和目标的社会工作，与一般行政管理不同，行政管理倾向于用行政力量，即自上而下的行政系统和权力解决问题，社会工作则通过服务化解矛盾、解决问题，即通过面对面的、深入人心的、人性化的服务化解矛盾与冲突；积极促进社会成员之间的良好关系，建立一个相互关怀的社会，从而达到构建和谐社会的目的。

崇安区综合治理工作的具体做法是：区委、区政府始终坚持政法综合治理工作在创新中求发展、在创新中求提升的工作思路，狠抓工作理念创新、工作机制创新、工作载体创新，有力地推动了各项工作的开展，取得了社会认可、群众满意的效果。具体表现在以下四个方面。

1．创新综合治理工作理念。面对综合治理工作不断出现的新问题、新特点，按照以人为本，让人民群众更安全、更方便、更文明、更和谐的要求，更新综合治理工作理念，创新工作机制和方法，不断提升政法工作水平，不断追求综合治理工作让人民满意的价值取向。多年来，崇安区在维护社会稳定、加强社会管理、夯实基层基础、解决民生问题等方面开展了一系列创新活动。如在广益街道率先建立了“集中办公、统一受理、分段调处、综合协调”的大调解中心。同时，在全市率先建立了以优秀调解员为主体的首家“费建新调解工作室”，推动了矛盾纠纷调处的社会化进程；开展外来人口就业服务的“三春行动”，成立了社区戒毒康复服务基地、社区青少年服务中心等开展服务；创新开展了老新村业主自治管理、交通安全进社区、对吸毒人员美沙酮药物维持治疗等用以解决民生问题的活动；率先在全市建立了社区保安、禁毒社工和综合治理社工队伍；率先开展了创建“平安工地”、“平安大厦”、“平安校园”等系列活动。

2. 以夯实基层作为综合治理工作创新课题的重点。综合治理和平安建设，重点、难点都在基层。社区安则大局安，社区是基层基础建设的重点。2004 年，崇安区针对社区治安防范力量薄弱、发案率高、人民群众安全感低的问题，率先在全市建立了由政府出资组建的社区保安队伍 330 人，切实加强了社区治安防范队伍建设，有力地推动了社会治安防控体系建设。2006 年，针对全市吸毒人员美沙酮药物维持治疗在社区动员难、帮教难、巩固难的问题，在全省率先建立了由 8 名社工、30 名义工组成的禁毒社会工作站，开展美沙酮药物维持治疗工作，此项工作得到了中央和省、市的充分肯定，并在全国会议上进行了推广。2007 年，针对社区事务多、人员少、综合治理和平安创建工作落实难等问题，在全区各社区配备了 34 名综合治理社工，加强了社区综合治理工作有专人抓、专人做的基础建设，使其成为活跃在基层社区的有生力量。

3. 以改进社会管理作为综合治理工作创新的重要任务。加强社会建设、改进社会管理是新时期综合治理工作的重要任务。近年来，崇安区结合实际，积极开展社会管理工作创新活动。针对强制戒毒人员回归社会后，由于受到社会的歧视，存在居无住所、业无人用、生活无着落等现象，致使戒毒人员对戒毒信心不足、情绪经常出现反复、最终又走上复吸道路的现实，通过认真贯彻《禁毒法》，坚持禁毒工作综合治理的方针，整合社会资源，依托禁毒社会志愿者的企业条件，在无锡贝康包装材料有限公司建立了全省首家戒毒康复人员服务基地。基地为戒毒康复人员提供合适的劳动岗位，并与其他职工同工同酬，免费提供舒适的生活环境。同时，实施和完善了社区康复帮教措施，落实社区禁毒工作帮教组织和人员，组织禁毒社工和志愿者为戒毒人员开展法制教育、心理康复、困难救助等服务，解决了康复人员生活上的困难，增强了康复人员戒断毒瘾的信心，取得了“帮助一个人、温暖一家人、和谐一片人”的良好效果。

4. 将人民群众满意作为综合治理工作创新发展的根本。崇安区综合治理工作坚持以人为本理念，坚持从人民群众满意的事情做起、从人民群众不满意的事情改起、从人民群众反映强烈的问题抓起，把人民群众满意不满意作为政法综合治理工作的根本标准。一是创新建立老新村业主自治管理模式。老新村建设年代久，基础设施差，现有资源少，管理机制不健全，管理队伍不完善，管理经费不落实，致使小区环境差、秩序乱、矛盾多，成为社会各界和人民群众关注的热点问题和社会管理的难点问题。2005 年 7 月，区综治办在百岁苑、中上塘等小区探索建立了由业主自我管理、自我服务、自筹资金的业主自治管理模式，取得了明显效果。2007 年 4 月，区委、区政府高度重视这一民生问题，在总结百岁苑小区、中上塘等小区经验的基础上，由区政府拨出专款全面推进老新村业主自治管理。到目前为止，全区已有 30 个小区实行业主自治管理。基本改变了老新村无人管、无钱管的状况，老新村的保安、保洁和保绿措施得到落实，小区治安秩序、环境秩序、停车秩序得到改善，小区居民普遍拥护和积极参与管理，人民群众的安全感和满意度得到很大提升。二是创新建立社区交通安全工作站。随着社会发展和人民群众生活水平的不断提高，私家车数量猛增，小区行车难、停车难、秩序乱等问题突出，而背街小巷、居民小区长期处于交通道路无人管理、交通秩序无人规范、交通纠纷无人调处的状况。崇安区根据市委建设“人人便于行”城市的要求，在新街巷社区率先建立了社区交通安全工作站，构建以交巡警部门为指导，社区为主体，派出所、城管、社区居委会和人民群众共同参与的社区交通管理工作平台，强化社区交通法规宣传、交通设施建设、交通管理队伍建设和交通管理制度建设，开展交通安全隐患专项整治、社区交通参与者情况调查等活动，进一步规范交通秩序。同时，以协会的形式，建立了“驾驶人之家”，定期组织维修单位为社区的车主检查车况安全，及时向社区驾驶员提供年审、违章等信息，为社区驾驶员提供人性化服务。通过开展交通安全进社区活动，共为小区居民解决停车泊位 2 000 余个，设立交通标志 300 余处，调解因小区交通引起的矛盾纠纷 32 起，并为小区业主自治管理解决管理经费 480 余万元，为小区增加保安 142 名，初步解决了小区停车难、行车难和秩序乱等问题，达到了“走对交通安全进社区一盘棋、激活和谐社区建设一盘棋”的效果。三是创新开展诚信守法经营户评选活动。农贸市场是丰富人民群众“菜篮子”的专业市场，是服务于千家万户的民生工程。长期以来，农贸市场存在着环境差、秩序乱、“短斤缺两”、“质次价高”、“欺行霸市”等问题，直接影响了人民群众的根本利益，是人民群众反映强烈的民生问题，区政法委根据党委、政府关于法治建设要突出民生的要求，组织工商、街道等部门在上马墩靖海农贸市场开展诚信守法市场建设，从整治市场秩序入手，以开展诚信守法“星级”经营户评选为抓手，以诚信守法经营户挂牌经营、开展群众评议为手段，以规范经营户守法经营为重点，建立了经营户诚信守法服务、消费者放心消费的运行机制，得到人民群众的普遍称赞。

十、外来人口服务

外来人口服务是随着城市化进程快速推进，外来人口大规模进入城市后出现的新课题，传统社会服务属于以户籍为依托的静态社会服务，如何创建适合于外来人口群体的多元而灵活的社会服务模式，是建设“和谐社会”面临的重要课题之一。

崇安区外来人口服务的主要目标是按照“引导融合、提升素质、优化服务、完善管理”

的总体要求，加快实现由重管理、轻服务向管理服务并重、寓管理于服务之中转变，努力实现外来人口就业有培训、劳动有合同、居住有改善、社保有拓展、维权有保障、治理有力度的“六有”目标。

2006 年，无锡市已达到“江苏省全面建设小康社会”指标体系要求，进入了“建设更高水平全面小康社会、攀登基本现代化的高峰”的重要时期。无锡市继续保持稳定的低生育水平，以“提升无锡人口素质、实现人的全面发展”为根本价值取向的新一轮城市发展战略应运而生。为了配合城市发展战略的顺利推进，无锡市在原有政府架构总体不动的情况下，强调“大人口”观，通过人口计划生育部门协调各部门的人口服务管理工作，加强对常住人口服务和管理的统筹，形成了“大人口机构统筹型”新体制。

“大人口机构统筹型”服务管理新体制是在建立服务型政府的理念指导下，政府部门对人口服务管理工作所做的一次全新尝试。新体制在很大程度上克服了人口工作中“管理主体不清、工作效率不高、人口信息不明、基层队伍不足”的难题，有力证明了以科学发展观为指导，以基本公共服务均等化为先导，以大人口机构统筹为特色的人口服务管理新体制有利于促进经济社会发展与人的全面发展的统一。

外来人口作为中国城市化进程中产生的一种特殊群体，他们对社会公共服务的需求具有特殊性，运用社会工作的理念与方法服务于外来人口有其独特之处。

首先，社会工作在满足外来人口现实需要的同时，更注重以提升其自信心为基础的个案辅导服务。目前，外来务工人员所面临的挑战主要包括追讨工资在内的权益维护及就业、工作压力、情感问题、婚姻问题、子女教育问题、个人发展困惑等。这些问题的产生，是因为外来人口脱离了原有的乡村生活习惯，其基本需求缺乏相应的外部支持与条件，使得他们的能力不能充分发挥，进而导致他们在城市生活中产生诸多不适应。因此，对于外来人口的个案工作，不能只从问题的表面入手，而是要与案主一起面对问题，关注其心理层面的需要，在协调探讨的过程中，提高案主的自信心，协助其创造、开拓外部环境，创造条件，增强其自身解决问题的信心与能力。

其次，外来人口服务不只是帮助他们被动适应城市生活，更需要协助其更好地参与社会公共生活，融入社区。随着时间的推移，一些当年的青年务工者逐渐成家生子，与此同时，“夫妻同行式”家庭式迁移呈上升趋势。在他们身上，城乡差异所造成的制度矛盾，已不再局限于就业、劳动保障层面，而是涉及公共卫生、劳动权益、社区关系、居住权、子女教育等社会生活的各个层面。从公共服务的角度来看，要改变局限于就业型的“谁用工谁管理”的管理理念，接纳并加强流动人口对所在城市居住社区的公共生活的参与，不仅需要政府、市场的努力，还需要来自民间的社区公益组织以社区为本、以社会工作专业的服务，来提升流动人口与城市居民共同参与社区建设的自愿自觉意识。

第三，关注社会公平正义，促进外来人口的社会融合。长期以来的城乡二元分割差异使“城里人”与“乡下人”，“本地人”与“外地人”的差异已深深融入城乡居民的生活和文化观念中，对外来人口社会归属感的社会重建工作极为迫切。一方面可以通过对外来人口群体文化的塑造来树立其自信，同时达到扩大社会宣传的效果，可以在小组活动中定期开展以文字、文艺为主题的活动，在提高服务人群文化技能的同时，调动有文学爱好的务工者自己写自己的故事，编自己的杂志，为务工者创造可以自我表达的平台，向社会传递他们的文化需求，让社会听到他们的声音；另一方面，通过各种形式，为外来人口搭建与社会其他人群交流的平台，使更多的人了解与接纳外来人口。社会工作者在这些活动中可以起到组织、协调、开发与引导的作用，通过发挥社会工作教育倡导者的角色作用，促进外来人口群体的成长，从而更好地适应所处的环境，真正实现与社会的融合。

崇安区外来人口服务管理的具体做法是：区委、区政府把创新人口工作体制作为加强基层社会管理、构建和谐社会、建设精品崇安的一项重要任务来抓，在无锡市率先走出了一条“以人为本、服务为重、具有崇安特色”的人口服务管理工作新路子。具体表现在以下五个方面：

1. 构筑了一个体制。一是建立人口工作领导小组。区政府成立了区人口工作领导小组，由区长任组长，区委副书记和副区长任副组长，相关部门、街道主要负责人为成员，办公室设在区人口计生局，以加强对全区人口服务管理工作的统筹协调。二是构建人口工作新体制。在区人口计生局增挂“人口服务管理办公室”牌子，增配了 1 名副局长和 1 名工作人员，负责人口服务管理工作，形成了“区协调监督、街道组织落实、社区综合服务”的人口工作新体制。三是成立了人口服务管理监督和受理中心。全面履行诉求受理、政策咨询、联系协调、督查指导、信息反馈等职能，街道将人口服务管理工作与社会事业工作并轨运行，社区将人口服务管理工作纳入社区事务工作中，实行人口登记、劳动就业和社会保障、民政、教育、卫生、人口计生、综治、房屋租赁等“一站式”服务。

2. 建立了一套机制。崇安区登记的外来人口有 8.48 万人，如何加强外来人口服务管理始终是创新人口服务管理工作的难题。在破解这一管理难题上，崇安区积极探索“一证二合同三承诺”新机制，基本建立了“以证管人，以房管人，以业管人”流动人口服务管理的新模式、新机制。以加强居住证件管理为抓手，签订《无锡市公民文明守法承诺书》；按照“谁出租、谁负责”、“谁用工、谁负责”的原则，签订《无锡市劳动用工社会责任书》和《无锡市房屋租赁社会责任书》，落实房屋出租人和用工单位的社会责任，推动人口服务管理向社会化、社区化、均等化转变。目前“三承诺”的签订率达95% 以上。

3. 建设了一个系统。依据无锡市大人口信息平台，2010 年，崇安区政府建立了区、街道、社区“三级一体”具有采集、查询、统计、分析等多项功能的大人口信息系统，一年多来，全区大人口平台采集了 26.5 万个案数据，初步实现了对人口信息的掌握、管理和应用。同时，建立健全全区人口信息采集队伍，在社区事务工作站增设 1 个人口信息管理员岗位，全区设有专职人口信息员 38 人，兼职 358 人，统一信息采集内容，拓宽信息采集渠道，规范信息采集流程，为人口服务管理工作提供依据，为区委、区政府决策提供准确的人口综合信息。

4. 打造了一批亮点。一是积极争创人口综合服务示范社区活动。2010 年，崇安区莫家庄社区、广益佳苑社区、广瑞一村社区、后西溪社区等 13 个社区被评为人口综合服务工作示范社区。2011 年上半年创建了 17 个示范社区，目前已经通过市联合验收小组的检查验收，2011 年创建率达到了 80%。二是建成全市首家“新市民综合服务中心”。2010 年 3 月，在广瑞路街道成立了全市首家新市民综合服务中心，广瑞路街道新市民综合服务中心以“亲情引领、温馨服务、促进融入、共创和谐”为宗旨，寓管理于服务之中，向新市民提供人口计生、治安管理、法律维权、党团管理、就业指导、政策宣传、文体娱乐、房屋租赁、家政中介、子女代管等 10 项服务，全面实现亲情服务常态化和人口管理精细化。三是成立了全市首家“新市民综合服务室”。广益街道积极探索社会化服务管理的模式，采取“政府购买服务、市场化运作”的形式，针对莫家庄社区市场集中、商家多、从业流动人员多的特点，在锡沪装饰材料市场成立了市场“新市民综合服务室”。新市民综合服务室设有协会秘书长，专职为 1 800 多户商家、3 000 多名流动人口开展从商经营、子女入学、房屋租赁、家政中介等服务，打造亲民、惠民、为民服务品牌，全面提升人口服务管理工作。四是创新服务方式。各社区建立了阳光操作机制、多元投入机制、AB 角双岗制度、错时工作制度、信息共享制度等五项制度，实现了服务方式的转变；拓展了房屋租赁业务、家政服务业务、职业介绍业务等服务领域，实现了服务内涵的丰富。到目前为止，社区的人口服务管理内容已有 8 大类 36 项，使广大居民得到了实惠。四是探索实施双向管理。崇安区分别与湖北、安徽、辽宁等有关地区签订了流动人口计划生育服务和管理双向协作协议书，针对流动人口的计划生育生殖健康、家庭保健和避孕节育服务进行互通信息、双向管理，提高了工作效能和服务效率。

5. 营造了一个环境。在创新基层社会管理工作中，崇安区增强了为人的发展服务、为基层服务、为流动人口服务的意识，寓管理于服务之中，注重以人的全面发展促进人口问题的统筹解决，积极转变工作思路和方法，街道、社区人口服务管理体系建设更加完善，各类“为民、便民、利民”服务工作扎实推进。外来人口基本公共服务均等化政策措施得到了有效落实，组织街道、社区人口计划生育志愿者到外来人口集中居住点开展“七免一普及”服务，即：免费发放宣传资料、免费发送避孕药具、免费开展孕情监测、免费提供国家规定的计划生育技术服务项目、免费进行婚前检查、免费开展孕前风险评估和免费孕前优生检测、普及科学适用的计划生育知识。同时，还为外来人口提供就业培训、子女入学、公共卫生、计划生育、法律援助等能够享有与户籍人口基本同等的公共服务，积极营造了有利于增进民生福祉和提升人口素质的和谐社会环境。

第三节 ▶ 十大服务领域社会工作体系推进的成效

社会工作是以助人为宗旨、运用各种专业知识、技能和方法去解决社会问题的专门职业。从实施效果看，社会工作介入社会服务领域不仅能够提升社会服务的效果，还有助于社会福利制度的转型及准市场机制的形成。

一、专业性有助于提升社会服务的效果

国际劳工组织把社会服务定义为：针对大多数脆弱群体的需求和问题所进行的干预，脆弱群体包括因暴力、贫困、家庭瓦解、身体和精神残疾、年老而受到影响的人，服务项目包括康复服务、家庭帮助服务、收养服务、照料服务以及由社会工作者或相关职业人员提供的其他支持性服务。从以上定义可以看出，社会服务的对象主要是具有某种特征（如物质或精神生活困难群体、老年人、残疾人、儿童、吸毒者等）的个人和群体，服务目的主要是满足其生活需要，服务方式主要是由政府或社会力量提供支持性服务和项目，服务性质是社会福利（即非营利性）性质。

社会服务承担的功能可以作如下概括：（1）社会服务强化和修复家庭及个人正在承担的功能、角色；（2）社会服务提供新的机构渠道和形式来承担家庭、亲属网络和邻里不再履行的社会化、援助、角色确定等功能。

在我国，民政部门是社会服务的主要承担部门，民政工作承担着几十项关系群众基本生活需求和服务的工作，如为特殊群体提供的福利服务；以社区居民为对象，积极组

织开展包括自助、互助和支援服务等在内的社区服务；开展婚姻登记服务、儿童收养登记服务、民间组织登记服务、殡葬服务，倡导开展慈善活动，等等。除民政部门外，人口计生、人力资源社会保障等部门、“工、青、妇”等人民团体和残联、红十字会等组织也都在各自职责范围内，为所对应的服务对象提供着相应的社会服务，但就提供社会服务的覆盖范围、服务种类、服务的基础性作用等方面看，民政部门无疑是政府的主要职能部门，起着主导作用。下面就以民政工作为例，探讨社会工作专业介入的作用。

几十年来，民政工作主要运用行政手段进行社会管理和提供社会服务。在保障民众基本生活、发展基层民主、巩固政权基础、调节社会矛盾、维护社会稳定等方面发挥了积极作用。随着我国由计划经济体制向市场经济体制的转变，民政工作同样面临着一系列新情况、新问题。

在民政福利模式下，国家在社会福利提供中的作用非常有限，社会福利资源严重不足，社会福利的内容局限很大，主要包括为孤寡老人、孤儿和残疾人等弱势群体提供的老年人福利、儿童福利、残疾人福利等，社会福利受益对象十分有限，主要是鳏寡孤独、城镇“三无”对象、农村“五保户”等。这种补缺型的社会福利制度已经不能适应市场经济条件下社会转型和社会变迁的需要，无法满足广大公众的基本需要。

一个完善的社会福利制度或社会政策体系，既要注重人民的经济需要，也要重视人民的精神需要；既要注重收入维持，也要重视个人福利服务。随着国民经济的发展和人民生活水平的提升，我国社会服务的需求将不断增加，需要社会保障政策做出及时的回应，也需要社会工作介入其中提高社会服务的品质。

社会工作秉承以人为本、助人自助的理念，运用一系列专业的方法面向弱势人群和边缘人群开展直接的服务，并通过预防和解决社会矛盾及问题促进社会的发展。在服务领域，社工往往集微观、中观和宏观服务于一体、寓公共事务管理于公共服务之中。

民政工作和社会工作有着本质的相同性。从工作使命来看，两者是相同的。民政工作是从“以人为本”的价值观出发，遵循“以民为本、为民解困、为民服务”的理念开展工作。社会工作也是从“以人为本”的价值观出发提供服务的。无论是在民政工作还是在社会工作中，都注意到被服务对象的价值和需要。从服务对象和工作内容上看，两者都是为困难群体以及有服务需要的群体提供服务的。就工作内容和方法来看，两者都以服务为手段开展助人活动。从服务功能上看，两者都有助人的功能。与此同时，民政工作和社会工作也有着明显的不同。从服务理念看，民政工作代表党和政府依法行政，依法服务；而社会工作则遵循“平等”、“尊重”、“接纳”、“案主自决”等专业理念，更强调和服务对象的平等，使服务对象能够自立自强。从服务内容看，民政部门还有大量其他社会事务，如民间组织管理、行政区划管理、婚姻登记等社会管理职能，社会工作就是为服务对象提供专业服务的。从服务方式看，现阶段我国的民政工作主要是对不同对象施以不同帮助，而社会工作主要是用专业方法进行服务性地助人。从服务功能看，民政工作大多侧重于救济性、保障性功能，而社会工作则倚重于福利性、服务性功能。

民政工作引入社会工作实际上是一个过程的两个方面：一方面是民政工作的社会工作化，即要把社会工作作为民政业务领域的专业支持，通过在各项民政业务领域引入社会工作的专业理念和服务方法，使民政工作向专业化、职业化、规范化方向发展；另一方面是社会工作专业的本土化，即和我国实际业务相结合，使社会工作从书斋走向实务，走向专业、服务全社会。

民政工作的社会工作化，使民政工作的内涵进一步充实。如在社会福利服务领域引入社会工作，可以让我们把更多的精力从服务对象本身的生理需求拓展到服务对象的心理、精神需求层面，从关注服务对象本身到关注其家庭和所在社区。在对生活无着的流浪乞讨人员的临时性救助领域引入社会工作，可以使我们和服务对象在简单的“送回去又跑出来”的循环往复中发现服务对象的真正问题所在，并通过启发个人和协调家庭、社区等综合方法彻底解决问题。

同时，社会工作化将进一步拓展民政的工作范围和服务领域外延。我们知道，民政工作主要是以物质救助为主，以特殊群体服务为主，属于剩余福利模式，引入专业社会工作后，可以用社会工作的眼光去观察社会的需要，审视社会所需提供的服务。所以，民政工作必须进一步拓展服务领域，为所有有需要的个人、家庭、群体、组织、社区提供专业服务。社会工作的引入，客观上还满足了人民生活和构建和谐社会的需要。

人口计生、人力资源社会保障及“工、青、妇”等人民团体和残联提供的服务如同民政工作一样，引入社会工作后同样可以实现各条线工作的社会工作化，使其走向专业化、职业化和规范化；另一方面又可以总结丰富的本土经验，实现社会工作本土化。由此可见，崇安区以社区社工为基础，条线社工为支撑，民间社工机构为补充，社工带动义工，形成全方位专业服务网络的社会工作体系推进策略，既实现了社会服务领域的社会工作化，也实现了社会工作专业的本土化。

二、专业介入有利于社会福利制度转型

社会福利制度作为让全体社会成员共享发展成果的基本制度，已成为社会文明进步的重要标志。在整个社会福利系统中，社会工作是一个重要的实施社会助人的行动系统。社会工作作为社会福利制度设计的重要组成部分，其发展水平在很大程度上体现了社会

福利制度的完善程度。当前无锡市社会福利正处于转型之中，社会福利由政府部门、各种社会服务机构以及家庭和社区共同负担是基本的思路。其中，政府从服务的直接提供者逐渐转变为福利服务的规范者、购买者与仲裁者。而社会成员与社会机构的参与，就是填补政府在福利领域的空间，并通过社会服务机构来整合福利服务资源，促进社会福利的供给效率，满足社会福利需求的变化。在社会转型时期，由于社会经济结构和利益格局的变化，新的社会矛盾和社会问题出现，解决这些困惑和矛盾，除了需要个人努力之外，还需要有社会的帮助。随着社会需求内涵和特点的变化，社会福利需求的内容也出现了许多新的变化，即要求社会福利服务不仅体现在经济和物质层面，还要体现在精神和社会关系层面。因此，社会就需要有一种高层次、专业化的福利服务，来缓解压力、调节社会关系、化解社会和家庭矛盾，这也为社会工作介入社会福利带来了契机。

社会工作介入社会福利，能促进社会福利的发展。社会福利服务对象是全体公民，包括社会保障、教育、医疗、住房、社会工作服务等项目。而社会工作是以利他主义为指导的，以受助者为本，讲求服务精神，不以营利为目的。作为一门助人的专业，社会工作具有其独特的价值理念、工作视角和工作方法。社会工作追求“助人自助”，给予受助者希望和信心，充分调动其主动性、积极性和创造性，达到受助者自助并在自助中得以发展的境界。社会工作的优势视角与赋权取向将受助者视为积极的能动个体，强调扩张受助者能力和优势，挖掘或激发人们的潜能，有助于个人、团体、家庭以及社区的能力建设，实现积极的社会福利。社工通过独特的工作方法来提升受助者自身能力，唤醒受助者权利与社会参与意识：一是社工直接为受助者提供服务的方式，通常分为个案工作、团体工作、社区工作等；二是间接服务的方法，即通过以社会工作服务的实施来影响对受助者提供的服务，包括为直接服务提供所需要的各种协助与支持过程。可以说间接服务是社工对受助者进行服务的服务，通常分为社会工作行政、社会工作督导、社会工作咨询、社会工作研究等方法。这些独特的工作方法既可针对单独的个体，又可面向广泛的社区，社会工作善于调动和协调各种相关力量，以达到工作的完整性和系统性。

社会工作的专业特征使得其可以在社会福利领域发挥其他社会机构不能比拟的优势作用。首先，可促进社会稳定与社会和谐。社会工作在最一般意义上来说是具体解决社会问题的专业活动，这些问题的解决可以减少因问题激化而可能产生的对社会秩序的冲击，从而有助于社会稳定，而在人际关系、群体关系层面上可以达到社会和谐，帮助人们构建一个可以正常生活的社会环境条件。其次，有助于促进社会福利制度建设与社会进步。在社会福利制度不健全、政策有漏洞的情况下，社工可以提出完善和制定社会政策的建议，参与和促进合理的社会政策的出台，通过制度建设和修订完善政策来解决和预防问题，减少社会问题的发生，使社会在更加公正的制度框架下运行。社会福利从政策层面上规定了服务对象、标准以及所要达到的目的，但如何实施这一制度和确定具体的服务对象，如何从精神上帮助他们克服生活困难或生理、心理障碍，如何提供福利设施并且帮助人们特别是有困难者享用这些设施，需要社工的深入工作。社会工作是将社会福利政策、服务项目转化为现实具体服务的过程，是实现社会福利的重要手段与途径，其工作目标就是实现受助者社会福利水平的提升。从社会福利的发展历程来看，社会工作的方法可以说是从社会福利提供过程中逐渐发展起来，并始终存在于特定的社会福利系统内的。专业社会工作就是在 19 世纪末，西方国家为应对工业革命引发的大量社会问题而产生的，伴随着工业化和城市化的发展，一些在农业社会中不曾有过的社会问题不断出现。面对农民大量涌向城市，以及贫穷、犯罪等日趋严重的社会问题等，仅靠以前民间力量和宗教慈善组织已无法解决根本问题，社会的发展迫切要求政府出面承担社会救助的责任。从 1601 年英国伊丽莎白女王《济贫法》的颁布和实施，到 1788 年德国汉堡的救助制度，从 1869 年英国慈善组织会社开展的民间志愿救助活动，到 1884 年睦邻组织运动在社区中发挥助贫救困的作用。特别是经过近百年的发展，社会工作专业发展和社会福利制度安排共同成为西方社会缓和社会矛盾、解决社会问题、维护社会稳定、恢复受助对象正常功能的重要调节机制。第二次世界大战前后，福利国家制度的建立，西方国家相继通过了社会政策或立法，确立了专业化与职业化的社会工作制度，并将其作为政府实施社会管理和提供社会服务的重要手段。此后，世界上许多国家和地区也逐步建立了社会工作制度。作为实现社会福利服务手段的社会工作，由此成为现代社会制度中重要的制度设计和安排。在现代社会中，从事社会工作职业活动的社工又被称为“助人者”或“社会福利专家”，“社会工作专业的工作处境是社会福利机构”，社工是社会福利服务的传递者。从西方福利发达国家的发展历史来看，社会福利部门拥有大量的社会工作专门知识和技能的人员，正是有了在各种类型的社会福利场所和机构的社工的参与，才使得社会福利机构所做的事被视为专业性工作。他们通常接受处理比较困难的工作，而且许多人被委以管理和督导的职位。他们还担当顾问，帮助指导那些只受过少量培训的社会福利助理人员和辅助工作人员。社会福利制度及服务是社会性问题，需要运用社会化手段来满足，因此社会工作在社会福利服务过程中大有可为。

三、专业介入有助于准市场机制的形成

专业社会工作介入社会服务的准市场机制是指，政府等社会服务供应者与专业社会工作机构之间的关系是社会服务购买者与生产者的关系，并且是缔结服务契约的平等主体；社会工作机构以其专业资质开展社会服务项目的竞标，而政府等供应者可在多个社会工作机构、非营利组织甚至企业之间做出选择。同时，社会工作机构也要借鉴市场组织的经验进行绩效管理和项目评估。但是，专业社会工作为社会提供服务又有别于市场机制的社会机制，如以人为本、助人自助的服务理念，以及善用社区资源、推动居民参与、营建居民自助——互助网络等工作方法。此外，由于社会工作自身专业化助人的特点，专业社会工作介入社会服务大体也要经历接案、预估、计划、介入、评估、结案的工作过程，这也有别于提供私人产品的市场服务。社会工作的介入助推了准市场机制与社会机制的结合。另外，非营利组织已成为发展社会公共服务的新载体，在社会工作发展较为成熟的西方社会和我国的港台地区，社工的从业机构有的为专门的社会工作机构，有的为其他非营利服务机构，但都属公益性的非营利组织。所以，社会工作的介入还有利于非营利组织的发展。

第四节 ▶ 专业社会工作介入社会服务的路径研究

一、崇安社会工作介入社会服务的路径

由于我国专业社会工作处于起步阶段，所依托的非政府、非市场的“第三领域”尚未真正形成，也缺少相对独立的服务空间。因此，专业社会工作发展的开始阶段不仅需要政府的支持，而且需要介入政府推动的公共服务，并以此扩大专业声望、提升职业地位、拓展发展空间。虽然，目前中国的社会工作面临着前所未有的发展机遇，但行政性社会工作还会依靠政府的行政框架和经费支持承担重要的公共服务与社会管理责任，而专业社会工作在这个框架内可能会处于相对辅助的地位。对于占主导地位的行政性框架来说，专业社会工作的地位是一种“嵌入”。它嵌入现有的社会服务和社会管理框架之中开展专业服务，并获得了嵌入性发展。那么，如何将专业社会工作嵌入社会服务，使两者在互动中获得发展？依据崇安区的经验，总结了如下三方面的介入路径：

1. 在承担社会管理和公共服务的政府职能部门设置“公职社工”岗位。2011 年 6 月 18 日出台的《崇安区人民政府 区政府办公室转发区民政局关于规范社会工作体系建

设管理意见（试行）的通知》中明确指出，在区、街道的民政、教育、文化、卫生、人力资源、信访、人口计生、公安、司法、综治、工会、团委、妇联、残联等部门，可根据社会工作管理和服务的实际需要，设置一定数量的社会工作专业岗位，配备具有社会工作专业或社会工作者职业水平证书的公务员、职员、雇员；在社会福利与社会救助机构、学校、医院、社区等，可以针对特定的服务对象，按一定的比例设置社会工作岗位；为加强社会工作服务的专业化、社会化，可以通过政府购买服务等方式鼓励民间社会服务机构设置专业社会工作岗位。“公职社工”做法可以提升政府的公共服务质量，创新社会管理。

2. 在街道层面的“社区服务中心”和社区层面的“社区工作事务站”开发社会工作岗位。随着经济社会的发展，我国城乡居民对社区公共服务的需求不断增长，基层社会的管理事务大大增加，街道和社区成为开展社区公共服务的重要平台。在此背景下，崇安区及无锡市已将社区干部纳入全市干部培养使用体系，在招录政府公务员、事业单位工作人员上优先考虑；大幅度提高社区工作者待遇，按照不低于上年度全市在岗职工平均工资水平核定工资标准，并交纳“五险一金”；实施“一村一社区一名大学生”工程，向全社会选聘高校毕业生到村（社区）任职，基本实现城乡社区大学生全覆盖。由于社区事务工作站的设置克服了社区居委会和村委会行政化的倾向，也便于政府延伸公共服务到社区，社区事务工作站社会工作岗位的设置有利于提升社区公共服务的水平。

3. 积极培育民办社会工作机构，拓展政府购买社区公共服务项目。2009 年 10 月民政部在《关于促进民办社会工作机构发展的通知》中指出：“民办社工机构是吸纳社会工作人才的重要载体，是有效整合社会工作服务资源的重要渠道，是开展社会工作专业服务的重要阵地。促进民办社工机构发展，对于进一步推进社会工作及其人才队伍建设，预防和解决当前社会发展中存在的各种矛盾和问题，推动政府转变职能，创新社会管理和公共服务方式，加强以改善民生为重点的社会建设，促进社会和谐，具有重要意义。”推进政府购买民办社工机构服务，逐步建立政府向民办社工机构购买服务机制是基层社会公共服务发展的方向之一。

二、社会工作介入社会服务的一般趋势

从国际视野来看，社会工作既是一种“助人自助”的科学门类，也是一种社会职业和社会组织的类型，更是现代社会管理和公共服务的一种重要手段。而社工则是掌握专业社会工作理念和方法、从事社会管理和社会服务的专门人才。在市场经济发展与社会转型的当今中国，发展社会工作事业，是促进社会管理体制改革、公共服务内涵与模式

创新、民间社会组织健康发展以及整个社会组织化程度提升的必然要求。

第二次世界大战前后的欧美国家，伴随着政府对市场和社会领域干预力度的增强，尤其是福利国家制度的建立，这些国家相继通过了一些社会政策或立法，确立了专业化与职业化的社会工作制度，并将其作为政府实施社会管理和提供社会服务的重要手段。由此，社会工作逐步从单一的慈善手段发展成为现代社会管理和社会服务的重要内容，成为现代社会解决社会问题、维护社会稳定的科学方法与社会制度。

社会工作之所以成为欧美国家进行社会管理和社会服务的手段，主要原因有二：第一，专业社会工作面向弱势群体和边缘群体的社会服务及其蕴涵的“以人为本”的柔性管理特征，可以弥补政府刚性政策和刚性管理的不足。一般而言，政府在处理社会问题和社会冲突事件时，刚性的行政化管理和暴力手段虽有其必要性，但也存在着“难以服众”的缺陷，以及忽视差别的一般化原则这一管理制度的缺陷。专业社会工作则不同，它秉持的是“助人自助”的理念，遵循的是平等、接纳、差别化的职业伦理和工作模式，注重解决的是某一人群或个人社会问题之所以产生的原因，因而有着政府单一行政化管理手段所无法比拟的优势。正因为如此，第二次世界大战以来，欧美国家及当今许多新兴工业化国家和地区，纷纷将社会工作纳入其社会管理和公共服务的体系。可以说，这些国家和地区自 20 世纪 60 年代以来能够保持数十年社会稳定的局面，一定意义上受益于专业社会工作在社会管理与社会服务方面的特有功能。比如，2005 年法国巴黎爆发大骚乱，政府动用了警察部队仍无法解决问题，后借助社工的力量才平息了骚乱，此可谓社会工作之社会管理功能有效体现的一个经典案例。第二，专业社会工作有助于推动社会福利政策平等化，有助于完善社会保障体系。第二次世界大战以后，鉴于工人阶级反抗资本主义不平等社会运动的高涨，社会主义思想和社会福利权利理念日益深入人心，以及市场这只“无形之手”在社会发展领域的“失灵”，加之争取选民选票和维护政权稳定的需要，欧美国家普遍建立起政府承担主要责任的福利国家制度及其社会保障体系。福利国家制度的建立，为这些国家防止社会两极分化，实现国民普遍的福利权利，逐步提升国民的福利水平，从而维护社会的稳定和经济的持续增长，发挥了重要的制度保障作用。在福利国家制度发展与完善的过程中，社会工作成为政府制定和实施社会政策的重要帮手。其突出表现为，受过专业训练的社工不仅帮助政府实施特定的社会政策和社会计划，而且作为政府与民众之中介，深入了解民众尤其是弱势群体、边缘群体的实际状况和需求，可以帮助政府修订和完善某一社会政策。不仅如此，政府通过官办机构和非政府机构中的社工向民众提供公共社会服务，客观上实现了其“寓管理于服务中”的社会管理意图。

根据国际上的成功经验和中国各地近年来的实践，社会工作发展的总趋势是和新的社会管理体制、公共服务模式紧密相连的。一般来说，社会工作离不开以下四项制度性或体制性的安排：

1. 在“政社分开”基础上的政府社会职能与社会组织的分工和合作，即政府与非政府社会组织的职能分离以及事业目标的合作。按照该原则，在社会领域，政府承担着刚性的社会管理和执法职责、社会发展与公共服务项目的规划和社会政策的制定，以及对非政府组织社会服务及其他活动的政策指引、法律监管；而非政府、非营利社会服务组织则是承担具体的公共性社会服务项目及部分社会管理事务的组织载体，并接受政府的监管。

2. 用以开展公共性社会服务所需的公共财政体系。这是政府与社会组织尤其是非政府社会组织分工合作的重要基础。政府在每一财政年度都有专门的预算，并根据社会管理事务、公共服务和特定社会服务需求的实际，通过招标或委托的形式向非营利社会服务组织或社会工作机构购买服务。而社会工作机构及其他社会服务组织则通过竞标或者谈判的形式获得这些服务项目，并在社区、社会援助机构及学校、医院、监狱等其他场所向服务对象提供维权性、辅导性和福利性的社会服务及部分管理性的服务。

3. 公共性社会服务的非营利及专业化、差别化服务原则。在这里，公共服务与社会服务基本上是同一性质的概念，都具有鲜明的非营利性质。与政府直接开展的一般化公共服务所不同的是，社会工作的社会服务必须基于问题为本和需求为本的原则，根据服务对象的特点，通过社会资源的整合提供差别化的专业化服务，从而在微观上实现“助人自助”，宏观上实现预防和解决社会问题的宗旨，故其针对性和有效性尤为突出。而且，社会工作机构所开展的服务项目，面向弱势群体或边缘群体时，一般不收费，而面向中高档收入人群时则可以收取不等的一定费用，但这些收入只能作为维持机构运作或扩大服务的再投入经费。

4. 专业化、职业化的社会工作岗位。如同律师、医生、教师的职业一样，社会工作是一项专业性很强的职业，只有经过大学社会工作专业培训，获得社工的专业资格证书或者注册成为社会工作者以后方能上岗执业。社工的岗位不仅设置于社区、学校、医院以及各类非政府的社会服务机构，也包括诸如社会福利（类似中国的民政）、教育、卫生、劳动、司法等政府部门及法院的内设岗位。应该说，这个制度对于维护社会内部的团结与稳定、实现社会福利的均等化、拓展公共服务的内涵和模式、提高社会服务的质量、吸引社会英才参与社会服务与社会管理，都是行之有效的。

由上述可见，在工业化和社会转型时期，现代社会工作实际上是新社会管理及公共服务模式的重要组成部分和重要手段。对于中国来说，现代社会工作的发展，一方面有赖于整个社会管理体制的改革以及公共服务模式的创新；另一方面，又对社会管理体制改革和公共服务模式创新的实践具有重要的推动作用。换言之，发展社会工作本身就是中国社会管理体制改革与公共服务模式创新的必然要求，也是当代中国正在生成的新型社会管理与公共服务的重要内容。

第四章 社会工作人才队伍建设的状况与成效

第一节 ▶ 社会工作人才队伍建设背景

一、宏大社会工作人才队伍建设

长期以来，我国社会管理高度组织化，社会工作的主要任务基本上是由民政等政府部门和有关人民团体承担的。随着改革开放和社会主义市场经济的发展，越来越多的“单位人”变成“社会人”，政府的很多社会职能被剥离出来，社区承担起社会管理和社会服务的重任。在这种情况下，必须改革创新社会管理体制，加紧建立一支具有较高专业化水平的社会工作人才队伍，加强社会管理，改进社会服务。党的十六届六中全会指出：“造就一支结构合理、素质优良的社会工作人才队伍，是构建社会主义和谐社会的迫切需要。”《国家中长期人才发展规划纲要（2010—2020年）》将社会工作人才作为六种专门人才之一，提出：适应构建社会主义和谐社会的需要，以人才培养和岗位开发为基础，以中高级社会工作人才为重点，培养造就一支职业化、专业化的社会工作人才队伍。到2015年，社会工作人才总量达到200万人。到2020年，社会工作人才总量达到300万人。2011年11月8日，中央组织部、中央政法委、民政部等18个部委联合发布了《关于加强社会工作专业人才队伍建设的意见》，在社会工作专业人才队伍建设发展政策上，第一次围绕“培养、使用、评价、激励”四个重要环节提出了一系列创新性、配套性政策措施，是指导中国社会工作人才队伍建设的纲领性文件。

如果把社会工作及其人才队伍建设作为一项制度建设来看，其基本制度分别是社会工作者教育培训制度、评价制度、使用制度和激励保障制度。

社会工作者教育培训制度是指对专业社工的教育培训，分两个层面：一是对大专院校社会工作专业学生的教育制度；二是对目前实际社会工作从业人员的专业培训制度。就在职培训而言，其制度建设主要包括在职社会工作从业人员的专业培训规划、分业务领域培训基地建设（包括实验室建设、培训师资建设、专项社会工作实务教材建设，特别是研究确定培训经费来源等）。就专业教育而言，主要包括研究建立社会工作硕士专业学位制度（MSW），完善社会工作教育学科体系建设，建立对各大专院校社会工作专业课程设置的评审制度，研究提出社会工作专业的实习基地和实习督导要求，规范学生实习，等等。

社会工作者评价制度是指对职业社会工作者专业能力的评价制度。从国际上已经建立的社工评价制度的国家和地区来看，主要分为执照制度、注册制度、职业资格制度、职称管理制度等。评价制度是社会工作制度建设的关键和核心，是联系理论教育和实务工作的中间环节。一方面，通过评价制度，引导理论研究和专业教育与我国实际需要相结合；另一方面，引导实际社会工作者通过参加能力评价提升服务水平，所以评价制度承上启下，非常重要。

社会工作者使用制度是指专业社工在什么领域、什么机构和什么岗位上发挥作用的制度。社会工作者的使用问题是我国社会工作制度建设的重点和难点，也是建立社会工作制度的目的所在。就目前我国社工发挥作用的领域来看主要有五大领域：一是在各级社会管理公共服务职能部门，如将各级民政部门、人保部门、教育部门等有关公共服务的岗位设置为社会工作专职岗位；二是在各类社会福利、社会救助、慈善、优抚军休等社会福利服务类事业单位设置专职社会工作岗位，并将其界定为主体专业技术岗位，同时在学校、医院、戒毒所等服务单位设置专职社会工作岗位作为主体专业技术岗位的辅助类专业技术岗位；三是在敬老院、老人公寓、残疾儿童康复机构、婚姻家庭服务机构、流动人口服务机构等民办社会服务机构设置专职社会工作岗位；四是在城市社区（包括街道层面和社区层面）开发设置专职社会工作岗位；五是结合新农村建设和农村社区建设在农村社区层面（包括乡政府和行政村层面）开发设置专职社会工作岗位。

社会工作者的激励制度是指如何引进、留住和发挥社会工作专业人才制度的作用。主要包括：通过政策法规，确定社工的专业地位和经济待遇；研究建立其职业发展阶梯，使其有持续的职业发展空间；建立薪酬指导制度和社工参加社会保险制度，保证专业社工工资收入不低于专业技术人员的工资收入；建立社工宣传、表彰制度，激发其荣誉感和工作积极性，等等。

从社会工作四项基本制度的作用和角色来看，“社会工作者教育培训制度”是基础，没有专业教育，就不存在专业人才的评价制度和专门的岗位开发问题。“社会工作者评价制度”是核心，人才评价一方面引领社会工作教育培训的方向，可使其适应本土社会工作的需求；另一方面可确保社会工作岗位从业人员的专业能力和服务水平，保持其专业性。“社会工作者使用制度”是重点和难点，系指通过社会工作者评价的专业社会工作者发挥作用的平台和载体，没有岗位的开发，专业教育培训和评价制度就失去了存在的必要和目的。“社会工作者激励保障制度”是保证，没有好的激励和保障，就不能留住和吸引社会工作人才，发挥社会工作人才的作用。

发展社会工作，加强社会工作人才队伍建设，是中国共产党从推进中国特色社会主义伟大事业和构建社会主义和谐社会出发做出的重大部署。大力推进社会工作人才队伍建设，是健全社会保障体系，保障人民群众基本生活权益的必然要求；是创新社会管理体制，整合社会管理资源的必然要求；是强化政府公共服务职能，实现基本公共服务均等化的必然要求；是夯实基层基础工作，加强中国共产党的执政能力建设和先进性建设的必然要求。中国改革开放的伟大实践表明，经济建设需要宏大的经济工作人才队伍，社会建设同样需要宏大的社会工作人才队伍。

二、社会工作人才队伍培养机制

伴随着社会工作各类高等学历教育的开展，目前我国民政工作者队伍中，拥有大专以上学历的人数已达到总数的70.9%。据统计，2006年我国共有民政行政机关3 698个，编制人数78 324人，其他编制人数9 654人，年末职工实有84 081人。其中大学本科及以上学历的共21 325人；大学专科38 385人，分别占总数的25.3%、45.6%。整体学历层次的明显改观，文化知识结构的进一步优化，在一定程度上为提升民政工作的水平打下了良好的文化素质基础，也从一个侧面反映了我国社会工作人才队伍的培养日见成效。

当今世界社会工作队伍培养方式主要有三种模式：专业培养模式、行会式培养模式、多元结合的培养模式。新中国成立后，这三种模式在中国社会工作人才队伍培养中都能找到相应的形式。

一是专业培养模式。它是以专业院校构建为依托，得到了世界各国最大范围认同和实施的方式。它通过设置从本科、硕士到博士的一贯制学位制度，为不同层次的社会工作专业人才提供有较高专业性的教育和培训。自1979年社会工作专业恢复重建至今，我国已有200余所高等院校设立了社会工作专业，形成了大专、本科、研究生三个学历教育层次，每年毕业学生近万人。社会工作专业教育和培训的发展，优化了社会工作人员队伍的结构，提升了社会服务的专业化水平。

二是行会式培养模式。它发源于英国，是以社会工作广泛的社会基础为依托的，是历史最为悠久的一种培养方式。1984年起，我国民政部率先在所属院校培训课程中增加了现代社会工作的内容；1987年，所属的大中专院校相继设立了社会工作系；民政部还组织了各类社会工作培训班，通过脱产培训、在职学习、联合培养等方式，培养了十几万的社会工作人才。他们中的很多人已经成为我国社会工作教育界、理论界和实务工作领域的骨干力量。

三是多元结合的培养模式。它是以上述两种模式为基础，多层次、可选择、可替代的方式。这种方式既能够节约成本，对症下药，又体现了社会工作在专业化、职业化与基本的社会化、地方化两个方面的性质，是未来社会工作及其队伍建设发展的一种重要趋向。同时，上海、重庆、内蒙古、山东、江苏、浙江、福建、山西等部分省市也相继建立了社会工作与管理专业自学考试制度。1993 年后，民政部先后与美国、加拿大、澳大利亚、挪威，以及中国香港等国家和地区的高校开展中长期项目合作，联合培养了数百名高级社会工作专业人才。可以说，经过 20 多年大力推进社会工作教育和职业培训，培养了大批社会工作专业人才，社会工作人才队伍建设的基础已经具备并初见成效。

三、社会工作队伍职业机制建设

职业机制建设是保障社会工作职业化的必然要求，它能有效地推进社会工作的职业化、专业化，为社会工作人才水平的提高提供有力保证。2000 年，民政部向人事部提出建立社会工作者职业资格制度的建议。2003 年，民政部组织专家对全国社会工作专业教育、职业队伍的发展现状、建立社工职业资格制度的必要性、可行性等进行了大量研究和探索。2004 年，人事教育司以建立民政行业特有工种职业资格证书制度为目标，着手开展了一系列研究工作。同年，民政系统组织有关省市厅局干部到美国、香港地区实地考察了社会工作专业化、职业化建设的经验和做法。2005 年，民政部以课题形式委托专家学者对民政领域社工岗位设置的有关问题进行了深入调研，并在上海举行中国社会工作职业化发展研讨会，就我国社会工作职业化发展方向和制度设计进行了广泛探讨。2006 年 3 月，民政部会同人事部一起组织专家和实际工作者召开了社会工作专业化、职业化研讨会，对社会服务机构岗位设置进行了交流，对社会工作职业化制度建设的发展思路进行了探讨，为社会工作职业化奠定了良好的理论基础。

在实践中加强社会工作职业资格制度试点工作。为推进社会工作职业化制度建设，民政部于 2003 年初向各省市民政厅局下发了《关于加强社会工作队伍专业化建设的通知》，要求有条件的地方积极进行社会工作职业化制度建设试点工作。同年，上海市率先由民政局和人事局联合建立了社会工作者职业资格制度；江苏省、浙江省先后建立了社会工作者水平等级考试制度、社会工作与管理岗位资格证书考试制度；北京市民政局与人事局联合推出了“社区专职工作者”持证上岗制度；天津、福建、重庆、广州、深圳、宁波、包头等省市也在社会工作职业化制度建设方面进行了积极探索和试点。地方在社会工作职业化建设方面的这些探索和试点，为在全国推行社会工作者职业水平评价制度积累了宝贵的实践经验。

在政策上提出培养引进使用专业社会工作者的要求。2000年以来，国务院出台了《关于加强和改进社区服务工作的意见》，民政部相继出台了《老年人社会福利机构基本规范》《残疾人社会福利机构基本规范》《儿童社会福利机构基本规范》《家庭寄养管理暂行办法》《关于加强流浪未成年人工作意见》和《关于加强孤儿救助工作的意见》《救助管理机构基本规范》《流浪未成年人救助保护机构基本规范》等一系列政策文件。这些政策文件都明确提出要引入社会工作专业制度，聘用专业社会工作者，提供规范优质的服务。可以说，这些政策文件有关社会工作者方面的要求，为社会工作职业化制度建设提供了较好的政策支持。

在职业规范和从业标准上提升社会工作人才队伍的规范化建设。2002年劳动部颁布了《养老护理员职业标准》；2004年7月，劳动和社会保障部颁布了《社会工作者国家职业标准》，从工作标准角度规定了社会工作这个职业的工作要求、理论知识与技能操作要求，这是制度探索的一种宝贵尝试；2006年民政部颁布了8个民政特有国家职业标准，并在此基础上组织开发了相关的技能鉴定培训教材，在全国建立了37个民政职业技能鉴定站。同时，孤残儿童护理员、灾害信息员、婚介师等3个新职业已顺利通过论证。5年来，民政部致力于民政工作标准化水平的提升，先后完成制定国家标准89项，行业标准12项，还有40多项正在制定或等待批准发布的国家标准和行业标准。2006年民政部、国家标准化管理委员会还联合发布了《全国民政标准2006—2010年发展规划》，预示着一个涵盖10个民政业务领域、涉及260多项标准制定的标准化建设在提速。

社会工作队伍建设中的资格规定问题，指的是确定开展社会工作具体应当具备的专业资格问题，以保障服务对象的生命和利益，保证其特殊行业的职业伦理要求。目前，社会工作人才培养和专业服务开展得较早、较好的国家和地区均已建立了社会工作认证制度。2006年7月，我国开始试行人事部、民政部联合颁发的《社会工作者职业水平评价暂行规定》《助理社会工作师、社会工作师职业水平考试实施办法》《社会工作者职业水平考试实施办法》。这些政策从适用社会工作师的从业范围、职业性质、职业水平级别、考试组织实施等方面，对我国社会工作者职业水平评价和助理社会工作师、社会工作师职业水平考试和考务工作等方面做了规定，并首次从国家制度上将社会工作纳入了专业技术人才范畴，标志着我国社会工作者职业水平评价制度正式建立。

第二节▶ 崇安社会工作人才队伍培养的理念与举措

社会工作队伍专业化是社会工作体系建设的重要内容之一，三年多来崇安区按照社会工作专业化、职业化要求，加强了对人才队伍的培养。

一、社会工作人才理念与营造良好环境

崇安区社会工作队伍建设的理念是：树立社会工作者是人才的理念，营造尊重、重视社会工作人才的良好环境。

社会工作者是从事社会管理和服务工作的专门人才，其广泛分布于社会管理和服务的各个领域、各个层次，具有跨部门、跨行业、跨所有制，以及高度分散的特点。加强社会工作人才队伍建设有利于奋斗在社会管理和社会服务各个领域的社会工作人才充分发挥专业才能和优势，促进社会管理水平的提高。

社会工作人才在社会管理与服务中具有独特优势。其主要表现在：第一，社会工作人才运用社会政策、专业理论和专门知识，为遇到困难和问题的社会成员提供帮助，能够提高社会管理与服务的专业化水平；第二，社会工作人才采取社会化运作的方式，通过宣传倡导、组织动员、资源协调，充分调动社会各方面力量参与社会管理，有利于整合社会资源，降低社会管理成本，提高社会管理效率；第三，社会工作人才在社会福利、社会救助、社会慈善、社区服务等领域，通过经济资助、法律援助、心理疏导、人文关怀等多种方式，对社会成员实施柔性化管理，能够增强社会管理与服务的亲和力和实效性；第四，社会工作人才直接面向社会公众，能够向个人、家庭、群体、组织和社区提供方便快捷的服务，有利于推进社区建设，实现政府行政管理和社区自我管理有效衔接，把社会政策快速传递和落实到社会基层，有利于激发和调动广大人民群众的主动性和创造性，使之积极参与社会管理和公共服务。

因此，从一定意义上讲，建设社会工作人才队伍，是创新社会管理体制的重要切入点，是凝聚社会力量、用好社会资源、服务社会建设的重大举措。

面对社会转型时期，民生保障要求提高，利益诉求日趋多元，基层矛盾纠纷增多，社会管理难度增大的实际，崇安区引导大家转变思想观念，强化民生保障意识。为使社会工作和社会工作人才队伍建设成为全区上下的共识和行动，崇安区委、区政府把社区队伍培养纳入干部理论学习和人才培养规划，把社会工作人才培养使用纳入考核目标，每年召开社会工作体系建设推进会和工作交流会，区主要领导和分管领导主动参加社

会工作的相关活动，以此带动和引导全区关心支持社会工作人才队伍建设和社会工作发展。针对社会工作的社会认知度不高、认同感不强的现状，全区广泛宣传发动，通过编印《崇安社工》专刊，在区级杂志开辟专栏，开展主题活动、媒体报道等多种途径和形式，传播社会工作理念，宣传社会工作人才的地位作用。首批社工通过全国考试获得资质后，区里举行了社工证书颁发和社工授旗仪式，区委书记、区长亲自颁证，为大家佩戴统一印制的社工胸卡，大大提升了社会对社工的关注度。

政府管理体制的改变、社会管理体制改革和公共财政制度建设为社会工作人才队伍建设提供了制度保证，而社会工作人才队伍建设又助推了政府职能转变与社会管理体制创新。政府职能从传统的"全能政府"逐步转变为现代"有限政府"、"服务型政府"，社会管理体制由单一的政府行政管理走向政府行政管理和社会自我管理相结合的多元管理，政府财政体制由经济财政向公共财政的转变为社会工作发展提供了制度前提。改革开放前，我国实行的是全社会高度统一的计划经济体制，与之相适应的是以"户籍制"、"单位制"为代表的严格的社会管理体制，整个社会就是政府和政府管理下的单位。改革开放以后,特别是逐步实行社会主义市场经济体制以来,政府的管理理念由传统的"管理"走向现代的"服务"，政府的职能主要是"市场监管、经济调节、社会管理、公共服务"，整个社会实行了经济转轨和社会转轨，现在，政企分开已逐步实现，我国社会主义建设总体布局正在由经济建设、政治建设、文化建设转变为包括社会建设在内的"四个建设"，政社分开正在进行，整个社会将最终分化为政府、企业和社会" 三足鼎立"的局面。政府社会管理体制的改革是社会工作体系建设的制度保障，社会工作体系建设及社会工作队伍建设也助推了政府管理体制改革。"党委领导、政府负责、公众参与、社会协同"是社会管理的新格局，社会工作人才队伍建设是实现"公众参与"、"社会协同"的重要途径。

二、"三个一批"与加快社会工作队伍建设

"三个一批"就是通过"培训一批"、"提升一批"和"带动一批"的具体措施建设人才队伍。崇安区提出按照"三个一批"的要求，加快社会工作人才队伍建设。

1. 培训一批，加强从业人员专业培训。崇安区各社会服务领域都有一定规模的从业人员，他们是开展社会工作的重要力量，但他们普遍缺乏专业背景。基于此认识，崇安区有计划、分类别、多形式地开展社会工作专业培训和继续教育。这几年主要做了以

下三方面的工作：一是社工资格考试的考前集中培训。依托江南大学师资力量，开设“社工周末课堂”，对符合条件的社区工作者由政府出资提供免费的专业培训。从2008年到2011年共培训2 135人，目前崇安区获得国家社会工作师资格的有25人，获得助理社会工作师资格的有125人。二是在岗实务技能培训。通过政府购买服务方式，率先启动社工的继续教育，聘请江南大学社会工作专业教授和香港社工为社工督导，定期进行实务训练和现场辅导，委托源沐心理事务所承办36课时的实务技能培训，组织60名社工两次赴香港地区、新加坡社工机构参观考察，实地感受当地的社会工作服务，2011年9月又组织48名社工到上海社会工作机构学习。三是社会工作知识的普及学习。在全区党政干部和机关事业单位人员中开展社会知识学习活动。邀请著名的社会工作专家学者为党政领导干部开办专题讲座多次，在全区中青年干部“双增强”培训班专门安排学习社会工作专业知识，先后培训了1 000多人。

2. 提升一批，加快专业社工培养引进。崇安区委、区政府采取各种措施，鼓励现有从业人员参加社会工作者职业资格水平考试，以尽快取得职业资格证书。区里要求党政机关、人民团体、事业单位和福利机构的社会工作从业人员带头参加考试，以取得社工资格。除此之外，在社会岗位招聘中，优先录用持有职业水平资格证书和具有社会工作专业背景的人员，如2010年5月份，就面向社会公开招聘了54名社会工作师。

对于有社会工作职业资格的社工和引进的社会人才，都安排在相应工作岗位上发挥其作用，逐步推进为每100户低保对象、每100名下岗失业人员、每70名问题青少年、每5 000个家庭、每500名老人、每50名中度残疾人、每30名社区矫正人员、每50名吸毒成瘾者、每10 000名外来人员分别配备1名取得职业资格证书的社会工作者的制度安排。

为发挥社会工作者的作用，在推进以改善民生为重点的社会服务中，崇安区坚持以社区社工为基础、条线社工为支撑、民间组织社工为补充、社工义工联动全覆盖，注重建设和利用好社区块面、条线系统和民间组织三股社工力量，更系统、全面地开展专业服务。

为保障社会工作人才队伍建设蓬勃发展，崇安区加强对社会工作体制、机制的研究和设计。主要做了三项工作：一是搭建组织构架。筹备组建了区社会工作办公室，成立区社会工作协会，明确其在社会工作队伍行业管理中的职能。定期召开协会理事会，为社会工作发展出谋划策。二是制订工作规范。依据国家制定的社会工作政策法规，结合本区实际，制订试行了社会工作机构职责、社会工作岗位设置办法、社会工作者登记管理办法、社会工作者守则等，为社会工作的开展提供依据。三是落实社会工作者待遇。区里建立了 100 万社会工作基金，用于开展活动、学习培训和社会工作项目购买服务。对取得社会工作职业资格的在岗从业者，除保证不低于社会工作者工资待遇外，还实行职称津贴制，落实助理社工师 200 元 / 人·月，社工师 300 元 / 人·月，高级社工师 500 元 / 人·月的标准。

3. 带动一批，发挥义工的作用。社会服务领域是人力资源密集的行业，主要依赖服务者的能力（知识与技巧）为服务对象提供高质量的服务，人才是社会服务最重要的资产。义工（志愿者）是自愿贡献自己的时间、精力、财富、智慧，为弱者和公众提供服务而不求回报的人员，是社会服务的重要人力资源之一，由社工发展、指导、联系、服务义工，一方面可以大大提高社会工作的效率，确保社会服务目标的实现，另一方面可以为义工搭建服务社会的平台，并可通过社工的督导提高义工的服务品质。崇安区将社工的专业优势与义工的资源优势有机结合起来，共同开展社会服务工作，收到了很好的实效。

在志愿者队伍建设方面，崇安区采取 1+N 的模式（1 名社工带 5~10 名义工志愿者）示范带动社会各阶层参与公益活动；推进义工会员制，做好义工的注册备案，加强义工志愿者的管理；建立“爱心银行”，以积分方式鼓励义工志愿者开展义务奉献。目前崇安区注册义工已达 2 000 多人，他们在崇安区社会工作体系建设中发挥了重要作用。如 2010 年 5 月 25 日县前街创办的“文明示范街”活动中，就有近 100 名志愿者在社工的带领下开展志愿活动，其内容涵盖了文明交通、放心消费、市容市貌、窗口服务、志愿服务、帮困助弱及其他文明创建活动等。又如在 12 月 1 日的世界艾滋病日，广益街道的社工组织志愿者开展了“遏制艾滋、履行承诺”宣传活动。活动中，志愿者们将红丝带和艾滋病宣传手册分发给过往的居民并配合宣传资料进行讲解，同时还让居民在系有红丝带的宣传版上签名，承诺坚决远离艾滋病。此次活动吸引了众多社区居民参加，义工志愿者们以自己的实际行动，不仅向社区居民宣传普及了艾滋病的防治知识，也让社区居民以实际行动加入抵制艾滋病侵袭的队伍中来，受到了良好的效果，为和谐社会、平安社区建设发挥了积极作用（详见表 4–1）。

表 4-1　崇安区及三个街道社工带领志愿者活动的典型案例

单位名称	活动名称	活动时间	活动地点	参加人数	活动内容	活动效果
崇安区	崇安区社工、志愿者联动服务暨国际志愿者日活动启动仪式	2008年12月5日上午	崇安寺二泉广场	215人	1. 为获得全国社工资格的代表颁证 2. 为提供专业服务的社会机构颁发委托书 3. 为社区矫治社工颁发聘书 4. 社工师集体宣誓 5. 开展咨询和服务活动	以国际志愿者日为契机，号召和动员更多志愿者加入社会建设的行列中来，以扩大服务规模，拓展服务领域，创新服务方式，开发服务项目，加快形成“志愿者协助社工服务，社工引领志愿者发展”的社会工作联动新格局
广益街道	分享阳光，快乐成长		广益佳苑社区居委会二楼社工站	10人	社区内的青少年，特别是失学、失业、贫困、残疾等特殊情况的青少年，缺乏伙伴，人际交往、沟通能力较弱，缺乏自信，渴望与人交往、被他人接受的心理需求较明显。社工带领志愿者通过开展破冰游戏、运杯子比赛、托举乒乓球赛跑、甜心礼物四项活动，引导服务对象融入群体，使他们有被接纳感、社区归宿感、集体荣誉感	通过群体合作参与式的游戏活动，培养青少年的团队合作意识，学习与人交往方式，加快融入社区，融入群体，同时社工、志愿者在活动中得到锻炼，丰富实践经验，增进了社工间的了解；通过益智性、趣味性的游戏增强了青少年的思维判断能力，培养了他们乐观向上、开朗阳光的心态

续表

单位名称	活动名称	活动时间	活动地点	参加人数	活动内容	活动效果
广瑞路街道	奉献有情，爱心无疆		广瑞路街道	25人	1. 医疗服务：组织有医疗工作经验的社工和居民，义务开展医疗咨询、量血压、上门出诊等服务，解决新市民看病贵、看病难的问题 2. 便民服务：组织有特殊技能的社工和居民，义务为新市民提供各种便民服务，如电器维修、车辆修理、理发、编织指导、菜肴制作等 3. 心理咨询服务：组织有心理辅导工作经验的社工开展心理咨询服务，疏导新市民不健康的心理，引导其建立健康科学的人生观、世界观、价值观 4. 法律咨询服务：组织有法律工作经验的社工和居民，联合街道司法所，提供专业的法律咨询服务，为新市民调解各类纠纷矛盾	通过提供各种便民服务，为新市民排忧解难，真正做到对其有所帮助，使其能参与服务，享受服务；增强新市民的市民意识和自我管理能力，增进新老市民关系；减少新市民在城市生活中的不适应感，推动和谐社区的建设

续表

单位名称	活动名称	活动时间	活动地点	参加人数	活动内容	活动效果
广瑞路街道	奉献有情，爱心无疆		广瑞路街道	25人	5. 结对关爱服务：组织社工和居民，与新市民中的困难家庭一对一结对帮扶，解决困难家庭一时之急，为其提供各种义务便民服务 6. 计划生育指导：组织计划生育社工，为育龄期的新市民提供生殖保健知识和咨询服务，以增强其生殖保健意识，切实提高其生殖健康水平	通过提供各种便民服务，为新市民排忧解难，真正做到对其有所帮助，使其能参与服务，享受服务；增强新市民的市民意识和自我管理能力，增进新老市民关系；减少新市民在城市生活中的不适应感，推动和谐社区的建设
区民政局	锡、港两地社工、志愿者联袂中秋敬老联谊	2010年9月18日	保利地下广场中心	100人	无锡、香港两地社工、志愿者与社区80多位老人一起互动，通过与老人一起参加比拼反应速度的“中秋耆老动动手”、考验团队精神的“月亮代表我的心”和“15/16中秋灯谜大比拼”等活动，共度中秋佳节	加强锡、港两地社工、志愿者经验交流，通过活动学习专业技巧

续表

单位名称	活动名称	活动时间	活动地点	参加人数	活动内容	活动效果
广益街道	广益街道举行“七彩工程”工作站揭牌仪式	2011年10月18日	广益睦邻中心	10支社区志愿者队伍	广益街道“三区社”联动启动暨“七彩工程”工作站揭牌仪式，崇安区区委书记蒋伟坚、无锡市民政局局长毛建新共同为“七彩工程”工作站揭牌，区领导陈红升、强惠兴、季铮，区社会工作协会会长高念祖以及区民政局、广益街道负责人出席了当天的活动 广益街道积极整合27名持证社工、10支社区志愿者队伍以及欢乐义工崇安分部等热心公益的社会力量，初步形成了社会工作、社区、社会团体“三社”资源共享、优势互补、联动覆盖的工作格局，在政府购买社会工作服务项目的基础上成立“七彩工程”工作站，并在每个社区设立了一个工作室，形成了“一站+九室”工作网络，培育“第三元成长空间”等九个各具特色的社会工作服务项目，积极秉承“专业专注、助人自助”的理念，从服务特定群体开始，践行“更大力度改善民生、实现普惠共享”的承诺，为社区居民群众提供更加精细化、专业化、人性化的服务	
江海街道	江海街道“七彩家园”社工服务中心启动仪式	2011年11月18日	江海街道“七彩家园”社会工作服务中心	180人	崇安区区委书记蒋伟坚、无锡市民政局局长毛建新共同为中心揭牌。区领导陈红升、强惠兴、严岩出席仪式 江海街道“七彩家园”社会工作服务中心是无锡市首家由持证社工注册登记的专职社会工作服务机构。中心成立后，将开展七大社会工作服务项目，分别是：面向残疾人群的蓝丝带社工服务项目、面向全体党员的党旗红工作室专业社工服务项目、面向青少年的绿丝带工作室服务项目、面向社区维稳对象的致和社工服务项目 、面向家庭的幸福家庭社工服务项目、面向妇女儿童的爱之摇篮社工服务项目和面向全体居民的知己健康管理社工服务项目。同时，将进一步创新社会工作机制，拓展社会工作领域，整合社会工作资源，更好地服务社会民生，努力推进社会工作向专业化、职业化方向发展	

第三节 ▶ 崇安社会工作队伍建设成效

一、建立社会工作人才队伍管理体制机制

崇安区社会工作人才队伍建设按照“党委领导、政府负责、社会协调、公众参与”的要求，形成了由区和谐社区建设指导委员会统一领导，民政局、社会工作办公室牵头协调、具体负责，各社会工作领域主管部门负责推进的管理体制。还成立了区社会工作协会，负责社工队伍的培训、登记、注册，以规范社工行业服务和管理。全区逐步建立与完善了社工职责、协会管理制度、职业规范和从业标准、教育培训方案、从业人员考核评价制度、激励保障制度、社工义工联动工作制度等相关制度措施。在全区范围内整合社工岗位、人才、资金、机构等资源，实行了统一岗位设置、统一任务分配、统一培训竞聘、统一薪酬保障、统一管理考核，有效提高了社会工作的科学化、专业化、职业化水平。社工已经成为崇安区受欢迎的职业，在岗 70% 的社工被区委组织部确定为后备干部人选，并明确腾出事业编制岗位，让优秀社工“进编制”。

“培训一批”、“提升一批”和“带动一批”是社会工作人才队伍建设的制度，即教育培训制度、评价制度、使用制度和激励保障制度在崇安区的具体体现。其中培训是基础，培训为顺利推进社会工作体系建设准备了一大批留得住、用得上的人才。评价是核心，人才评价一方面引领培训的方向，使其适应社会工作体系建设需求；另一方面确保在相应岗位上的社工的专业能力和服务水平，保持其专业性。使用是重点，要保障经过培训、提升的社工发挥在社会工作体系建设中的作用。激励是保证，没有好的激励和保障，就不能吸引和留住社会工作人才，发挥社会工作人才的作用。

二、形成结构合理、素质优良的社会工作人才队伍

通过分类培养，逐步形成结构合理、素质优良的社会工作人才队伍体系。崇安区立足当前，着眼长远，牢牢把握人才培养这个关键环节，通过专业教育、在职培训、继续教育等途径，分类培养社会工作专业人才。首先，为开展专业服务，满足服务对象需要，大力培养遵循社会工作价值理念、熟练运用社会工作知识和方法技术，能够提供个性化、人性化、专业化服务的社会工作实务人才；其次，对取得社会工作职业资格的社工，通过开展项目研究，使其总结服务经验，培养精通社会工作专业理论和实务，能够熟练运用社会工作方法，具备一定研究能力的社会工作研究人才。目前，全区取得国家社会工作职业资格的社工大都参加了政府购买服务项目的研究，表 4-2 是部分中级社工主持

或参与政府购买服务项目的统计表。再次，通过政府购买社工服务项目的评估等工作，培养精通社会工作知识和方法技术，熟练运用社会工作督导评估方法，能够提供专业督导服务的社会工作督导人才。最后，从加强机构管理，整合资源的角度出发，注重培养具备现代管理理念和知识，精通社会工作行政方法，具有熟练管理能力和丰富实践经验，能够有效执行社会政策和创造性完成本职工作的社会工作管理人员。多层次人才的培养机制，为崇安区社会工作发展提供了人才支撑和智力保证。

表 4–2　社会工作师（中级社工）参加政府购买服务项目的情况统计

姓名	参加项目名称	参与性质
陈瑶	拥抱蓝天，自强不息	负责人
陆艳	拥抱蓝天，自强不息	参与
李立	舒心家庭单亲家庭服务	负责人
章惠昉	社区青少年教育	参与
戴晨	阳光老人俱乐部	参与
范向群	七彩家园社会工作服务中心	参与
何寅秋	七彩家园社会工作服务中心	参与
宋筱箐	慢性病防治，七彩家园社会工作服务中心	负责人
苏燕娜	爱之摇篮	参与
杨志伟	让爱穿越残障，七彩家园社会工作服务中心	负责人

目前，崇安区已形成以社区社工为基础、条线社工为支撑，机构社工为补充的专业社工队伍，详见表 4–3。

表 4–3　崇安区专业社工队伍构成

专业社工分类（通过国家社工职业资格考试）	人数	比例（%）
社区社工	114	76.51
条线社工	31	20.81
机构社工	4	2.68
合计	149	100

三、加强专业服务，提高社会工作人员的服务水平

专业服务是社会工作的生命，是实现社会工作体系化的根本。社会工作者的专业能力包括：(1) 对当事人的正式干预能力；(2) 对特定当事人持续的个案管理能力；(3) 传授适应性的日常生活技巧的能力；(4) 将当事人与资源联结起来的能力；(5) 资源评估和进取性的当事人经纪人能力；(6) 服务计划的启动和调节能力；(7) 评估保护服务需要的能力；(8) 为当事人安排特定服务的能力；(9) 对群体正式干预的能力；(10) 自我发展和信息传递能力；(11) 质量保证的监控能力；(12) 职员管理能力；(13) 内部文件流通能力；(14) 项目实施和单元管理能力；(15) 管理组织变迁和外部关系的能力；(16) 项目规划、设计和评价能力，等等。

崇安区在推进十大服务领域社会工作体系建设的过程中，注重通过服务成效和专业水平的提升培养专业人才。在强化专业服务的过程中，崇安区建成的社会工作服务基地（中心、站）有：上马墩街道社会工作服务中心、崇安区家庭舒心驿站、贝康康复基地、康乐老年社会工作服务基地、广益佳苑社区青少年社会工作站，源沐社会工作服务中心、崇安区低保救助社会工作站总站、残疾人社会工作总站等。根据受助者的不同需求分门别类地安排相应服务机构提供服务。同时，安排民间社会服务机构进驻服务平台，有针对性地开展专业服务。在服务中，要求社工要全面了解服务对象实际状况，发现服务需求，综合评估现有服务项目效果，发现薄弱环节，科学比较不同专业服务方法优劣，实现服务方法最优，有效整合机构现有资源和引入社会资源，实现资源效益最大化，在此基础上策划实施社会工作服务项目，切实提高服务项目策划实施能力；要求社会工作者综合运用社会工作专业的理念和方法，以个性化、多样化社会工作服务为切入点，切实提高服务的专业化水平；要求社会工作者合理设计社会工作服务流程，实现社会工作服务与其他服务的有机衔接，切实提高服务规范化水平，探索制订社会工作服务标准，以实现社会工作服务环节优化配置为切入点，切实提高服务标准化水平。

在社工需求缺口大，通过正规教育途径很难迅速满足实际需要的情况下，崇安区社会工作人才培养采用的“内部转化”形式为社会工作人才队伍建设积累了经验，即：对辖区原有的社区工作者及条线工作者进行免费培训和辅导，鼓励他们进修并参加专业社会工作职业资格考试，以获得社会工作职业资格证。建立了一支以社区社工为基础、条线社工为支撑、机构社工为补充的社会工作者队伍，最终，崇安区通过“内部转化”，再辅以少量的聘用职业社工，使全区社会工作者在数量和质量上都有突破，较好地满足了社会需求。

两类社会工作者的融合也在崇安区得以实现。从社会工作的来源情况看，目前区里有两类社工，一类是实践经验丰富的非高校社会工作专业出身的实务工作者；另一类是高校社会工作专业科班出身或者受过社会工作系统化训练的社会工作者，如持有社会工作专业大专、本科、研究生等学历的社会工作者。这两类社工现在正趋向融合，特别是在现有体制下有计划地纳入社会工作人才和培训非社会工作专业毕业的实务人才，使得这两类人才在互相竞争中也逐渐互相理解，互相支撑。

社会工作从业者的职业生涯发展也有两个途径，分别是行政职务的发展和专业技术能力的发展，这对社会工作从业者来说是一种极大的鼓励。社会工作人才的发展，也正在推动着体制内部社会力量的发展。

第五章 社会载体建设及联动机制的形成

第一节▶ 培育社会组织 承载社会工作

一、社会组织的培育和发展

社会工作比较发达的国家现已逐步形成了以政府为主导，以非政府社会工作机构为主体，以社会工作者为核心，并由社会志愿者广泛参与的社会工作良性运行和发展机制。

我国社会组织的发展还处于起步阶段，崇安区大力培育社会组织，积极为居民群众的自我管理、互助服务创造良好条件，在江苏省率先建立了新市民亲情理事会，开创了外来人口自我管理、自我服务新模式，得到了中央政法委和联合国儿童基金会的肯定。该理事会成员共有 18 人，其中 7 人是新市民，理事会先后成立了新市民党支部、流动妇女之家、新市民青少年之家、新市民培训学校等十大新市民自我管理平台，参与社区治安、卫生、计生等管理事务。社区一些重大事项的决策，也邀请新市民参与。目前，崇安区建有新市民理事会的社区，有 93% 的新市民参加了理事会。

崇安区由社工发起直接服务于基层社会管理项目的社会机构现在已达 12 家，它们是舒心家庭社会工作服务站、上马墩社会工作服务中心、红霞老人社会工作服务社、江海蓝丝带社会工作服务社、新市民综合服务中心、第三元成长空间青少年社会工作服务社、江海街道七彩家园社会工作服务中心、崇安区居家助理中心、崇安区社会工作协会、阳光邻里协会、源沐社会工作服务社、老伙伴客厅社会工作服务社等。社会组织逐渐成为社会工作的重要组织载体。

2008 年崇安区成立了社会工作协会，旨在动员和组织从事社会服务的行业和单位支持参与社会建设，为构建和谐社会献计献策、贡献力量。其意义在于整合和利用现有社会资源，使其成为和谐社会建设的第三方力量，弥补行政力量在社会管理和服务领域的不足，为推行“小政府、大社会”管理体制，推进“政府购买服务”奠定社会组织基础。

2010 年无锡市崇安区妇联设立舒心家庭社会工作服务站，开展了单亲家庭社会工作服务，在服务中引入社会工作理念和专业方法，不仅探索了妇联服务于单亲家庭的新模式，还拓展了全区妇女工作的新领域，开辟了妇联参与社会公共服务的新途径。

通江街道老戏馆弄社区从老年人的需要和愿望出发，在原有老年工作的基础上，整合资源，搭建了一个老年活动平台——红霞老人之家，本着“互帮互助，共享夕阳、自娱自乐，最美红霞”的服务理念，通过社工关爱，发掘和培养老年人的兴趣爱好；通过为老年人提供倾诉、咨询的场所以及开展形式多样的服务活动，鼓励居住在大楼里的老人们走出家门，丢掉孤独，感受快乐，让老年人成为社区建设的最大受益者。

2010 年通过崇安区政法委和综治办牵头协调，公、检、法、司、民政、劳动等部门合作参与，向阳社区在无锡市贝康包装材料有限公司、广益水泥制品厂禁毒戒毒康复基地和管护教育基地的基础上成立了集“教育矫正、监督管理、帮困扶助、心理矫正”等职能于一体的“阳光驿站”，搭建了一个为特殊人群服务的管理新平台。阳光驿站主要是对轻微犯罪人员在假释、缓刑阶段，剥夺政治权利期间，为他们提供免费的吃住，提供合适的劳动岗位，通过建立矫正帮教基地，加强教育转化工作，使他们早日回归社会，并在回归社会后生活有保障、就业有人扶持、困难有人帮助。

老伙伴社会工作服务社根据社区老人的需求，将社区居家养老服务向楼院延伸，设立了“老伙伴客厅”项目，把有互助需求、共同爱好、相互熟悉的老年人组成互助支持型小组，在社工指导下建立互助网络，开展活动。老年人通过社会工作小组活动发挥自身潜能，恢复并增强了社会交往能力，消除了孤独感和无助感，提高了生活满意度和幸福感。

第三元成长空间青少年社会工作服务社将社区建设成青少年共同学习、活动、社交的第三元阵地，引领他们走出家庭、学校（两点一线）的生活状态，培养他们乐群、互动、团队、适应力强的性格，服务并引导青少年健康成长。

2011 年 11 月 18 日，江海街道成立了“七彩家园”社会工作服务中心，这是一家由持证社工注册登记的专职社会工作服务机构。中心现有持证中级社工 8 名，初级社工 14 名，聘请江南大学法学院社会学系的社会工作专业教师做指导，秉持“爱心、公益、乐助、专业”社会工作服务理念，在社会福利与救助、残障康复、婚姻家庭服务、青少年教育和服务、医疗卫生、社区矫正、禁毒、综治维稳等领域进行项目试点。服务中心成立后开展的首批服务项目是：面向残疾人群的蓝丝带社会工作服务社项目、面向全体党员的党旗红工作室专业社会工作服务项目、面向青少年的绿丝带工作室服务项目、面向社区维稳对象的致和社会工作服务项目、面向家庭的幸福家庭社会工作服务项目、面向妇女儿童的爱之摇篮社会工作服务项目和面向全体居民的知己健康管理社会工作服务项目。同时，中心将进一步创新社会工作机制，拓展社会工作领域，整合社会工作资源，更好地服务社会民生，努力推进社会工作向专业化、职业化方向发展。

尽管崇安区社会组织的发展还处于探索阶段，但它们促进了社区发展，以及和谐家庭、和谐社会的建设。具体表现为：由社会组织提供的专业服务有益地补充了政府的公共服务；社会组织提供的服务满足了部分特殊群体对社会服务的多元需求；社会工作专业服务是对社会工作服务的创新，也是对社会工作专业化和职业化的探索，此举加快了社会工作服务专业化和职业化的建设；为探索政府与社会协作实施社会工作服务开辟了一条新路径。

二、社会组织与社会工作

社会组织和社会工作有着很深的联系及渊源，其表现之一就是同源性。一般认为，社会工作起源于民间慈善活动及慈善组织，1869年伦敦成立的第一个“慈善组织会社”及以后相继出现的“睦邻组织运动”被视为专业社会工作重要的早期实践。威特默在他所著的《社会工作——一种社会制度分析》一书中指出：“社会工作是一个有组织的机构或社团为解决个人所遭遇的困难而提供的一种援助，为协助个人调整其社会关系而提供的各种服务。”其表现之二就是志愿性。社会组织和社会工作都以价值理念作为其存在、发展和提供服务的基础。其表现之三就是公益性。社会组织和社会工作都从事公益和利他的工作，不以收取经济回报为目的。社会组织的志愿性和公益性等属性决定了社会组织在提供公共服务上具有接近群众、成本低、效率高的优势。社会工作组织提供的志愿性产品来自社会需求的服务缺位，使得其在资源供给的输入上，除政府的财政资助外，主要依靠志愿者和社会捐赠以及非营利性收入，比政府和企业更能有效地组合运用社会各方面的资源，具有更低的生产成本效应，社工具有的以助人为出发点的服务理念和专业水准，是提高效率的可靠保证。其表现之四就是平等性。社会组织和社会工作都强调与服务对象的平等，强调对服务对象的尊重。社会组织是社区服务的提供者，社区居民是社会组织的服务对象，也是社会组织生存的基础。两者是一种相互依存的关系。社会组织要尽量完善服务体系，提高服务质量，以满足社区居民的需求。社区居民也给予社会组织更多的理解和支持，相互合作才能实现更完善的社区服务。其表现之五就是服务的直接性。社会组织和社会工作一样，都是直接面向受众开展工作的。一般认为，社会组织为社会有需要的人群（尤其是弱势人群）提供专业服务，以帮助人们解决各种问题，提升人们的生活品质。社会组织作为传递社会福利和社会服务的载体，所开展的各种服务不仅要顺应社会的需求，更要实施政府的相关社会政策，解决当时所面临的某些突出社会问题。正是因为社会组织和社会工作所具有的诸多共同属性，使得民间组织在许多国家成为社会工作的重要组织载体，也是社会工作者就业的主要渠道之一。许多国家规定，除了法定的核心社会服务由政府直接提供外，绝大部分社会服务均可由社会组织提供。

随着经济体制、社会结构、利益格局和思想观念的深刻变化，新的社会问题不断产生，社会组织的作用将越来越重要。这是因为社会工作将在广泛的领域发挥解决、预防社会问题和推进社会发展的功能。在许多社会问题频发的领域，政府机构往往不便于出面开展直接的服务，而社会组织则更适合发挥灵活、多样的特点直接为社会弱势群体、边缘群体甚至问题群体提供专业服务。加之构建社会主义和谐社会，要求更加突出政府的社会管理和公共服务职能，创新社会管理体制，健全党委领导、政府负责、社会协同、公众参与的社会管理格局，社会组织则长于组织社会协调、公众参与的活动。在社会工作领域，社会组织可以承担起从政府让渡出来的社会职能，成为直接参与社会公共服务的重要力量，使政府能从直接服务中解脱出来，更好地履行其执法者、监督者和指导者的角色，实现从直接管理到间接管理的转变，构建起适应经济社会发展需要的社会管理和公共服务的新格局。目前，民间组织在推进社会工作专业化和职业化发展中都起到了较大的作用。我们相信，在完善市场经济和构建和谐社会的背景下，依靠社会力量，实现社会服务和社会管理的社会化，不仅能解决资源不够与分配不均的问题，增加行政预算的弹性，而且能为服务使用者提供更多选择的自由与机会，它所发挥的作用和能达到的社会效益，是单纯依靠行政系统所不可企及的。鼓励发展社会工作机构，这是建立一套与市场经济体制相适应的专业社会工作体系的重要环节，对于扩大专业社会工作者队伍，拓展社会工作的领域，促进社会工作专业化和职业化，确立社会工作在社会生活中的地位等都有着深远意义。世界的现代化进程也表明，一个社会的组织化程度越高，其稳定性就越强，社会活力就越大，社会管理的难度系数就越小；反之，社会因缺乏活力和社会理性，其稳定性就越差，社会管理和社会治理的难度系数则越大。

第二节 ▶ 发展志愿服务助推社会工作

一、志愿服务助推社会工作

志愿服务是指不以营利为目的，基于利他动机，自愿贡献知识、体力、技能和时间等，以增进他人福利，促进社会和谐进步的服务活动。社会工作与志愿服务同属于助人活动，它们都不以营利为目的，都是服务于困难群体的以利他为目的的活动。但社会工作是复杂的帮助有困难的人及群体的活动，与志愿服务有着明显的区别。推动社会工作发展，不仅需要专业社工的力量，还需要社会公众的广泛参与，志愿者更是推动社会工作的一支重要力量，充分发挥志愿者的作用，形成“社工、义工（在多数情况下，国外没有将义工和志愿者做严格区分）”的联动模式，有效地整合社工、义工这两种人力资源，实现互动合作，促进共同发展，对推动社会工作有着重要意义。同样，社会工作的实践也证明了社工、义工联动能促进专业技能与服务资源的有机结合，从而实现持续服务并提高服务效果。

基于这样的认识，崇安区组建了一支有一定规模，以党员、公务员、在校学生和社区居民为主体的义工志愿者队伍。目前，直接参与社工带动的义工志愿者有 1 582 名，他们被按照专业服务的特长优势分门别类，编号归档，社工定期与义工志愿者开展联动服务，初步形成了相对固定的联动服务机制。其中还有香港社工、义工联袂开展的助老活动，吸引了近 200 名爱心人士的参与。三年来，全区共组织大型社工、义工联动服务活动 9 场次，街道社区专业服务活动 30 余场次（参见表 4–1）。

从西方社会工作和志愿服务的发展关系来看，社会工作的发展是基于志愿服务发展而来的，社会工作者往往在成为社工之前就是志愿者。志愿服务是社会工作得以发展的先导及必要的经历过程，没有这个先导和过程，社会工作不可能得到认同和发展。社会工作的发展正是经历了从个人奉献的志愿参与，到国家政策安排下的职业进入；从仅凭借个人兴趣爱好而不具备专门知识的兼职人员，到通过专门教育培训从而掌握专业理念和知识成长为专业人士的发展过程。

在我国，公民社会发展相对滞后，社会工作缺乏文化保障。目前中国志愿服务的蓬勃兴起为社会工作的发展提供了认识及观念上的条件和基础，为社会服务的发展提供了社会动员方面的保障和社会工作制度建设方面的契机。可以预见，未来志愿服务与社会工作的结合将逐渐向纵深推进，将极大地促进我国志愿服务的健康发展，也会对我国社会工作的全面发展和发挥社会进步助推的功能起到积极作用。

二、联动机制引领志愿服务

社会工作的发展离不开志愿者的推动力量，同时社会工作的介入又会引领志愿服务走向专业化、规范化、制度化发展的轨道。社会工作对志愿服务的引领作用可表现在以下几个方面: 首先，社会工作对志愿服务可发挥价值引导、价值反思及规范发展的作用。社会工作在发展过程中始终注重价值理念，其平等尊重、助人自助、人在情境中、用生命影响生命、接纳等价值理念会贯穿在助人活动的全过程中，社工带领义工，义工学习社工的价值观，这有助于志愿服务的反思与升华，可改变志愿活动中“无心的伤害”、“怜悯式的不平等关系”、不重视态度等现象发生。其次，社会工作对志愿服务可发挥专业指导作用。近年来，志愿服务事业得到了长足发展，志愿者队伍不断壮大，志愿服务的领域也迅速拓展，总体上呈现出生动活泼的局面，但这些活动的实际效果却并不都令人满意。普遍存在着以下几方面问题：第一，缺乏一套完整的志愿服务组织制度和管理规范，有短期行为、各自为政，低水平重复运作等现象；第二，缺乏有效吸纳社会公众参与的机制；第三，普遍缺乏层次高、有专业背景的志愿者。在这样的背景下，如何规范对志愿者的组织管理，加强对志愿者的技能培训，创新志愿服务形式和提升志愿服务的实效就显得格外重要。社会工作以其精深的专业技巧及丰富的团体管理经验可大大弥补志愿服务的不足，可在很大程度上克服志愿服务随意性大、缺乏专业训练等缺陷。社会工作的专业方法和技巧有助于志愿服务的团队建设和持续发展。第四，社会工作可以动员整合志愿服务资源。在社会管理和服务过程中，社会工作以其严格的专业伦理和方法技巧开展服务，不仅可以提高服务效率和服务质量，确保有限的服务资源得到优化配置，而且可以实现对志愿服务的管理和监督。

总之，社会工作价值理念和伦理原则可以为志愿服务的价值取向提供指导，社会工作实务的通用模式和专业方法可以为志愿服务工作提供参考，社会工作行政和社会政策可以为志愿服务提供制度、策略和管理建议，社会工作职业性、专业性可以为志愿服务的激励和评估机制提供视角。社会工作与志愿服务两者相互区别，又紧密联系。两者从历史渊源来说，一脉相承；从社会功能来看，互相补充。对两者关系的准确把握，将有利于促进社会管理与服务的规范发展。

第三节 ▶ 发展“三社”联动推动社会工作

由社区、社会工作机构和社会工作者形成的“三社”是社会工作的三个基本实施者与推动者，社会工作事业有赖于社区、社会工作机构和社会工作者这三个基本主体的各项行动和共同努力。崇安区探索建立条块整体推进的“三社”联动机制，通过政府购买服务的方式，将部分公共服务职能交由社会工作机构承接，社会工作机构聘请社工深入社区，直面群众开展服务，形成了良性循环的工作机制（参见图 5–1）。

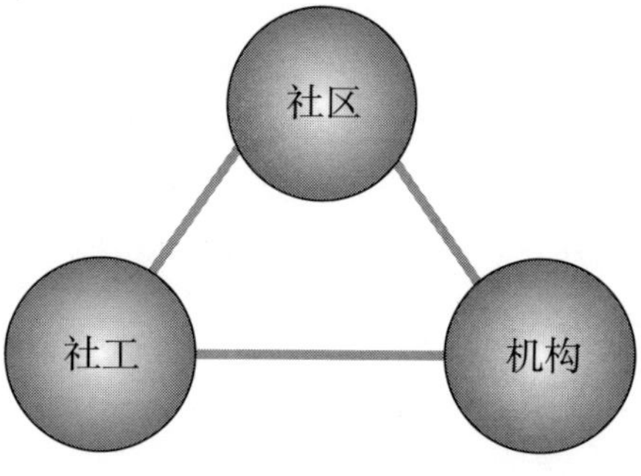

图 5–1　多方力量参与的“三社”联动模式

一、社区是城市社会工作的基本载体

社区是人们生活中不可缺少的综合群众基础机构，它满足了人们生存与发展的多重需要，是与居民群众生活息息相关的基层组织。随着社会主义市场经济体制的进一步确立和社会转型的进一步加快，“单位人”向“社会人”的转变也将不断加速。传统的由政府和单位承担的社会服务职能将逐步转由社会来承担，人民群众各种需求和意向将在其生活的基本组织单位——社区中得到进一步表达，如此社会工作的知识、技能、方法在社区工作中能得以运用和施展。因此，社区实际上成为城市社会工作的基本载体，承担着社会管理和协调的功能、社区互助与服务的功能、社区教育和培训的功能、社区文化的社会化功能、社会控制、社会参与、社会福利等多种功能。社区组织是社区社会工作的主体，社区社会工作是在政府的指导下，以街道、居委会等基层组织为依托而展开。通过建立和完善社区社会工作管理体制，整合社区人力、物力、财力资源，开展社区社会工作。

在现代社会，专业化的社会工作对于改善和提高社区居民的生活方式和生活质量，引导社区成员参与社区发展和社会发展，帮助弱势人群解决各种困难，化解社会矛盾与社会冲突，增强社会凝聚力，维护社会稳定等，正发挥着越来越大的作用。

二、社会工作机构是连接政府与社会的桥梁

社会工作组织与团体是连接政府与社会的重要桥梁。一方面，它们受政府的政策指导，从某种程度上接受政府的财政支持；另一方面，它们有着广泛的社会性，是人民群众遇到困难时可以求助的政府之外的社会组织机构。与政府职能相比，它们更能深入了解社会工作的具体需求与工作状况。社会工作是新经济时代的产物，社会工作机构的发展也必然带有社会转型的印记。目前，随着国家政治体制改革的不断深化，政府职能不断转变，越来越多的社会工作机构根据社会需要的变化而建立了。

社会工作机构作为一种社会组织机构，一种社会存在，发挥着社会整合、发展个人的功能。它通过接案—预估—计划—介入—评估—结案—跟进服务等环节，在“助人自助”价值理念的指导下，运用专业方法帮助生活有困难和有问题的个人、家庭走出困境，从而提升生活质量。

社会工作机构在城市社会工作中主要发挥着组织与倡导两大作用。

所谓组织作用，是指社会工作机构通过一定的组织形式，将从事与社会工作相关专业的人员集中起来，组建起一个团队，发挥集体智慧与力量，制订统一的组织目标，如

关注城市残疾人生活问题、特殊儿童教育问题等，通过彼此分工协作，具体开展社会工作。社会工作机构的这一作用非常重要。因为在社会上，仅仅依靠个人的力量是很难实现对他人的帮助的。社会工作机构通过组织的形式，并由特定的掌握社会工作专业技能的人员来具体组织实施帮助，能使得助人更加有效。

所谓倡导作用，是指社会工作机构在倡导助人理念、宣传助人事迹、引导社会关注弱势群体的生活状况方面，发挥着重要作用。社会工作机构通过自有的宣传组织或与舆论媒体相结合，在社会上广泛开展助人教育，可使整个社会形成良好的助人风尚。

三、社工是社会工作的生力军

社工，即社会工作者，是指在社会福利、社会救助、社会慈善、劳动保障、残障康复、优抚安置、医疗卫生、青少年服务、司法矫治等社会服务机构中，从事专门社会服务工作的专业技术人员。社工是参与现代社会管理与公共服务的重要力量。

在城市社会工作中，社工的活动范围大都集中在政府、社区、福利机构、学校、医院、非政府组织以及高校。他们既包括工作在一线的基层社工，也包括政府、社会工作机构中的社工。社会工作者是社会工作服务的直接提供者，政府和社会给予社会弱势群体及一切需要帮助的人的物质和精神等各项支持正是通过他们传递到需要人的手中。因此，社会工作者在这一过程中扮演着“最可爱的人”的角色。

具体来说，社会工作者在城市社会工作中可起到以下几种作用。

1. 服务提供者：向受助者提供心理咨询和意见咨询，提供受助者所需要的物质帮助和福利服务。联络其他社会工作组织及人员、福利服务机构、政府部门及相关社会成员，以争取更多资源，并将这些资源传递到受助者手中。由于社工首先面对的是有困难的弱势人群，所以提供服务和帮助是社工的首要职责。

2. 精神支持者：社工面对服务对象不但要提供直接服务或帮助，也要为其提供精神支持，所以鼓励受助者在适宜的情况下自我选择，在可能的情况下克服困难，自强自立，以求得发展，就成为社工的另一项重要职责。

3. 积极倡导者：由社会工作者直接向服务对象倡导某种行为，当受助者需要采取新的行动才有助于走出困境时，社工在遵守职业准则的前提下，会向受助者提供并宣传倡导其行动的合理化建议，指导他们克服困境，走向成功。当然，这里的倡导并不是不顾服务对象接受程度的强行推动。

4. 政策影响者：社工在服务过程中发现某些问题具有普遍性时，应当将在工作中获取的相关重要信息和经验反馈给政策制定者，提出政策建议，避免类似的社会问题再次发生，或预防和减缓社会矛盾激化。

除上述主要作用外，社工在城市社会工作中还会起到管理者、研究者、资源争取者等作用。总之，城市社会工作事业的具体开展有赖于专业社会工作机构及人员的努力工作。而社区作为城市基层的组织单位，是社会工作开展的基本载体，也在推动城市社会工作发展中发挥着重要作用。因此，关注“三社”、发展好“三社”才能使社会工作有序推进，才能使助人理念深入人心。

第六章 政府购买服务项目的推进及经验

作为现代文明国家的一种社会福利制度，社会工作虽然以提供精神层面的社会福利服务为主，但其强大的人力服务功能需要巨大的资金来支撑，而这个资金来源主要是政府的公共财政。

第一节 ▶ 政府购买社会工作服务的背景

一、国外政府购买社会服务的产生和发展

所谓“政府购买服务”(Purchase of Service Contracting，简称 POSC)，是指政府将原来直接提供的公共服务事项，通过直接拨款或公开招标等形式，交给有资质的民间组织来完成，最后根据中标者所提供服务的数量和质量，来支付服务费用，即政府通过合同方式购买公共服务的行为。

政府购买服务起源于西方国家，20 世纪 20 年代末期，席卷欧美的经济危机，促使欧美考虑为广大弱势群体提供社会保障和社会服务问题。在这种背景下，欧美通过一系列社会服务计划和社会福利政策去调整利益格局，化解社会冲突，维护社会稳定。实施这些社会服务计划和社会福利政策，不能单纯地仅仅依靠政府资源，也不能单纯地依靠非政府、非营利的社会服务机构，而需要建立一套能有效整合各方资源，实现政府和非政府组织共同治理的制度框架，需要建立一整套有利于非政府组织发育、发展的政策和法律法规，以及在社会分工原则下的政府和非政府之间合作互助的机制。这样，职业化、专业化与社会化的社会工作机制便应运而生，作为非政府和非营利组织最重要载体的社会工作机构迅速发展，政府和社会工作机构初步形成了以购买形式提供社会服务的合作机制。

到 20 世纪 70 年代，西方发达国家出现了“社会福利病”，政府财政不堪重负，并由此掀起了公共服务市场化的改革浪潮。改革的重要举措是，政府将原来由政府部门承担的部分职能以合同形式转包给私人或非政府组织承担。

经过多年的发展，目前西方发达国家大都安排专门预算，通过一定的政府采购程序对私有和非政府组织提供的社会工作服务（包括就业、卫生、养老保险等）进行购买，以提高政府工作效率。西方国家政府在购买社会工作服务的过程中，首先向社会公布社会福利服务预算、政府购买服务价格、数量和与服务相关的各项质量指标；其次采取投标和委托等方式购买社会公共服务的非营利组织和社会服务组织的服务，并对这些组织进行考核和监督。在美国，政府购买社会工作服务的现象非常普遍，绝大多数的儿童福

利社会工作者、婚姻家庭咨询员、老年社会工作者、学校社会工作者都受雇于联邦或州政府机构。澳大利亚的社区卫生服务（包括社区卫生服务中心和以社区为基础的专项卫生服务机构），除全科医生（即家庭医生）服务少量收费外，其经费基本由联邦政府和州政府全额补助。

在社会工作比较发达的欧美国家，社会福利服务的绝大部分资金都来自于政府的财政预算。他们通常的运作模式是：以政府立项、公开招标（或委托）、民间操作、政府评估的流程，通过政府购买民间社会工作服务组织的专业服务项目这样一种规范化的运作方式来进行。而一个服务项目中约 70％以上的资金都用在购买社会工作者的人力资源成本上。

二、中国政府购买社会服务的产生与发展

政府向民间组织购买公共服务，是全球性新公共管理改革的一个重要内容。我国地方政府购买民间组织服务是在国际、国内两大因素综合作用下发生的。从国际因素看，20 世纪 70 年代后期兴起的新公共管理，对我国产生了重大影响。美国、英国等发达国家在新公共管理变革中推行的公共服务市场化、社会化对我国改革起到了示范作用。主流学者对此持有的观点是，如果要对我国政府进行改革，就必须摒弃全能政府理念，构建有限政府，对政府瘦身，其基本的方法就是进行职能转变，将不该由政府承担的职能，或政府职能中适宜由社会承担的那部分转移给社会，能够由市场解决的，政府就不要再加以干预。这种主张为地方政府启动购买民间组织服务项目提供了理论根据。

从国内因素看，长期的公共服务供给不足与效率低下，引发了社会公众的强烈不满。在关注民生的政治压力下，地方政府被迫改革，由独家垄断供给变为多元市场化供给，以满足公众不断增长的对公共服务的需求。对于这一点，我国理论界进行了大量研究。最为典型的研究成果汇集在《我国公共服务发展报告(2006)》中。该报告由国务院发展研究中心宏观部、中国社会科学院数量与技术经济研究所和特华博士后科研工作站的部分研究人员组成的课题组历时一年半完成。这份关于我国公共服务的综合评估报告认为，我国基本公共服务严重不足，综合绩效整体处于偏低的水平。除基础教育北京达到优秀，一般公共服务上海和北京达到优秀以外，其他各地区各类公共服务绩效等级都处于良好以下。

同时，民间组织快速崛起，为承接政府部分公共服务职能转移创造了条件。改革开放以来，我国民间组织不断发展壮大，目前，我国登记注册的各类民间组织已达到 44 万个，另外还有数百万没有登记注册的草根组织，它们分布于社会的各个领域，发挥着日益重要的作用。民间组织的快速发展为政府部分职能社会化、市场化创造了有利条件。

从20世纪90年代起，我国深圳、上海、广州、北京等地方政府，纷纷启动向民间组织购买服务活动。

深圳在借鉴香港地区经验的基础上，引入了POSC体制。1994年，罗湖区率先推行POSC制，打破政府与环卫工人的聘用关系，引导原有的环卫工人（多为临时工）成立环卫公司，再由政府向这些公司购买服务。至1999年，区政府决定扩大试点范围。当时罗湖区承担的市政道路清扫面积为624万平方米，区里将其中的367万平方米签约外包给完全由市场化运作的罗湖环卫公司和日新公司，由区城管办对其履约情况进行监督检查；剩下的257万平方米，仍由城管办直属环卫所承担。两相对比，前者优势突出，保洁效果胜过后者。此后，POSC模式在更多领域推广，罗湖区将此法拓展到了教师上下班接送、政府物业管理、医院后勤服务、政府投资项目评审、基建审计、公共工程等多个方面。

上海市政府向民间组织购买的服务，主要集中在助老服务、慈善救助、社区青少年和外来人员服务等领域，已形成了“项目制”、“招标制”等多种运作形式。2003年，由上海市政法委牵头，按照“政府主导推动、社团自主运作、社会多方参与”的总体思路，通过政府购买服务的方式，组建了新航、阳光、自强三个民办非企业单位，分别接受市矫正办、市团委和市禁毒委的委托，从事社区矫正人员、“失学、失业、失管”社区青少年和药物滥用人员的相关社会服务工作。2006年，上海浦东新区社会发展局、劳动和社会保障局等8个政府部门分别与民办阳光海川学校、阳光慈善救助社、街道老年协会等8家民间组织签订了购买服务的协议。2007年6月，浦区新区政府还与32家培训机构签订政府购买职业技能培训成果的协议。2005至2007年，浦东新区政府向民间组织购买服务的费用分别达到2 228.2万元、4 197.3万元及5 955万元。上海静安区300家民间组织中，只有87家社区民间组织，近2 500人从业服务人员，承接政府部门社会事务性工作就有50余项，每年政府购买民间组织服务金额达千万元，惠及人员上万人（次）。上海闸北区临汾街道自2006年以来，相继探索出“车轮食堂”、“健康小屋”、“弄堂游戏”、“新上海一家人”等多个项目，形成了“政府承担、定向委托、合同管理、评估兑现”的新型公共服务模式，促进了基层民间组织能力的全面提升。

广州市创造了“政府推动、民间运作”的政府购买服务模式。早在2004年，广州市就在全国率先创造性地推出了“政府购买服务”的做法，举办招聘会由政府财政补贴。2007年，广州市财政出资60万元购买志愿服务项目。同年，政府采取“购买服务”的方式核拨补助经费，其标准为社区服务人口每年25元，市、区两级为此共投入1.6亿元，比2006年增加了176%。2009年1月，广州越秀区通过政府购买服务的方式，与社会服务组织——广州市北斗星社会工作服务中心合作，在区福利院引入社会工作者，通过个案、小组、社区等方式为住院老年人提供各项服务。该市还在社区服务中心建立政府购买公共服务工作部，负责对服务项目进行组织、统筹、协调、监督、评估，以确保各项服务目标的实现，提高老年人的养老服务质量。

2006 年，北京市政府首次购买民间组织的养老服务。由鹤童老年福利协会管理月坛街道敬老院，开展了民间组织接受委托管理国有养老机构的一次实验。2007 年，针对春节期间居民家政服务短缺的情况，北京市民政局公开招募社区服务志愿者，并尝试用政府购买一部分服务的方式，满足孤寡老人、空巢老人、残疾人等特需人群的需求，让更多的下岗失业人员获得弹性就业机会。2007 年，政府出资近 1 亿元购买补贴养老床位，惠及了 20 万老人。2008 年以政府出资购买医疗服务的形式推出了“村级基本医疗卫生服务包”,全市所有村级乡村医生必须为农民免费提供包括注射在内的 40 项服务，政府给每位乡村医生每月补贴 800 元。2010 年，北京市财政拨款上亿元，向民间组织购买了 20 类 300 多个公益性服务项目。

此外，开展 POSC 模式的还有镇江的医疗改革、宁波海曙养老、杭州公交改革、成都购买审计等，也都在全国产生了一定影响。

在实践中，我国政府购买服务具有以下特点：一是各地发展极不平衡，经济发达地区走在前列。政府购买民间组织提供的公共服务必须有足够的资金支持，其中我国沿海经济发达地区占据了绝大部分，不仅是观念上的问题，更与经济实力有关。另外，此举也与民间组织发达程度成正比。如目前上海有各类民间组织 9 700 多家、北京 7 000 多家、广州 10 000 多家、深圳 3 862 家。无论是总量，还是人均占有量均位居全国前列。发达的民间组织为推进政府购买公共服务提供了可供选择的承接对象。二是积极推行项目管理方式，通过项目管理使政府购买民间组织服务成为一个重要的社会潮流和趋势。项目管理的优势在于可以为政府购买民间组织提供的公共服务创造一个方便合理的操作机制，如招标、投标、开标、质量监控、绩效管理等。三是领域广泛，除了养老、特殊人群救助、弱势群体就业、城市垃圾收集、社区医疗外，还扩展到公交、审计等领域。四是资金来源多样，纳入公共预算的非常有限。五是合同外包成为地方政府购买民间组织服务的主要方式。合同外包有不同的分类标准，按照购买主体与政府之间的关系和购买程序，可以分为四种模式，即独立性购买条件下的竞争性购买和非竞争性购买，以及依赖性购买条件下的竞争性购买和非竞争性购买。

但从总体上看，同西方发达国家相比，我国政府购买民间组织提供的公共服务尚处于起步阶段，还没有形成比较完善的制度化保障机制，其表现主要有以下三方面。

第一，缺乏相关的法律法规。众所周知，法律法规以其权威性、强制性、规范性成为推进制度建设的强有力工具。目前，与政府购买民间组织服务有关的法律是《中华人民共和国政府采购法》。该法并没有将服务项目纳入采购范围之内，购买的客体也没有民间组织，民间组织不具备公共服务的主体资质。法律、法规的缺失导致了地方政府往往用红头文件来推进工作，不仅效力低，而且随意性很大。一个明显的事实是，地方政府购买民间组织服务的进展水平往往与当地领导重视程度成正比。如果领导重视，起步就早，探索的成效就显著，否则就会出现相反的结果。

第二，政府购买民间组织服务缺少完整系统而明确的制度化机制。所谓的制度化机制就是对服务双方的行为有清晰的约定，以保障这种行为的可重复性、可复制性。完善的制度化机制必须能够解决以下问题：购买主体与客体关系定位科学；购买内容与范围确定；购买方式及其限定条件清晰；购买效果评价标准明确；购买行为发生纠纷后的救济途径畅通。显然，目前我国政府购买民间组织服务还难以做到这一点。

第三，资金没有全部纳入公共财政体制。资金是否纳入公共财政体制，这对于政府购买民间组织服务的规范化进程所产生的影响存在明显差别。如果资金纳入公共财政体制，就意味着进入了政策议程，处在权力机关的有力监督之下，其资金使用的正当性与合法性也就有了切实保证，反之则不然。

由于缺乏有效的制度化保障机制，会导致如下后果发生：一是政府购买民间组织服务的总体力度有限，难以形成全国上下一致的党委、政府重视，民间组织积极参与的良好氛围；政府购买社会服务的政策工具价值有限，不能完全起到促进政府职能转变和民间组织发展的双重效果。二是购买数量发展失衡，除了地域不均衡外，目前政府购买民间组织服务的范围很有限，主要集中在社区服务类（垃圾处理、养老、助残、培训、职业介绍、道路养护与管理）领域，行业性服务与管理类、行政事务与管理类领域较少涉及，受惠人群主要局限于城镇居民。除了少量项目惠及农民（青岛等地的农民工免费培训项目、北京为农民服务等项目）外，多数或者占主体部分的是城镇居民，在有效解决城乡居民公共服务均等化方面贡献不大。

在我国，社会工作服务与上述社会服务一样尚处于起步阶段。社会工作作为一种社会福利的传输体系，国家与政府一直以来就在其中扮演着非常重要的角色，有些领域甚至成了“社会福利服务的唯一供给者”。由于现当代中国社会工作的重建与发展首先得益于政府的重视和推动，因此从一开始它就打上了政府强力推进的深刻印记。从社会工作专业化、职业化、制度化的建设，到社会工作社会化、组织化、本土化的培育，整个领域都彰显着政府的意图，而民间组织的参与却显得相对不足，影响力也十分有限。从目前的情况来看，各种民间社会工作机构在较长一段时间内还会对政府产生较大的依赖，虽然这种依赖相对处于初创阶段的中国专业化社会工作来说有着积极的拉动作用，但同时我们也应该看到，如果我们的民间社会工作机构长期在政府的扶持和主导下发展的话，其结果不仅会使社会工作提供模式变得越来越单一，而且也会大大消解民间组织发育的动力和社会参与的活力。实际上，当今世界各国的公共服务供给主体已经日趋多元化，社会工作与社会福利服务正逐步过渡到由个人、非营利组织、企业、民间社会和政府部门等多种主体来共同承担，甚至部分国家的政府已将社会工作服务的供给主体完全转移到了民间机构，以减轻政府的工作压力，提高社会工作服务的灵活性和高效率。因此，在当前社会工作发展中，如何平衡好政府部门主导与民间机构参与的关系显得非常重要，它直接关系到中国社会工作的可持续发展和有效运作。

第二节 ▶ 崇安区政府购买服务项目的实践探索

政府积极培育和扶持民间社会服务团体及机构，建立政府购买服务机制，采取合同外包、项目管理等多种方式，实现社会服务的社会化，这也是社会工作体系建设的重要内容之一。

一、试行购买服务，推进社会工作发展

崇安区于 2010 年 3 月启动政府购买社会工作服务项目，即政府通过招标等公开方式，向社会工作机构购买服务，建立起政府、专业性社会工作机构和服务三者的互动模式。当时政府将购买的对象确定为：凡是依法注册登记，具备社会工作资质，在政府职能部门或相关机构管理监督下，直接从事社区服务、社会福利、权益保障、文化体育、医疗卫生、心理咨询等行业协会（学会）、社会团体、民办非企业单位和基金会等，均可被列为购买服务的机构单位。其购买服务的范围包括四个方面：

一是社会工作服务领域。主要在社会救助、就业保障、青少年服务、妇女儿童服务、老年人服务、残疾人服务、社区矫正服务、戒毒服务、综合治理工作、外来人口管理服务等十大社会工作重点发展领域，向民间组织购买服务的项目。

二是社区服务的公益性岗位。在社区从事居家养老服务、卫生保洁、治安安全等，为社区和居民提供必需的公益性有偿服务。

三是社会工作体系平台建设项目。即为社会工作服务搭建的基础平台、硬件设施和实习基地方面的投入。如：在上马墩街道试行的社区居家养老互助小组“老伙伴客厅”，政府为其提供资金、物质支持，购买活动设施和各类书报杂志等。

四是社会工作教育培训项目。社会工作机构交流合作、继续教育、宣传研究等需要

提供补贴费用的项目。如：在中秋节，将锡、港两地社工、义工交流活动列为补贴项目，两地社工相互切磋，相互学习，提升了社会工作专业服务水平。

为使购买服务项目贴近实际，满足需求，实在管用，崇安区从项目选择到成效检验进行了全过程把关跟踪，具体采取了征、选、估、导、审“五步法”。

第一步广泛征集服务项目。根据政府购买服务项目的要求，印发征集服务项目通知书，面向社会工作组织和社会服务机构征集服务项目。2010 年 5 月，发布征集通知后，经过部署动员，在短短一个月时间内区社工办就收到了包括民间社会工作机构在内 15 个组织和个人申报的 30 份项目计划书。

第二步筛选购买项目。崇安区召集机关部门领导、专家学者对征集到的项目进行可行性讨论和选择，对同类项目组织招投标。2010 年 7 月初在对 30 个项目进行认真核审后，从中选出了 6 个优秀服务项目（详见表 6–1）。

表 6–1　崇安区 2010 年政府购买项目汇总

项目名称	购买服务单位	服务对象	服务内容
单亲家庭服务	舒心家庭社会工作服务社	单亲母亲	采用“个案+小组+社区”的社会工作专业方法，帮助单亲母亲寻找资源，促成互助与自助，增强其社会功能
老伙伴客厅	老伙伴客厅社会工作服务社	老年人群体	运用“自助+互助+他助”模式，整合机构养老、社区养老、家庭养老资源服务老人，提升老年人生活质量与生活满意度
红霞老人之家	红霞老人社会工作服务社	老年人群体	通过每周、每月、每季、每年的主题活动，吸引老人参与小组活动；在小组活动中学习新知识、新方法、确立新观念，最终达到互助自助；通过帮扶结对帮助困难老人
让爱穿越残障	蓝丝带工作室	残障人群	由社工、康复师、心理师和义工联合开展个案服务、康复训练、心理疏导、同伴互助服务，使残障人员增强社会功能，重返主流社会
第二故乡的关爱	新市民综合服务中心	新市民	通过社会工作与社区工作者及义工的资源整合，为新市民提供服务，弥补社区服务之不足，促使新市民尽快融入社区与城市
第三元成长空间	广丰青少年社会工作服务社	青少年群体	通过书香组、乐学组、绿地组、爱心组等特色主题小组吸引青少年参与，使青少年在小组中成长，挖掘潜能，分享经验，提高解决问题的能力

第三步对购买服务项目的实施效果及投入成本进行预估。根据细化后的项目方案，有关专家、领导和项目负责人一起探究项目方案，分析服务内容有效性，预算所需经费，明确目标要求。如购买的“红霞老人之家服务”，将项目服务细化到周、月、季、年等具体时间，估算每次活动开销，使得内容更加系统，服务活动更趋完整。

第四步是对项目整个过程进行检查督导。有关专家、领导先后多次前往服务基地指导工作，询问服务对象感受和社工、义工感受，指出服务中的缺失，调动社工积极性。

第五步是对项目效果进行评估审核。区里组织了对项目完成情况的回访调查，查看台账资料，肯定成绩，提出问题，做好整改，并将评估结果作为下一年度续约的依据。2010 年 12 月，对 6 个项目进行结果评估，调查服务对象的主观感受和满意度，评审结果满意率达到 80%。

经过征集筛选，入选的 6 个项目（见表 6–1）是：崇安区妇联舒心驿站的“单亲家庭服务”项目、上马墩街道的“老伙伴客厅”项目、通江街道的“红霞老人之家”项目、江海街道蓝丝带工作室的“让爱穿越残障”项目、广瑞路街道新市民服务中心的“第二故乡的关爱”项目、广益街道广丰社区的“第三元成长空间”项目。项目服务对象涵盖了单亲妈妈及其子女、老年人、残疾人、外来民工及其家庭、青少年等群体。

经过多方努力，项目运作取得了良好成效，具体表现为：“单亲家庭服务”项目的运作，使单亲妈妈因家庭残缺、生活压力、子女教育缺失而带来的郁结得到舒缓，生活困难得到帮助，树立了自尊、自强和自立的信念。“老伙伴客厅”项目的运作，使老人在社区结识新伙伴、活跃身心、展示才艺，被新闻媒体赞誉为创造了居家养老的新模式。“红霞老人之家”的项目，每周、每月、每季、每年的活动生动活泼、安排周详，社工和老年朋友唱响了最美夕阳红。“让爱穿越残障”项目的社工用爱抚慰残障者的心灵，用爱帮助他们康复，用爱帮助他们看到充满了希望和光明的未来。“第二故乡的关爱”项目的社工全心全意为新市民解决住房、就业、子女入托入学、法律援助等急需解决的问题，用行动证明了社工是一支创新基层社会管理的重要力量。“第三元成长空间”项目的运作，为孩子们营造了学校、家庭以外的第三元成长空间，通过各种主题活动使孩子们在第三元空间得到心灵上的成长。

总体而言，崇安区 2010 年的项目运作，不仅使需要帮助的弱势群体得到实惠，在一定程度上解决了他们物质上和精神上存在的困难，而且使社工在实务技能方面得到锻炼，涌现了一批优秀社工，更重要的是为有公共服务、公共管理职能的政府部门和群众团体组织提供了如何引入社会工作理念，搞好公共服务和管理的新路径、新方法。这些活动都扩大了社会影响，长久提高了社会工作的社会认知度。

项目化政府购买服务不仅解决了公共服务缺位问题，使服务更具专业化，更加精细化，也在一定程度上帮助政府及时、具体地实施了社会福利政策，提升了社会服务品质，社工和义工贯彻注重人性关爱的服务理念，使服务对象更深切地感受到了“以人为本”贴心的服务。从6个服务项目督导和评估情况看，这些项目让老年人巢空心不空，暖心又开心；让单亲母亲挖掘其潜能，改变了自己生活现状；让残疾人残障康复，获得了心灵的成长；让青少年有了人际关怀，增加了“小主人”意识；让外来人口体验到便利和温暖，更好地融入了社区大家庭。通过开展专业服务，还在实践中培养和锻炼了基层社会工作者，调动其积极性，通过聘请大学社会工作专业教授担任督导，提升了对社会工作者的专业技能，定期组织反思会的方式，加强了社工之间的联系，这些举措都更好地推进了社会工作体系的建设。

崇安区政府首次购买社会工作服务项目的做法还受到了省内外媒体的高度关注，电视网络、报刊杂志等新闻媒体都对此进行了持续跟踪、广泛报道，对崇安区推进社会工作的开展起到了很好的宣传作用。

二、以“七彩工程”为主导，实现服务项目多元化

2011年6月13日崇安区启动了新一轮的政府购买社会工作服务项目，共收到项目计划书53份。其中崇安寺街道15份，广益街道11份，通江街道6份，上马墩街道5份，江海街道6份，广瑞路街道6份，妇联舒心驿站1份，阳光驿站1份，源沐心理咨询有限公司1份，个人名义的晓文工作室1份。经组织相关人员评审筛选，确定了其中的21个作为2011年政府购买服务的项目。（见表6-2）

表6-2　崇安区2011年政府购买项目汇总

项目名称	购买服务单位	服务对象	服务内容
社区戒毒康复服务	棕丝带工作室	社区矫正戒毒群体	针对社区10名吸毒人员开展专业社会工作，建立“同伴治疗小组”，通过各种小组活动及心理排忧，引导他们正确对待和处理生活中可能发生的问题
艾滋病高危行为干预	晓文红丝带工作室	艾滋病患者	为辖区内普通大众，高危行为人群和病人、感染者三方人群提供有针对性的咨询检测服务，定期开展宣传活动，传播“防治艾滋病，你我共同有责”的理念

续表

项目名称	购买服务单位	服务对象	服务内容
拥抱蓝天，自强不息	橙丝带工作室	贫困无助者	融合社会救助与社会工作进行，社会工作者除了在服务过程中依据相关政策对困难群体进行救助之外，还采用社会工作的专业方法，运用专业知识，以增能和优势视角作为理论基础，拓展救助范围，延伸救助含义，巩固救助效果，实现物质救助与精神救助的结合
阳光邻里，情系社区	黄丝带工作室	新市民	通过和谐邻里活动，为社区居民创造沟通的机会和平台，引导社区居民相识相知、互敬互爱。同时充分调动社区所有群体参与社区共建的积极性，增强居民对社区的归属感
交换空间	绿丝带工作室	青少年群体	利用街道、社区优势和现有资源，为青少年特别是问题青少年提供学习交流平台，定期组织适合青少年参与的成长性活动
阳光老人俱乐部	金丝带工作室	孤寡独居老人	下设阳光老人健康医疗队、阳光老人园丁宣教团、阳光老人欢乐艺术团、阳光老人巧手编织队等十个常规团队，通过多种老年人自助互助活动，推进对老年人的精神服务及社区反哺
婚姻危机干预	源沐紫丝带工作室	离婚群体	针对因各种因素产生家庭矛盾，决定离婚的夫妇，在尊重个人意愿的前提下努力为即将办理离婚登记的夫妻开展“以劝说促和好，以疏导解情结”的人性化服务，以减少离婚过程中的非理性冲动
社区青少年教育	红星塔教育园	青少年群体	结合扁平化管理，分片对全社会青少年情况进行排查摸底，掌握各年龄段青少年的结构分布情况并与辖区内学校挂钩，发挥师资优势，定期组织适合青少年的各项活动

续表

项目名称	购买服务单位	服务对象	服务内容
80/90后残疾人康复服务	青苹果乐园	残障人群	面向社区内32名80/90后残疾人，运用残疾人社会工作方法，增强目标对象的生理、心理、社会功能，激发他们自我成长、自我发展的潜能，实现助人自助的社会工作宗旨
爱之摇篮	江海社会工作站	育龄妇女	由社工创造网络平台、实地平台，给居民一个场所、QQ联系群，找专人进行孕期保健、生育常识、产后康复、育儿知识四大内容的指导，定期开展辅导活动
特殊人群社区矫正服务	阳光驿站	特殊人群	由贝康包装、欣运服装、乃菲尔服装、水泥制品等4家企业组成，集“教育矫正、监督管理、帮困扶助、心理矫治”等职能于一体，搭建特殊人群服务管理新平台，着力破解信息联通、人员交接、过渡安置、就业扶助、社会保障、接荐帮教六大难题
平安红袖套	上马墩综治社会工作站	社区居民	由各社区专职综治社工带领社区义工、志愿者组成社区治安综合治理安全防范队伍，义务为社区居民提供安全巡逻服务。项目将社区划分成若干小片，社工作为片区负责人，带领片区内的义工和志愿者开展社区巡防、防盗门管理、人民调解等工作。每个楼道有一名志愿者信息员，发现矛盾纠纷苗头及居民需求，立即通知片区社工，由社工及时组织开展介入服务
慢性病防治	知己健康管理服务站	社区居民	通过社会工作专业化的介入，运用外展服务、个案服务、小组服务、危机干预等专业手段，形成政府、医院、社区、社工、个人、家庭共同参与的健康管理模式，实现居民特别是慢性病患者的自我健康管理

续表

项目名称	购买服务单位	服务对象	服务内容
“我帮你”志愿服务超市	广丰三村社会工作站	社区居民	将辖区内乐于助人，并有一技之长的社区居民组成志愿者服务队伍，服务超市将所有服务内容和志愿者联系方式制作成“菜单式”服务项目单，发放到社区的每家每户，以满足群众需求。目前服务超市设有保健医疗、关爱帮困、法律咨询、文化教育、维修服务、亲子托幼等6个项目
“低碳环保，两工联动”活动周	黄泥头社会工作站	社工、义工两工联动	以宣传低碳生活为主题，号召社区居民积极参与此类公益活动，同时社工、义工联动，增加崇安区社工的影响力
单亲家庭服务	舒心家庭社会工作服务社	单亲母亲	以“社工+义工+专家督导”的模式，采用“个案+小组+社区”的专业方法开展社会工作，为单亲母亲提供帮助
老伙伴客厅	老伙伴客厅社会工作服务社	老年人群体	项目分为三个子项目：老伙伴格子铺、老伙伴艺术团、老伙伴茶馆，通过开设“老伙伴大客厅”，使更多的社区居民享受社会工作服务
红霞老人之家	红霞老人社会工作服务社	老年人群体	通过每周开展老年人德福读报小组活动，每月组织学习交流会，每季组织老年人兴趣活动，每年组织老年人大使评选活动，让老年人走出家门，老有所依，老有所乐，老有所为
让爱穿越残障	蓝丝带工作室	残障人群	采用“社带点”服务模式，由街道服务社带领指导社区服务点，提供残疾人社区照顾的社区康复社会工作专业服务，为残疾人提供基本保健服务、人个案管理工作，开展自助互助小组活动
第二故乡的关爱	新市民综合服务中心	新市民	通过社会工作服务，科学化解流动人口服务管理难题，为新市民提供法律维权、就业指导、房屋租赁、家政中介、子女代管等九大服务项目

续表

项目名称	购买服务单位	服务对象	服务内容
第三元成长空间	广丰青少年社会工作服务社	青少年群体	针对社区内失地农民子女多的现实情况，整合社会资源，建立青少年档案。帮助青少年在自我分析、自我评判的基础上，成立书香组、乐学组、绿地组、爱心组，以青少年自身需求和利益为出发点，切实服务于青少年健康成长，引导他们提高综合素质

以上 21 个项目以“七彩工程”为主导，服务对象和内容涵盖了老年人、残疾人、妇女儿童、青少年教育、禁毒、社区矫正、社会救助、外来人口服务、婚姻关怀等重点服务领域，内容设计细致周到，形式生动多样。

1. 红丝带项目。红色寓意着关心支持。该项目的服务对象为艾滋病病人及其感染者、高危行为人群、重点人群和大众人群等四类人群。该项目的预期目标是：使民众正确了解、认识艾滋病，逐步消除歧视，营造有利于艾滋病患者的生活环境；使高危人群能够正确认识艾滋病，自我防范艾滋病传播，达到“传播到我为止”的目的；经过心理、行为干预，使多数病人、感染者摆正心态，重新融入社会，勇敢面对生活。

2. 橙丝带项目。橙色寓意着充满希望。该项目的服务对象为贫困无助者和社会流浪乞讨人员。该项目的预期目标是对贫困对象做出生活状况评估和实施社会救助，在保证基本生活的同时，向医疗、住房、养老等领域拓展，把改善民生覆盖到方方面面，并在物质救助的同时向精神关爱、智力扶持延伸，让贫困对象树立生活信心，通过智力帮扶，掌握一技之能，做到自立自强。

3. 黄丝带项目。黄色寓意着祝福思念。该项目的服务对象为流动人口。该项目的预期目标是在子女义务教育、医疗卫生、劳动用工、维护权益、计划生育等各方面实现流动人口基本公共服务均等化。

4. 绿丝带项目。绿色寓意着青春活力。该项目的服务对象为 6~25 周岁不在学、无职业的闲散青少年。该项目的预期目标是通过推广“五步工作法”，有针对性地采取教育、管理和服务措施，做好面向闲散青少年群体的临界预防，力争用三年左右时间，使全区闲散青少年实现“失学有课堂、失业有岗位、失管有监护”。

5. 棕丝带项目。棕色寓意着稳定可靠。该项目的服务对象为社区矫正对象和刑释解教人员。该项目的预期目标是培育上述两类人员的正面情绪，引导其改过自新、融入社会，确保社区矫正对象重新犯罪率低于 1%，刑释解教人员帮教率、安置率达到

100%，重新犯罪率控制在 2% 以内。

6. 蓝丝带项目。蓝色寓意着感恩鼓励。该项目的服务对象是各种类别的残疾人及残疾人家属。该项目的预期目标是政府主导和社会参与相结合，为残疾人及其家属提供康复、心理疏导、陪护、便民、医疗、监管服务等，全面提高其生活品质。

7. 紫丝带项目。紫色寓意着反家庭暴力。该项目的服务对象为存在婚姻问题的家庭。该项目的预期目标是通过开设舒心家庭社会工作服务站,形成“社工 + 义工 + 妇工”工作模式，开展有效培训、指导和帮扶活动，帮助有婚姻问题的家庭提高自我修复能力，维护婚姻问题家庭的妇女儿童权益，促进家庭和睦、社会和谐。

8. 金丝带项目。金色寓意着温暖和阳光。该项目的服务对象是全体老年人。该项目的预期目标是为老年人特别是处在困境中的老年人（贫困、独居、残疾、高龄老人），提供居家养老、结对关爱、精神慰藉等服务，帮助其舒缓情绪、改善环境、提高生活质量，使老年人更好地适应环境，安享晚年，全面实现“老有所养、老有所医、老有所教、老有所学，老有所为”目标。

2011 年崇安区以“七彩工程”命名的 21 个项目，服务对象覆盖了十大服务领域，项目运作呈现多元化趋势，形成了以街道社区为主，区相关公共管理部门、个人、社会服务机构和相关企业积极参与的局面，资源整合力度比原来更大了。

加强社会管理，就是加强对人的管理和服务。崇安区在加强和创新社会管理中，把工作重心放在社区，把重点放在对特殊群体的管理服务上，不仅仅依据法律规章，还通过“点对点”、“面对面”的跟踪帮扶服务实现管理，切实从源头化解了社会问题。该区推行建立的红、橙、黄、绿、棕、蓝、紫、金等“七彩”丝带工作室或项目，分别为艾滋病感染者、贫困无助和流浪乞讨者、外来流动人员、闲散青少年、社区矫治和刑释解教人员、精神残障者、婚姻危机人群和孤寡独居老人等特殊群体提供了专业服务。这一基层社会管理“七彩工程”的实施，弥补了法律手段和行政工作刚性带来的不足，让服务对象得到了情感抚慰。

第三节 ▶ 政府购买服务项目的路径探索

目前中国社会工作在“嵌入式发展”的总体格局下，如何嵌入？社会工作必须找到介入社会的空间，通过服务获得政府和社会的认可。崇安区的经验表明，购买项目式的发展是可取的，这不但可以更好地帮助困难群体，也有利于政府对专业社会工作的深入了解和认可。

一、政府购买服务的积极意义

从政府在社会转型中遇到的迫切问题来说，社会工作要得到社会的深度认可，不仅需要在浅层次问题上介入，还必须在政府关注的“核心”问题上有所作为，即让政府了解社会工作专业方法在帮助其解决重要问题上的作用。这就需要社会工作者在社会服务的各个系统，与政府协作解决复杂问题，而政府购买服务就是一个重要的渠道。当然，要使政府对社会工作有深刻认识，还需要社会工作者具备解决复杂问题的能力。

从政府的角度讲，购买服务需要政府对于项目的可行性、可操作性、项目总目的和方向等作深入的了解和探讨。政府还需要考虑项目运作的其他因素，如社会工作岗位数量、项目绩效产出、项目评估、项目经费和行政费用分配等。购买服务还要求政府将相关的事业性服务资源剥离给民间机构。长期以来的计划经济体制使得开展公益活动、推行社会服务、实施社会福利和社会救助等几乎所有本属于社会工作范围内的事务都由政府包揽着。政府的一些职能部门及事业单位掌握着大部分社会服务领域的资源，而将这些资源转变为项目，外包给民间机构并非一蹴而就、一朝一夕所能解决的事情。

从社会服务机构的角度讲，购买服务模式，不仅要求社会服务机构要做好人员招募等相关工作，而且要求机构拥有可以进行项目设计、沟通协调和日常管理的高素质人才，拥有能够独立完成工作、有坚定的社会工作信念的专业团队，还需要拥有能整合社会资源、筹备更充足的机构运作资金的人才。

由此可见，在我国市场经济飞速发展的今天，随着经济变革的深入，政治、社会和文化的变革也相伴而行。“政府购买服务”的提出和实施，对促进政府不断转变职能，从统包统揽的“全能政府”转向政社职能分离、政府职责更加明晰的状态；对促进我国的非营利组织的发育和成长；对实现社会福利社会化，进一步提高人民的生活质量，都有着十分重要的意义。具体可归纳为以下几点：

1. 改变统包统揽，实现制度创新。现阶段，我国实施“政府购买服务”，可以说是一种制度的创新。在我国传统的体制下，政府包揽了所有的社会事务，从公民生老病死到日常吃喝拉撒，事无巨细，事必躬亲。政府的这种统包统揽，使其背上了沉重的包袱，举步维艰。这种传统的体制不仅阻碍了政府自身的工作效率和形象，也造成了我国非营利组织发展的迟缓，影响了整个社会福利体系的改革和完善。实施“政府购买服务”，从政府职能而言，它把本应由社会承担的职能剥离了出来，使自己的定位更加准确，职责更加分明。政府的角色从“承包者”转变为“出资者”和“监控者”。政府投入社会福利的资金，每年都可以有重点地解决一些社会急需解决的问题，而凡事亲力亲为并不一定能达到好的效果。社会服务项目向非营利社会服务组织招标，既为社会服务组织提供了财力支撑，可解决当前的就业压力，帮助非营利社会服务组织得到良好的发展，又可从政府自身的角度减轻不必要的负担。政府处于出资者和监控者的地位，可以摆脱社会服务机构对政府的依赖，使社会服务机构在竞争中自我提高实力。同时加强政府对非营利组织的评估和监督，也可以促使其不断提升服务质量，使老百姓特别是社会的弱势群体真正享受到急需的高品质服务，最终也体现了国家和政府对民众的负责和关怀。

总之，政府职能转变不仅仅需要观念的改变，更需要制度上的彻底变革。打破原来传统体制下政府统揽而低效的局面，尝试政府购买服务的新方式，并建立起一系列的制度来保证国家的资金能用在最需要的地方，这能产生出更大的社会效益。

2. 促进非营利社会服务组织的发育与成长。近年来，世界各国日益感到一股新生的社会力量在蓬勃发展，并愈益显示其重要性，它是构成整个世界多元化社会规模宏大、日趋活跃的组成部分。这就是后来被命名为非营利组织（Nonprofit Organization）的这样一种社会力量，它包括了学校、医疗机构、社会服务组织、环境组织、文化机构、职业协会等多种形式的实体。在许多国家，它已经和政府及市场构成了三足鼎立的局面，在人们的经济生活和社会生活中正发挥着重要作用。

非营利组织的特点在于：第一，非营利组织是为了实现一定的社会目标而建立的，它和营利组织的区别在于并非为了追逐利润。非营利组织不向他们的经营者或“所有者”提供利润。第二，非营利组织在税收方面享有优惠待遇。如在美国，这样的组织可以免去联邦政府所收的所得税，也可免除地方性的税收。由于享有这样的优待，在收入的运作方式上则会受到某些管理的限制。组织运作所得收入不能被组织的管理者、指导者及成员所独占。第三，非营利组织是一种劳动密集型组织，因为它雇用了大量专业人员和志愿者。第四，非营利组织的资金来源是多种渠道的，有私人捐助、政府赞助、服务收费、会员费等。具体会因类别的不同而有差异。

我国的非营利组织的发展与西方国家相比是比较迟缓的。非营利社会服务组织作为非营利组织中的重要一员，尚处于起步阶段，尚未引起政府和社会足够的关注，无论从资源、人才和环境等方面都面临着巨大的挑战。政府购买服务的实施，从某种意义上来说是对目前较弱小的非营利服务组织的扶持，在政府资金、政策的支持下，我国的非营利社会服务组织将会得到快速发展，成为社会福利服务的主要传递者、政府的强力支持者和合作者。这对实现社会福利社会化，进一步提高人民的生活质量，将起到十分重要的作用。

二、政府购买服务的发展路径

虽然，我国内地许多地区在探索政府购买民间社会工作服务组织专业服务的过程中，已经对以项目运作为主要形式的政府购买民间服务机制，作了许多有益的尝试，积累了较多的经验，为进一步推进社会工作服务社会化的运作机制奠定了基础。但是，由于传统行政管理模式的转轨、公共财政体制的转制，以及“买物不买智”观念的转变需要相当长的时间，因此，要真正建立起政府购买社会工作服务组织专业服务的机制，还有很长的路要走。那么，今后如何通过有效的途径和手段，逐步转变政府购买服务的理念和方式呢？我们认为可从以下四个角度进行尝试：

1. 从临时性向科目化转变。目前，各个地区、各级政府购买民间社会工作服务组织专业服务的项目每年都有所不同，资金数额不一，临时性、应急性色彩较浓，这往往与领导意识强弱、上面是否有交代或下面是否有呼声等原因有关，尚缺乏制度化和规范化。要从根本上改变这一状况，可以尝试在公共财政预算中新增一个“购买社会工作服务”的“科目”，以此来促进政府购买服务机制的建立，使之向规范化、制度化方向发展。并且，政府应当根据 GDP 的增长指数，逐年增加该“科目”的投入。中央的预算主要用来购买全国性的或跨区域的社会服务项目，地方各级政府的预算则主要用来购买区域性的社会服务项目。同时，政府可以按照国际惯例，从该“科目”中另辟项目，委托第三方对那些服务项目进行评估，在下一年度的委托或竞标中“选优汰劣”、“去伪存真”，运用市场调节的杠杆，促进公共财政资金的使用效率达到最大化。

2. 从部门性向社会化转变。目前通过政府购买服务的方式为社会工作服务组织提供的财政支持大都来自它们的上级业务主管部门，因此，这种财源“定向”性质较强，部门痕迹明显，资金基本是在原有行政管理体制内部循环，使其他领域的民间社会工作服务组织或社会化运作的草根组织根本不具备申请资格，更没有申请的渠道。因此，很多民间社会工作服务组织缺乏必要的资金支撑，生存空间狭小，发展后劲不足。实际上，这些得到政府财政支持的所谓民间社会工作服务组织绝大部分都是由主管部门主办、举办或推动成立的，行政色彩特别是“上下级”的观念十分浓厚，政府在与民间社会工作服务组织的关系中，仍然扮演着管钱、管人、管事的角色，支配甚至限制着民间社会工作服务组织的自我管理和自我发展。境外比较成熟的做法是：政府在购买服务时，除了有“定向”的项目外，更多的是“定性”的项目。特别是基层一级政府的财政（如县、区和街道、乡镇），应当更多地用“定性”的方式来购买服务，即政府可以根据区域内人民群众的服务诉求，设计社会工作服务项目，通过社会化的运作方式，让更多的民间社会工作服务组织在公平、公正、公开的前提下竞争，争取政府委托，获得财政资金，最终形成通过财政资源的合理分配和使用，来培育和发展民间社会工作服务组织的社会管理新格局。

3. 从重人头向项目化转变。在很多情形下，目前国内政府购买的社会服务仍然沿用行政预算的思路和方法，即根据社会工作服务组织从业人员的多少，以所谓“人头费”的方式来“拨付”资金，而大量的工作经费（如交通费、电话费、设备设施费等办公经费）却成了稀缺之物，以致社会工作者在设计服务方案、实施具体服务时因缺少必要的工作经费而显得束手束脚，从而直接影响了服务的效果。财政资金“人头费”的最大弊端是缺乏激励效应，“干好干坏一个样，干多干少一个样”，由此导致社会工作者的收入与工作量、工作性质和工作难度等不相对应，挫伤了他们的积极性、主动性和创造性。“人头费”同时还是导致社会工作者收入偏低的主要原因，由此带来社会工作者的大量流失。试想一下，一个连自己的生活都几乎不能保障的社会工作者，又如何能一心一意地为服务对象提供服务？项目化的最大好处，是把社会工作者的人力资源成本作为政府购买服务的主要成本,放在了比较合理的位置。社会工作服务组织可以根据本机构社会工作者的结构状况、服务项目的难易程度、服务时间的前后跨度等因素，本着高效益、高质量的原则设计服务方案，科学合理地使用人力资源，从而提高自身的市场竞争力和社会影响力。社会工作者也可以根据自己的专业特长、服务能力和个人精力，在一个或多个服务项目中承担任务、贡献才智。这样，能者多得、勤者多得的竞争局面和激励机制才能建立。

4. 从财政性向基金化转变。从某种意义上讲，凡是政府通过各种手段征集、引导和调动用来解决社会问题，提供公共服务的资金（主要包括通过税收政策征得的财政资金和通过政策调控引导得来的社会资金），我们都可以称之为公共财政。由于我国目前尚处于社会主义初级阶段，经济社会发展水平与发达国家相比还有很大的差距。因此，想靠政府的财政收入来“包打天下”，解决社会服务的所有资金来源是不现实的。欧美等社会工作发达国家和我国的港台地区，民间社会工作服务组织有大约 10%~20% 的资金来自于各种民间的公益性基金组织。因此，政府有必要通过政策调控、舆论宣传和表彰奖励等措施，不断增强企业、社会组织和公民的社会责任感；通过捐赠、劝募等形式，促使社会富余（闲散）资金通过建立各种公益性的基金或基金会集聚起来，使之成为政府购买服务的财政资金的另一种资金资源，成为民间社会工作服务组织资金来源的另一个“蓄水池”，从而使企业、社会组织和公民真正成为政府管理社会、服务人民的良好合作伙伴。

虽然政府购买服务的探索在我国尚属起步阶段，还存在许多困难和问题，但是，社会工作服务社会化是发展的必然趋势，政府的工作方式会逐渐转变。以后政府扶持和创办的社会工作机构会逐渐减少，而通过政策和财政的支持促进民间社会工作机构发展将成为主导。政府将主要负责社会工作服务政策的制定，规划社会工作专业的发展和资金运作，运用公平、透明的委托服务机制，向社会工作职业机构和社会组织公开招标，选择第三方（专门委员会或有资质的第三方专业机构）对参与竞标的机构进行筛选、监督和评估，既保证竞标的公正、透明，也保证服务的效率、质量。当然，政府购买服务不仅能提高管理的效率和质量，也能同时满足人们参与社会管理的愿望。

第七章 社会工作体系建设与基层社会管理体制创新

第一节 ▶ 基层社会管理体制机制创新的任务

社区是基层社会，社区组织是人们生活中不可缺少的综合群众基础机构，它满足了人们生存与发展的多重需要，是与居民群众生活息息相关的基层组织。改革开放30多年来我国城市社区发生了巨大的变化。

一、从“街居制”到“社区制”

1. 变迁的主要社会原因

计划经济体制时期，我国形成了辅助“单位制”的“街居制”，其设想是单位制管理有工作单位的职工，街居制管理没有工作的居民。1954年，全国人大一届四次会议通过《城市街道办事处组织条例》和《城市居民委员会组织条例》，从此形成了由街道办事处和居民委员会构成的“行政性”特点很强的街居体制。

从20世纪80年代中期开始，我国经济体制改革的重点由农村转向城市，虽然街道并未成为改革目标，但是，社会转型过程中所引发的经济和社会变迁以及由此出现的问题，促使街道办事处和居委会的职能开始产生重要变化。后来，随着1987年社区服务的提出、2000年社区建设的正式开展和推进，社区制开始全面代替街居制，社区制成为我国基层社会的管理体制。概括而言，社区制形成的历史背景是：

第一，城市化快速发展。改革开放以前，我国的城市化水平一直远远落后于世界城市化的发展，1949年，我国的城市化率为7.3%，而当时世界城市化率为22.8%；到1978年，我国城市化率水平也只达到12.1%（据UNDP数据，1980年，世界城市化率为39.1%）。[①] 改革开放后，城市化步伐加快，1990年城市化率达到26.4%，2000年，则上升到36.2%。[②] 与此同时，城市数量也不断增加，1949年，我国的城市数量为132个，1978年为193个，到2001年底城市数量达到662个。[③] 城市化的迅猛发展，城市数量的增多，自然使城市的社会管理成为新课题。

第二、单位制解体。改革开放以后，单位制受到巨大挑战。就业者或主动离开单位，或因单位不景气、破产、机构改革被动离开单位，就业者的流动与单位的解体和衰落并行，离开单位或无单位的人成为“社会人”，原本主要依靠单位进行控制的人离开单位，出现社会控制的真空。另外，随着国有企业深化改革、转换经营机制和政府机构改革、

① 国家统计局城市调查总队：《中国城市40年》，中国科技详细咨询服务中心等1990年联合出版，第40、54－55页.
② 国家统计局：《中国统计摘要（2002）》，中国统计出版社2002版，第34页。
③ 陆学艺、李培林：《中国新时期社会发展报告》，辽宁人民出版社1997年版，第417－418页。

转变职能，企业剥离的社会职能和政府转移出来的服务职能，大部分也要由城市社会的管理机构来承接。建立一个独立于企业和事业单位的社会保障体系和社会服务网络，也需要社区发挥作用。

第三，城市流动人口急剧膨胀。20 世纪 80 年代中期以来，流动人口规模急剧膨胀，给城市管理、社会治安、公共资源配置带来极大压力。如无锡市经济社会的快速发展和城市建设的大规模推进，创造了大量就业机会，对外来劳动力产生了很大吸引力，20 世纪 80 年代以来，外来流动人口数量呈大幅增长趋势。1985 年，无锡市暂住人口为 18 万，到 1995 年达 36 万，十年中翻了一番；到 2001 年仅 5 年时间内又翻了一番，达 73 万；到 2004 年底达 169 万，三年间再翻了一番还多；到 2007 年底，全市登记暂住人口近 240 万，呈现持续增长的态势。2007 年以后无锡市加强了人口规模调控，人口增长趋缓，2010 年末，全市登记暂住人口为 271 万。

大批农民工进城务工改变了城市的人口结构，增加了城市管理的任务和难度，造成困扰政府和市民的诸多城市问题，如交通拥挤、生态环境和社会治安恶化、计划生育无序及人口管理服务压力大等。

城市规模扩张、人口激增、农民工流入等，这些都打破了城市原有的社会系统与自然环境之间的既定平衡，也向由行政隶属关系和行政命令建立起来的传统管理体制提出了严峻挑战，传统的管理体制在应对新情况、新问题时捉襟见肘、无能为力，变革和创新迫在眉睫。

第四，改革住房制度。20 世纪 90 年代初，政府开始探索城镇居民住房制度的改革，1994 年国务院下发《关于深化城镇住房制度改革的决定》，主要精神是实行住房商品化。住房制度的改革产生了一个新的社区组织——业主委员会，它的加入给社区管理带来了新的挑战。

第五，城市基层社会传统管理组织老化。传统基层管理组织的管理方式、人员观念和年龄都已不能适应大大发展了的新的社会情况。街道办事处特别是居委会成员，普遍年龄偏大、文化程度偏低、退休人员或家庭妇女居多，不能适应基层社会管理的需要。

2. 社区制转型的历史脉络

1987 年，民政部首先倡导在城市开展以民政对象为服务主体的社区服务，社区的概念第一次进入了中国政府管理的进程之中。随着社区服务的普及和深入，社区服务对象也逐渐由民政对象扩展到全体社区居民，社区服务所涉及的项目也越来越广泛。于是，民政部从我国国情出发，借鉴国外先进经验，于 1991 年提出了社区建设的概念。

1991 年 5 月，时任民政部部长的崔乃夫明确指出，城市基层组织建设应该着重抓好社区建设。他提出开展社区建设基于如下考虑：社区服务已经不能容纳社区出现的新情况、新问题，需要在此基础上提炼出一个包容量更大、更全面的概念来促进社区服务和整个社区全方位的发展；社区的事情不能光靠政府来办，还要充分发挥社区居民的作用，两条腿走路；社区建设是健全、完善和发挥城市基层政权组织职能的具体措施；在企业转换经营机制和政府转变职能的前提下建立“小政府、大社会”的国家模式是我国政治体制改革的方向，社区建设就是建立这一模式的基础工程。

1996 年 3 月，江泽民总书记在参加第八届全国人民代表大会第四次会议上海团的讨论时指出：“要大力加强社区建设，充分发挥街道办事处和居委会的作用。”江泽民的发言对社区建设提出了新的更高的要求。在江总书记讲话精神的指导下，上海市委、市政府积极探索新形势下的城市管理体制，摸索出一条“两级政府、三级管理”的新体制。1999 年，民政部制定了《全国社区建设试验区工作实施方案》，提出要改革城市基层管理体制，培育和建立与社会主义市场经济体制相适应的社区建设管理体制和运行机制。

2000 年 11 月，中共中央办公厅、国务院办公厅联合下发了《中共中央办公厅、国务院办公厅关于转发〈民政部关于在全国推进社区建设的意见〉的通知》（中办发〔2000〕23 号），指出：大力推进社区建设，是新形势下坚持党的群众路线、做好群众工作和加强基层政权建设的重要内容，是面向新世纪我国城市现代化建设的重要途径。这个文件标志着我国社区建设的探索阶段宣告结束，社区建设的全国推广阶段开始。社区建设是被作为加强基层政权建设、改革城市基层管理体制的重要思路和重大举措提出来的。至此，社区建设的核心已不再是社区服务，而是管理体制创新，其要达到如此目标，无论在广度还是深度上都远远超过单纯的社区服务。社区建设包括社区服务，还包括“构建新的社区组织体系”、“建立与社会主义市场经济体制相适应的社区管理体制”和“建设管理有序、服务完善、环境优美、治安良好、生活便利、人际关系和谐的新型现代化社区”。

在党中央的指示下，各地迅速掀起了社区建设的热潮，社区建设在全国蓬勃开展，步入整体推进、全面拓展的新的发展阶段。2002 年，在中国共产党第十六次全国代表大会上，江泽民在报告中明确指出：健全基层自治组织和民主管理制度，完善公开办事，保证人民群众依法直接行使民主权利，管理基层公共事务和公益事业，对干部实行民主监督；完善城市居民自治，建立管理有序、文明祥和的新型社区。

在中国共产党第十六届中央委员会第四次全体会议上，新一届党中央明确提出了“构建和谐社会”的思想。2005 年 2 月 19 日，胡锦涛总书记在中央举办的省部级主要领导干部“提高构建社会主义和谐社会能力专题研讨班”上指出，“我们要建设的社会主义和谐社会，应该是民主法治、公平正义、诚信友爱、充满活力、安定有序、人与自然和谐相处的社会”。在全国和谐社会建设的热潮中，和谐社区建设自然成为应有之义，因为，社区是社会的基本单元，社区是社会和谐的基础。为此，民政部部长李学举号召要在全国大力推进和谐社区的建设，他特别指出：“我们所要建设的和谐社区，应该是民主自治、管理有序、服务完善、治安良好、环境优美、文明祥和的社区。”

3. 社区服务转型与社区建设

进入改革开放和现代化建设的新时期后，伴随着经济体制改革的深入，国有企事业单位开始告别“单位办社会”的模式。城市社会生活中的公共服务问题开始凸显，但是由政府包揽公共服务又是不可行的。为了适应建立社会主义市场经济新体制和“小政府、大社会”管理体制的要求，政府在城市启动了社区服务和社区建设。实践证明，社区服务和建设增强了城市社区的功能，承接了社会转型过程中企事业单位剥离出来和政府转移出来的许多社会职能，已成为重构我国基层社会管理和公共服务的一项基础工程。进入新世纪以来，随着建设社会主义新农村和建设“城乡社区”任务的相继提出，特别是在贯彻落实科学发展观、构建社会主义和谐社会的政策背景下，社区作为公共服务的平台日益受到党和政府以及社会各界的重视，也成为社会转型背景下我国社会“推进基本公共服务均等化”战略的基层平台。近年来，中央和地方政府增加了对农村的财政转移支付，加大了对农村公共物品的供给力度，公共服务开始向农村社区延伸。但是，我们又必须清醒地看到，在社会结构转型和市场化大潮的背景下，如何为城乡居民提供公共产品和服务，满足居民日益增长的公共需求，特别是为社区中弱势和边缘人群提供福利服务，让他（她）得以分享社会发展和进步的成果，这依然是一个需要破解的难题。

社区建设的指导思想是以邓小平理论和“三个代表”重要思想为指导，以中国共产党第十六次全国代表大会精神为指针，全面贯彻落实中办发 2000〔23〕号文件和全国民政会议、四平会议精神，坚持政府指导与社会参与相结合，建立与社会主义市场经济体制相适应的社区管理体制和运行机制；不断加强社区组织和队伍建设，扩充社区管理职能，承接由企事业单位、政府机关剥离出来的部分社会职能和服务职能，以社区服务为龙头，不断丰富社区建设的内容，完善社区功能，努力建设管理有序、服务完善、环境优美，治安良好、生活便利、人际关系和谐的新型现代化的、文明祥和的小康社区。

社区建设的主要目标是采取梯次推进的战略，由大中城市逐步向中小城市和城镇发展。中央号召要在全国近 700 个城市，800 多个市辖区，8 万多个社区居委会中，有计划、有步骤地推进社区建设，以适应城市现代化的要求。在组织建设上，要加强社区党的组织、居民自治组织和民间服务组织建设，建立起以地域性为特征、以认同感为纽带的新型社区，构建新的社区管理体制。

在社区内涵建设上，要发展社区卫生，繁荣社区文化，美化社区环境，加强社区治安，拓展社区服务，满足人民群众日益增长和不断提升的物质文化的服务需求。在外延建设上，要以转变政府职能、理顺社区关系为突破口，科学调整社区规模，合理配置和利用社区资源，完善社区功能。在发展目标上，要坚持把以人为本、服务居民作为社区建设的根本出发点和归宿，逐步扩大基层民主，实行居民自治，真正实现社区居民自我管理、自我教育、自我服务、自我监督，提高居民素质和整个社区的文明程度。

健全社区建设工作运行机制，要实现五个转变。第一，政府对社区管理，要确立有限责任的理念，实现由管制型管理到服务型管理的转变。第二，对社区人口管理，要由过去的以户口所在地管理为主转变为以居住地管理为主。第三，在社会事务的管理模式上，要由条条管理为主转变为块块管理为主。第四，在社区公共事务的管理手段上，要由行政化管理为主转变为社区居民依法自治、民主管理为主。第五，在城市社区资源的整合和利用上，要实现由单位所有为主转变为社区资源共享。从而逐步建立起以居住地为特征，以社区成员认同感和归属感为纽带，以社区居民的自我教育、自我管理、自我服务、自我约束为目的，有党的领导、政府指导、社会参与、群众自治管理的区域性小社会，形成共居一地、共同管理、共同繁荣、共建文明、共保平安的社会化自治管理的运行机制。

健全和完善社区建设工作的运行机制，要着力建设五大体系。一是组织体系。要全面深入地推进社区建设，必须建立一套科学合理的工作体制和运行机制，即党委、政府领导，民政部门牵头，有关部门配合，社区居委会主办，社会各方支持，群众广泛参与的机制。二是工作体系。在起步阶段，要建立不同类型的试验点，在试点基础上深入开展社区建设示范活动，在大中城市率先推进，带动中小城市和城镇的社区建设，最后建立一批全国性的社区建设示范城。三是法律制度体系。要建立和完善一套行之有效的社区建设法律、法规和相关工作制度。四是培训和表彰体系。培训是提高社区建设工作者队伍素质的重要手段，表彰是激励社区工作者开拓创新的重要途径。培训和表彰工作要实行分级管理、分级负责的办法，做到持之以恒，善于创新。五是理论研究体系。要充分动员各种研究力量，形成合力，使全社会都来关注社区建设。

二、基层管理体制创新

1. 社区制与街居制的比较

20 世纪 80 年代以前的城市社区管理体制，基本上都是计划经济体制下对城市基层社会的管理模式。这种管理模式的特点归纳如下：

（1）指导思想基本上是“以阶级斗争为纲”，街道办事处和居委会对于辖区内的居民，更多是从专政的角度思考问题，因此对居民的控制甚至监督多于对居民的服务。

（2）在国家政权体制中的地位是“单位制”管理的补充，在实际工作中大多是配合国家各职能单位设在街道的工商、市容、环卫、房管、粮管、税务、公安派出所等部门运作。

（3）作为“单位制”管理补充的街居制，其管理对象多为无工作的家庭妇女、老人和未成年人。

（4）由于管理工作的性质相对简单和管理对象比较单一，所以管理队伍的成员多是文化水平较低、年龄较大但是认真听话的实际工作人员，其中大部分是退休职工或者家庭妇女中的积极分子。

（5）管理队伍人员较少，职级地位较低，待遇也较低，不少居委会的工作人员近乎义务工作。

（6）无论街道办事处干部还是居委会的工作人员，基本上都是由上级组织任命，没有居民民主选举的干部。即使是被称为居民自治组织的居委会干部，也不是由居民自己选择的；即使有选举，也不是召开居民大会并且按照严格选举程序进行，多是采取个别征求居民意见的方式或者是“走形式”地开个会。

（7）总体而言，这种管理体制完全是一种国家对整个社会包括社区进行统治的模式。这种模式内，“党政不分”、“政企不分”、党和政府“包办一切”，且凌驾于一切社会组织之上，控制了全社会的所有资源，对所有社会事务和社会活动全面查收。非政府组织、志愿者组织或居民社会组织根本没有存在的可能。

从转型后的情况来看，目前的社区制存在以下几方面的特点：

（1）在社区管理组织即街道办事处和社区居委会的结构中，党委或工委仍然是领导核心。

（2）在社区管理组织与政府其他管理组织，即“条”上各政府职能机构派出的组织之间的关系中，以及与社区内其他社会组织（包括国家、事业和企业单位以及其他居民组织）的关系中，“块”起着居中协调的作用，辖区或社区内的所有政府职能部门机构、各所有制单位、各社会团体或者居民自治组织都必须接受街道办事处和社区居委会的领导。这与以前的“以条为主、块做配合”有了巨大的不同，形成了新的条块权力格局。

（3）社区内已经不是党和政府包办一切的局面。除了党组织和政府派出机构外，出现了越来越多的居民自治组织、志愿组织、社团组织、企业以及个人等。这些组织之间已经初步形成了一种社区合作共治机制。

（4）一些城市开始对街道办事处进行社区制改革的尝试。社区建设在 2000 年底正式开始时，主要是在居委会的辖区内进行，因为居委会是居民自治组织，而街道办事处是政府机构，所以不进行社区建设方面的改革。但是，2003 年开始，一些城市已经开始将改革的工作扩大到街道办事处的辖区，从中可以看出基层民主管理推进的趋势。

2. 基层社会管理创新的任务

虽然社区制比较街居制有了极大的变化，但也存在一些不足，主要表现在以下四个方面：

（1）社区治理主体的多元性仍然不够。政府组织及其派出机构作为社区治理唯一主体的现象仍然存在，并且垄断着社区绝大部分资源，而其他组织很难成为社区内的治理主体之一。社区居委会名义上是居民自治组织，实际上由于其身份、任职、薪水以及各种费用均由政府决定，因此，其必然是政府管理体制在社区延伸出来的“腿”，成为政府及其基层政权组织的“附属物”，甚至可称之为“准政府”。

（2）社区管理手段仍主要采取强制性的行政工作方式。社区居委会被看成是政府机构的延伸，地方政府基本上都将社区视为一级行政机构，认为两者之间是行政上的领导与被领导关系。社区自治组织——居委会自身也常常以政府组织的身份自居，自认为是政府职能的执行者。它们的工作中心是完成街道办事处布置的各种任务，为居民服务已成为较次一级的目标；居民是社区的主体或主人常常成为一种口号，实际上，居民并未真正被作为“主体”或“主人”看待。

（3）社区的社会组织缺乏。社会组织能够承担政府集权式管理向社区治理式管理过渡的职能，它有助于满足多元需求与利益，促使政府职能转换，加强社区自治机制建立。由于历史的原因，我国社会组织数量很少，种类不多，而且不少地方的政府对它们建立和进入社区存在疑虑。

（4）社区成员参与社区活动和行使民主权利的渠道和平台不多，社区居民的社区意识不强，参与社区治理的热情不高。

以上诸种不足的存在都与基层社会管理体制改革不到位有关。

基层社会管理创新是社会改革的重要内容，其目的是改变原来与计划经济体制相适应的旧社会管理体制。旧社会管理体制的最大特色是与“行政制”紧密结合的“单位制”——国家按照行政级别，把各种资源分配给作为自己延伸的不同单位，各单位又按照行政级别把资源和机会再分配给对自己有极强依赖性的本单位成员个人。改革开放以后，随着单位体制逐渐解体，原来“单位办社会”所负担的多元化职能逐步回归社区，而社区管理的对象也日益多样复杂化。一方面，改革开放以后单位体制外社会空间急剧膨胀，产生了大量的非单位人，如个体工商户、私营企业主、自由职业者等，随着城市更新改造的加快和人口流动性的大大增加，城市还增加了许多新市民和外来流动人口；另一方面，持续纵深的社会改革也使大量的单位人分离出来成为社区人。正是在这种背景下，社区建设的任务逐渐被提上国家发展日程。20 世纪 90 年代以来，虽然社区建设由点到面在逐渐推开，但行政主导性社区管理模式仍然占主导地位。最初，我国城市社区的建立主要依赖政府主导，政府通过权力机构下达行政命令，设置正式组织，界定社区边界，构建城市社区。城市社区的诞生充满了行政色彩，尽管探索的多种模式尽力将社区管理者塑造成社区服务者的形象，但都难以根除城市社区历史发展所带来的刻板印象（无论是社区管理者的自我认同，还是社区居民的理解）。过分浓厚的行政色彩，使社区工作人员的关注点都集中在上级的红头文件上，而不是社区的具体事务上。行政化的办事风格、刻板化的任务要求以及标准化的考核方式也在不断地削弱社区一线工作人员的积极性和工作热情。官僚主义作风难以从基层管理组织中根除。这种状况使社区无法有效承载城市管理重心下移和政府职能转变的历史使命。创新基层社会管理体制的任务随之摆在了城市管理者面前。

三、基层管理机制创新

改革开放 30 多年来，我国经济社会快速发展，使诸多社会矛盾和问题在相对较短的时间里集中表现出来，对基层社会和谐稳定产生了影响。一些是城市化、经济社会变迁中出现的社会问题，直接影响基层社会的稳定，如因违法征地拆迁、企业重组和破产、司法不公、劳动争议、医患纠纷、环境污染、股市房市投资受损、食品药品安全问题等引发的矛盾明显增多，并且呈现触点增多、燃点降低、涉及面广、关联性增强等态势，基层社会管理的风险和难度不断加大；一些是因人口结构变动及人口迁移出现的问题，对基层社会管理造成压力，如对 1.4 亿进城务工人员的管理与服务，接近 1.7 亿并继续快速膨胀的老年人口，及孤残流浪儿童和有不良行为青少年等问题的增多；另外，社会管理方式单一，效果不佳，存在“重管理轻服务”现象，思想教育、人文关怀、心理疏导、舆论引导等工作亟待加强的现状也影响到基层社会管理的成效。要解决上述问题，既需要发挥法治的刚性约束作用，强化对社会问题的综合治理，又需要在服务中实施管理、在管理中体现服务，通过强化社会服务来提升社会管理实效。

第二节 ▶ 无锡基层社会管理体制的创新

作为社会基础的社区如何承载城市管理重心下移和政府职能转变的历史使命？社区管理高效运转如何实现？和谐社区建设通过什么途径来实现？为解决上述难题，无锡市委、市政府决定通过推行社区扁平化管理，创新基层管理工作的体制。

一、社区扁平化管理的内涵与目的

“扁平化管理”来自企业管理，是企业为解决层级结构的组织形式在现代环境下面临的难题而实施的一种管理模式。在传统管理模式中，管理幅度是有限的，当组织规模扩大时，不得不增加管理层次，层次增加势必影响信息传递、工作效率，出现官僚化倾向。扁平化管理，是在世界性经济结构调整、科技进步、竞争加剧、分权管理成为趋势，要求企业增加灵活性和适应性的背景下提出的，其目的是通过缩短经营管理通道和路径，扩大经营管理的宽度和幅度，进而提高经营管理效率和市场竞争力。

在社区管理中，运用扁平化管理模式，旨在构筑社区管理新体制，突破社区管理条线的职能职责界限，整合资源，实现社区管理高效化；在社区管理幅度不断扩大的现实背景下不增加管理层次，实现社区管理的无边界和零层次；组建新机构，发挥社区各类组织参与社区管理的作用，实现社区治理目标；再造新流程，规范社区管理，实现社区管理的有序性；发挥信息技术的作用，全面提高社区管理水平。

二、扁平化管理与基层社会管理的体制创新

社区扁平化管理的推行，打破了基层社会管理条线分割的局面，带来了社会管理体制的创新。我国现行政府部门设置脱胎于计划经济体制下“条块分割”的行政管理体制，并且长期以来，条条管理一直受到强化，以至形成了部门分立、各个部门从中央到地方自成体系的条条格局，块上的整体观念受到忽视，部门中心主义被强化。当城市管理重心下移到社区后，随之而来的是社区行政事务的增多，文教体育、环境卫生、民政、人口计生、劳动保障、统计、残联等部门的很多工作都下放到社区，现在社区至少有24类88项工作，从各条线部门的工作要求来看，都要有专人负责和台账记录，使社区工作者不堪重负，难以承受，而且也不利于工作开展，更难以满足居民日益增多的综合性需求。扁平化管理的目的就是要拆除部门间设立的藩篱，打通各自为政的壁垒，联通互不往来的“信息孤岛”，整合所有延伸到社区的资源，降低行政成本，提高工作效率，

改变居民办事“非得找专人”的局面。

社区扁平化管理对基层社会管理体制创新的推动作用还表现在，通过推进社区事务工作站建设，使社区党组织、社区居委会、社区事务工作站及各类社区民间组织各司其职。权责重新调整是社区基层管理改革的重点。其中，政府角色的转变、职能的定位是核心，将政府部门和街道办事处下沉到社区的各项行政事务由社区工作事务站统揽，不仅有利于政府行政职能的实现，也有利于将原来由政府管理的社会化职能归位于社区自治和中介组织，将社会公益性服务归位于社区和社区工作者。

三、“一平台三机制”与基层社会管理机制的创新

“一平台三机制”是社区扁平化管理的工作机制，具体是指通过构建一个平台——社区事务工作站（农村社区综合服务中心），来承载基层社会管理职能；通过三大机制——“一人多岗、分片包干、信息共享”，来实现社区公共服务的便捷、高效。

1. “一平台”强化扁平化承载机制

“一个平台”即指城市社区事务工作站和农村社区服务中心（简称社工站）。社工站是承接政府部门和街道（镇）下沉到社区各项行政事务的工作平台，也是社区扁平化管理的实践主体，负责承担面向居民的行政事务管理和社会公共服务。在这个平台上整合了民政（老龄）残联、文教体育、环境卫生、综合治理、人口计生、劳动保障等七个岗位，而社区工作人员则做到相互补位、相互协调、相互兼容，让社区居民能够“进一扇门、找一个人、办所有事”，改变了原来社区居民去办理事情，都要找分管条线的工作人员，万一碰上工作人员外出，就得“下次再来”的状况。目前，无锡市社区事务工作站已建成 554 家，占社区总数的 97.9%；建成农村社区服务中心 613 家，占 90.9%，全市社区办公服务用房面积平均达 820 平方米，位居领先水平。

2. “三机制”促使扁平化管理高效运转

“三机制”是指：一人多岗，一专多能；分片包干，责任到人；资源整合，信息共享。

“一人多岗，一专多能”机制，通过错时工作制、节假日值班制、预约服务制、一门受理制、服务承诺制、首问责任制、及时办结制等制度来规范，该机制的实施既扩大了社区管理幅度，提高了行政效能，也改变了原来条线分割的局面，完善了基层服务网络。

“分片包干，责任到人”，是按 300 户划分一个包干片区，由一个社区事务工作站人员包干负责，包干人员不仅在站内全面履行职责，同时做到每月入户走访居民不少于 30 户，弱势群体重点走访、每月必访，还通过居民联系卡、包干公示牌、居民联系箱、

民生热线电话、QQ群等手段，实现“民有所呼，我有所应”，真正做到了社区管理无边界和零层次，同时将站内服务与站外服务、被动服务与主动服务相衔接，满足了居民多元需求。这是社区服务新流程的再造过程。

“资源整合，信息共享”机制，就是通过“社区行政事务工作平台”连通人口综合防治管理、民政综合业务、劳动和社会保障、残疾人信息管理、人口和计划生育、志愿者活动六大业务系统网络，实现统一登录、全面兼容、立体掌握；建立“社区数据库”，实现社区层面各业务系统数据的交换与共享。它既是实现各条线、各部门业务信息交换、共享，达到管理幅度扩大的基础，也是社区与居民信息交流共享，达到社区智能化的手段。

四、保障措施与社区扁平化管理的深入推进

社区扁平化管理工作的推进，经历了一个战略谋划、试点先行、全面推开、形成体系、全面覆盖、初见成效的过程，它的推进与实施离不开以下保障措施：

1. 战略谋划，政策落实。近年来，无锡市委、市政府高度重视社会建设工作，在推进经济增长方式转轨的同时，坚持把社会建设工作摆在同等重要的位置统一部署，通过社区扁平化管理创新基层社会管理体制，实现社区、社会和谐。市委、市政府先后出台了《关于推进扁平化管理工作意见》《关于着力解决社区扁平化管理推进工作中若干问题的意见》《关于进一步完善社区经费保障办法和实施达标考核奖励实施意见》等六个政策文件，从战略谋划，政策制定上解决了社区扁平化管理工作推进中遇到的人、财、物等问题。正是由于市委、市政府的高度重视、具体批示、明确意见才使无锡市的基层社会管理体制改革得以顺利推进，城市及城乡社区基本实现扁平化、全覆盖的目标分别被纳入了各级党委、政府班子2010年和2011年的考核内容。

2. 党委领导，社区协同。做好社区扁平化管理工作必须理顺社区党组织、社区居委会、社区事务工作站之间的关系，它们是社区建设的“三驾马车”，其中社区党组织是领导核心。必须加强基层党的建设，以党的基层组织建设带动其他各类基层组织建设，充分发挥基层党组织推动发展、服务群众、凝聚人心、促进和谐的作用；社区居委会负责居民自治，要集中民意，反映诉求；社区事务工作站专司事务，落实行政工作，提供为民服务。上述三者是“一个核心、三位一体”的关系。处于核心地位的党组织要把各种分散的力量整合起来，形成由社区居委会、社区事务工作站、物业公司、业主委员会多方携手共同管理、协调社区事务的共建模式。

3. 有效保障，激发活力。做好社区扁平化管理的具体保障措施是：第一，加强组织领导，形成社区工作的强大合力。只有将社区工作纳入党政“一把手”工程，构建党

委领导、政府负责、部门协同、社会参与的推进体制和机制，才能实现社区协同推进、集约管理。第二，实行工作准入制度，确保社区工作责、权、利一致。按照全面准入、依法准入的原则，在对 24 类 88 项社区工作优化到位后，要明确规定其他进入社区的行政事务均实行审批进入、规范管理。政府部门不得擅自将相应工作交由社区承担。对审批后进入社区的事务，相关主管部门应切实履行工作职责、权利和经费保障同步下放的原则，做到责、权、利相统一。第三，打造工作队伍，提高社区工作人员的综合素质。为使社区工作者政治上有出路、待遇上有保障，无锡市委、市政府将社区干部纳入全市干部培养使用体系，在招录政府公务员、事业单位工作人员上优先考虑；大幅度提高社区工作者待遇，按照不低于上年度全市在岗职工平均工资水平核定工资标准，并缴纳“五险一金”；实施“一村一社区一名大学生”工程，向全社会招聘了 1 135 名高校毕业生到村（社区）任职，基本实现了城乡社区大学生全覆盖。第四，保障经费，确保社区工作顺利开展。将社区工作经费纳入各级财政的保障范围，工作经费根据所辖人口，由最初的几百元提高到目前的 8 万（2 000 户以下规模社区）、10 万（2 000 户以上规模社区）、12 万元（3 000 户以上规模社区），经费标准明确到位，为社区工作顺利进行奠定了物质基础。第五，硬件达标，提升社区服务硬实力。按照“一街一楼”不少于 5 000 平方米、“一居一房”不少于 500 平方米的标准和要求，城市社区办公服务用房面积平均已由最初的几十平方米，发展到现在的 820 平方米；农村社区办公服务用房面积平均达到了 1 260 平方米。同时还建成了一大批各具特色的城乡社区睦邻中心。社区硬件建设水平领先于全省乃至于全国。“无锡市社区行政事务信息平台”还实现了市、区、街道（镇）、社区（村）四级联网，这些无疑为提升社区服务水平打下了坚实的基础。

第三节 ▶ 社会工作与基层社会管理体制创新

一、社工在基层社会管理创新中的作用

随着社会主义市场经济体制的进一步确立和社会转型的进一步加快，“单位人”向“社会人”的转变也在不断加速。传统的由政府和单位承担的社会服务职能将逐步转由社会来承担，人民群众各种需求和意向将在其生活的基本组织单位——社区中得到进一步表达。社会工作的知识、技能、方法在社区工作中得以运用和施展。因此，社区实际上成为城市社会工作的基本载体，承担着社会管理和协调功能、

社区互助和服务功能、社区教育和培训功能、社区文化的社会化功能，以及社会控制、社会参与、社会福利等多种功能。

中国社区工作的基本特点是在政府领导和倡导下，以政府部门和不同层次的社区组织为主体和依托，以自助互助的群众性参与为基础，设置各类文化福利设施，开展各项服务活动，以促进地区社会状况的改善和发展。社区组织是社区社会工作的主体，社区社会工作是在政府的指导下，以街道、居委会等基层组织为依托而展开。通过建立和完善社区社会工作管理体制，整合社区人力、物力、财力资源，开展社区社会工作。

在社会管理和服务中，社工有着独特的优势。首先，社工依托政府支持，通过广泛宣传倡导、动员发动、资源优化整合，调动社会力量参与社会建设和管理，可以大大降低社会服务管理成本，提高社会服务管理效率。因为社工能更有效地运用社会政策，调动社会资源，发动居民参与，协调社区关系，创新社会管理理论和机制，推动形成政府调控机制与社会协调机制互联、政府管理力量与社会调节力量互动的社会管理格局。其次，社会工作有利于加强政府调控与社会补充互联、互动机制建设，协调政府与社会资源有效服务社会，形成社会服务管理网络。因为，在社会管理和公共服务部门引入社会工作，更能体现出人性化服务的专业优势，凸显政府的服务职能；在社区建设中引入社会工作，更能强化对居民的引导、组织、服务功能，增强社区的凝聚力和吸引力，促进基层和谐；在社会服务组织中引入社会工作，有利于提升社会组织的服务能力，为社会成员提供更高水平的公益服务；社工还可以协同志愿者为公众服务，有效激发和调动广大人民群众参与和谐社会建设的积极性、主动性、创造性。再次，要大力推进社区建设，不断完善政府行政管理和社区自治管理的体制、机制，着力培育发展社会组织，就要发挥社工系统化、多样化、个性化服务手段的作用和社工的专业能力，及时化解社会矛盾，解决社会问题。因为，社会工作崇尚“助人”，奉行利他主义，追求社会公正，尊重和接纳服务对象个人尊严，主张服务对象知情同意和自决，讲求诚信，强调社工对服务对象、同事、机构、专业、社会等的责任，着力开展困难救助、矛盾调处、人文关怀、心理疏导、行为矫正、关系调适等工作，有利于及时为群众排忧解难，把社会问题化解在基层。

因此，建设社会工作人才队伍，是创新社会管理机制、体制的重要切入点，加强解决社会矛盾的方法创新。社会工作人才队伍是预防和解决社会问题、维护社会稳定的重要力量。社工分布在基层一线，贴近基层，面对群众，能够深刻体察社会心态和各种矛盾。他们能够及时为人民群众提供协调资源、法律援助、心理疏导等专业化的社会服务，从而成为解决社会问题、化解社会矛盾、促进社会和谐、维护社会稳定的一支专业力量。

要建立健全以政府调控和社会协调为主的互联机制，形成政府行政管理功能和社会自治功能互补、政府管理力量和社会调节力量互动的社会管理网络。不断优化改善民生、推进适度普惠的社会服务，优先发展适应人民群众基本生活需求的公益服务，加大政府购买公益性社会服务的机制建设，不断促进社会工作发展，为社会工作人才队伍建设提供保障。

二、社会工作服务是基层政府社会管理变革的重要内容

党的“十七大”报告指出，中国基层社会管理体制的目标，是“要健全党委领导、政府负责、社会协同、公众参与的社会管理格局，健全基层社会管理体系”。由此可见，基层社区建设的实质也应围绕政府组织、党的组织、经济组织、社区中介组织、社区自治组织等之间的权利关系的协调来寻找制度创新的突破口。当前，在我们的社会建设中，社会基层管理重心向社区转移已是一种发展趋势，社区建设的目标就是要为社区中的每个居民提供最具有“个体适当性”的自治机会和发展空间，其工作重点是推进公共产品的均衡化和推进基层民主自治。也就是说，社区不仅应成为公民利用公共空间参与社会发展进程和分享社会发展成果的最有效的途径和渠道，是一个公民居住的场所，也是公民参与政治实践和发育公民意识的场所。

由于社区是社会最基层的“细胞”，因此它需要面对日益多元化和异质性的民众需求，当政府的行政管理和处置无法达成有效满足，政府必须要转变职能，从行政管理型政府转向公共服务型政府时，社会工作专业服务将成为沟通政府、基层民众和社会组织之间的“桥梁”，将直接体现社会福利体系的基本要求，它不仅能构建基础性的社会秩序，而且能够增加社区社会资本，为基层社区重建社会信任。

崇安区的基层政府在社会治理过程中，把专业社会工作服务提供作为塑造政府和社区双向互动的基层社会管理新体制的现实途径，形成了政府管理不断优化和社区自治培育不断提升的“双赢”格局。

在现代社会中众多社会问题是无法单一依靠经济发展来解决的，反之，社会问题的尖锐化，必将为成为经济发展的制约性因素。因此要从深层次来解决社会问题，必然要依靠社会管理体制的改革和创新，即社会建设的推进，特别是加大整个社会的“福利投资”，这不仅有利于实现由简单体力劳动者向综合能力高的劳动者的转变，给经济发展带来“新动力”，而且有利于实现由传统的“群众性”社会向现代公民社会的转型，给社会发展带来稳定的基础。

社会转型，社区居民也从“单位人”转向了“社会人”，面对着在公共服务领域内的“市

场失灵”和“政府失灵”，社区作为最基层的社会性组织参与公共事务治理具有天然的合理性。社区是城市社会建设和管理的基础环节，也是各种社会矛盾的交汇点和聚集点。从公共管理角度看，它是城市管理的“神经末梢”；从政府权力的角度看，它是国家行政权力在城市延续的最底层，是城市公共权力的起点与发展基础；从公民社会的发育看，社区是公民精神培育和公民组织的发源地。因此崇安区在经济转型发展的过程中更加注重社会发展的“转型升级”。

专业社会工作介入社区公共服务的优势在于：

一是专业性有助于提升社区公共服务的效果。社会工作秉承以人为本、助人自助的理念，运用一系列专业的方法面向社区弱势人群和边缘人群开展直接的服务，并通过预防和解决社区矛盾及问题促进社区的发展。在社区，社会工作者往往集微观、中观和宏观服务于一体，寓社区公共事务管理于公共服务之中。可以说，在社区这一社会生活共同体的层面上，社会工作更有发挥优势的空间。

二是非营利性与社区公共服务的性质相吻合。在社会工作发展较为成熟的西方社会和我国的港台地区，社会工作者从业的机构有的为专门的社会工作机构，有的为其他非营利服务机构，但都是公益性的非营利组织。在我国，非营利组织已成为发展社会公共服务的新载体。社会工作的利他主义性质与社区公共服务的性质是一致的，这也是专业社会工作介入社区社会工作的优势所在。

三是准市场机制与社会机制的结合。专业社会工作介入社区公共服务的准市场机制，是指政府等社区公共服务供应者与专业社会工作机构之间的关系是社区服务购买者与生产者的关系，并且是缔结服务契约的平等主体；专业社会工作机构以其专业资质开展社区公共服务项目的竞标，而政府等供应者可在多个社会工作机构、非营利组织甚至企业之间做出选择。同时，社会工作机构也要借鉴市场组织的经验进行绩效管理和项目评估。但是，专业社会工作为社区提供公共服务又有别于市场运作的社会机制，如以人为本、助人自助的服务理念，以及善用社区资源、推动居民参与、营建居民自助—互助网络等工作方法。此外，由于社会工作自身专业化助人的特点，专业社会工作介入社区公共服务大体也要经历接案、预估、计划、介入、评估、结案的工作过程，这也有别于提供私人产品的市场服务。

三、服务项目是促进社区社会工作发展的有效策略

崇安区启动的“七彩工程”社会工作服务项目与社区工作的结合，不仅为艾滋病感染者、贫困无助和流浪乞讨者、外来流动人员、闲散青少年、社区矫治和刑释解教人员、

精神残障者、婚姻危机人群和孤寡独居老人等特殊群体提供专业服务，也通过居民自助—互助营造了社区居民共同参与社区事务的氛围，提升了不同群体的社区参与意识，提高了他们的参与能力，并以参与治理路径重构且活化城市社区共同体，进而推动了现代城市社区的发展。

1. 社区凝聚力的营造——社区共同体

在传统的单位制社会中，社区在整个城市管理系统中从属于所依附的单位，其作用长期被忽视，社区的原有含义被淡忘。其实，社区一词源自拉丁语，意为“共同的东西”和“亲密的伙伴关系”。社区具有区别于社会的亲密的人际关系。[①]“社区首先建立在血缘基础上，然后是邻里和朋友关系，总之要有亲密感和无可置疑的连带关系。”[②]如何使中国的社区成为具有地域性纽带的社会组织单位，或者说，建成具有地域性的利益共同体？首先应该考虑的是营造社区的凝聚力，在陌生人的世界里迅速扩大社区凝聚力，它需要社会基层组织在社区中实验、提炼，从中发现现代国家凝聚力的另一种营造逻辑，即为了思想意识形态领域中共同情感的联系和价值的认同，去追求那些“社区”的共同体特征。

2. 社区共同体的再造

正当我们想去关注社区共同体的这一社区特征时，却发现它随着城市化快速发展的演变，正在逐渐崩溃和消失。在高速的经济发展与急速的都市化过程中，因体制改革、城市建设等原因，原有的以单位为基础的地域群居群体正在逐渐消失，而能包容居民多样化利益和价值观的多元型功能性组织还未正式形成，正是这个青黄不接的时期，形成了地域社会的空洞化。因此人们需要有一个作为现实生活基础的、有共同感情支撑的共同体的再造。

在这个再造过程中，需要社区工作者在政府的支持下，组织居民，参与行动，通过研究社区的共同需求、协调社区的各种力量、充分利用社区的内外资源，采取互助、自治的办法，以达到解决社区共同问题、增强社区凝聚力、增加社区公共福利的目标。

3. 社区共同体的活化

“活化”，其实是一个化学名词，它的原意是使分子、原子的化学性质变得更为活泼、能量更大；活化即是激活。社区共同体的活化，意味着新市民在社区的融入、弱势群体互助网络的构建及关怀社区的形成，这些又积极推动了社区原共同体的被激活。社区共同体对社会发展需求而言，它不仅仅只是停留在上面阶段的再构建，它更应该是全面发

① 王颖：《城市社会学》，上海三联书店 2005 年版，第 146–147 页。
② 伯恩斯多夫、吉诺斯普主编：《国家社会学辞典》（上卷），王蓉芬等译，中国人民大学出版社 1987 年版，第 651–652 页。

展、可持续发展的过程。社区—社会组织—社工三者形成了合力，这种合力会增强社区不同群体的命运感和归属感。在项目的带领下社区居民的交往增多、信任感加强，从而能达到良好的社区融合。

城市社区共同体的营造、再造、活化，意味着社会治理的微观化、基层化、生活化、日常化和细节化，使社会治理融入社区生活、楼门建设、邻里关系等。其结果必然是，公民社会的成长，政府进一步放权，还政于民，政府和社会借助社区这个公民社会组织的桥梁，形成更为有效的合作伙伴关系，政府从行政管理走向依靠公民社会组织、全社会通力合作的民主治理。

第八章 崇安社会工作体系建设的优势比较

第一节 ▶ 崇安社会工作的嵌入式发展

社会工作是一项具有高度文化敏感性的职业，它为当时、当地民众提供服务，必然受到当时、当地社会文化、制度以及民众思想观念、行为方式等因素的影响。因此，中国社会工作制度建设，并不是西方国家社会工作特征在中国的简单复制，而是一个由中国社会众多力量交互作用的社会建构过程。

一、转型与非专业社会服务发展及其面临的挑战

中国社会工作的发展离不开正在经历的社会转型和体制改革。我国的社会转型至少内含了四个方面的内容：一是由农业社会向工业社会的转型，二是由计划经济向市场经济的转型，三是由传统社会向现代社会的转型，四是与这三个要素相伴的由工业社会向后工业社会或信息社会的转型。这四重要素统合在一起，使得中国社会转型呈现出极为复杂的情形，并使得中国社会的发展同时具有现代和后现代的特征。社会转型改变着社会的经济结构和社会结构，创造着巨大的生产力，推动着社会进步，但同时也引发了众多的社会问题。体制转轨带来了社会运行机制、社会利益分配以及社会问题解决方式的变化。

在计划经济体制下，政府完全可以用政治和行政手段去处理相关的社会问题，社会结构表现出“总体性社会”的特征，在那种情况下也用不着我们当今意义上的社会工作，无须谈及社会工作职业化问题，因为所有经济和政治资源都掌握在政府手中，那时的“社会工作”被政治化了。

这种被政治化了的“社会工作”，或曰本土社会工作，类似于思想工作、群众工作、民众服务工作的集合体。而从事这些工作的人员我们可称其为实际社会工作者。

思想政治工作和群众工作一直是中国共产党发动群众、组织群众、战胜敌人的重要手段。这种从 20 世纪 20 年代中国共产党建立自己的武装力量而逐渐形成和完善的工作方法，至今已经形成复杂的工作体系，包括价值体系、教育体系、实施体系、评价体系。概略地说，它是从政治的角度，通过思想教育来启发工作对象觉悟，进而使其采取与党组织所倡导、要求相一致的行动的活动。

群众工作与思想政治工作有许多相似之处，但也有不同。群众工作有两个基本的面向：一是教育和动员群众，使之参加由党和政府发动的大规模的活动。在我国历史上，这种活动包括参加战争、支前活动、阶级斗争、大规模的经济建设和政治运动。这些活动是党和政府基于革命和建设的基本目标而确定，同时需要广大群众参与才能完成的。

在目标和价值观陈述上，它们则与人民群众的“根本利益”有关。二是具体帮助群众解决困难的工作。比如在困难时期组织群众生产自救，发动和带领群众发展生产，以及帮助群众解决生活困难或解除他们思想困惑的活动。总之，后者是一些直接帮助群众解决其现实困难的工作。

公共服务是由政府提供的面向公众的服务活动，这是政府表现自己公共职能、非营利的服务活动。政府的基本职能是公共服务和社会管理，具体表现在保障国家安全和维护社会秩序、促进经济发展和就业、发展教育和公共卫生、保障困难群体生活等诸多方面。政府提供公共服务、进行社会管理的目的，是为向公民提供尽可能好的获取物质财富的条件，保障公民的政治权利和其他合法权益，并在居民基本生活遇到困难时给予援助。政府的管理和服务涉及经济、政治和狭义社会等领域，其内容是相当多元的，因而在管理和服务的关系上也形成了一个序谱：政府的工作主要是管理型的，有一些兼有管理与服务功能，而另一些则是公共服务。实际上，政府的活动是以管理为主还是以服务为主，不仅在于工作内容，而且在于工作理念和方法。关键是政府（具体的部门和工作人员）怎样看待和处理自己与群众的关系，认为是官民关系还是主仆关系。

上述许多具体的社会服务是由政府部门、企事业单位、工青妇等人民团体完成的。

从结构上分析，本土社会工作是由政府的公共服务、社会福利服务、某些思想工作和群众工作组成的。政府的社会福利服务是本土社会工作的主体，这是为社会上困难群体提供的、制度化或非制度化的物质性帮助。比如，对城乡“五保”人员及困难家庭的救助和支持，对灾民的救助和服务，对妇女、儿童、老人、残疾人士的服务等。还有政府部门通过其组织体系或单位内部的相关福利部门，向符合政策的群体提供相应的服务。虽然这些服务并不专业，但是它们却实实在在地解决了服务对象的部分生活困难。上述这些我们可称其为直接服务型社会工作。这里所说的某些思想工作和群众工作，是指那些直接促进工作对象的思想、观念的转变，帮助、协助他们组织起来，正视困难，帮助他们走出困境的工作。比如帮助思想观念“有问题”的人正确认识困难、鼓励他们战胜困难，可以看作本土社会工作的实践。在贫困地区，某些政府干部与当地居民同吃、同住、同劳动，一起分析问题，将人们组织起来改变恶劣生存状况的活动，也是本土社会工作实践。这些可称为动员教育型社会工作。这样，本土社会工作可以分为直接服务型社会工作和动员教育型社会工作。它们都是由政府和作为其代理人的各种单位主动开展的、对民众有物质或思想帮助、有利于其生活和发展的活动。在多年的实践中，提供服务者也摸索出了一些经验，形成了在一定情境下比较有效的方法，取得了一些效果。虽然这些活动也常常带有或多或少的政治内容，但它们不同于狭义的社会管理，不应看成是社会控制。实际上，这是一些为民服务的活动。

本土社会工作发挥功能的条件是与政治环境、将我国社会组织化的单位制度、普遍的低生活水平、残补式的社会福利制度以及人们对社会主义制度的认知联系在一起的。比较封闭的社会生活环境、政府对社会资源的垄断、强有力的自上而下的组织体系、普遍的政治动员等，这些都使这种社会工作或社会福利服务得以实施，并产生了一定的社会服务效果和政治认同效果。

然而，改革开放以来，上述支持本土社会工作发挥作用的条件已经发生了重大变化。30 多年的市场化改革已经使原来的单位组织功能弱化甚至某些单位归于解体，思想政治工作无论在组织体系还是在功能上都明显弱化，在开放的环境中人们可以在单位组织之外获得生活资源，社会福利制度在改革过程中的弱化或缺位也使人们对政府的福利功能抱有怀疑，社会的非政治化和世俗化思潮更使人们越来越看重实际利益。在这种情况下，原来的本土社会工作面临着许多问题。或者说，市场化改革和社会转型已经形成了对思想工作（群众工作）和与此有密切关系的实际社会工作的挑战。

面对变化了的经济和政治环境，面对更加强调社会权利和尊严的人群，面对人们不断提高的社会需要，为了更有效地实施社会服务、促进人民福祉，进而维护社会秩序，已在实践中的本土社会工作应该进一步借鉴现代（专业）社会工作的经验发展自己。这就为现代社会工作的嵌入式发展带来了机遇，其过程首先应是专业社会工作的嵌入过程。专业社会工作是在工业化、城市化及市场经济背景下发展起来的社会服务方法，它以通过专业教育和实践形成的助人价值观为指导，以训练有素的艺术化的工作方法为手段，从人与环境相互关系的视角出发，注重发挥服务对象的内在优势，从助人和发展两个角度介入，以达致服务困难群体、维护社会秩序的双重目标，对解决当今社会转型中的社会问题具有重要的价值。崇安区的经验表明，发展专业社会工作有利于更好地服务于有需要的人群，有利于从更深层次上解决问题（而不是救火式的头痛医头、脚痛医脚），有利于我国的社会进步。

二、专业社会工作的嵌入及专业社会工作者的渗透

由于我国本土社会工作体制已经根深蒂固，也显现出较强的“路径依赖”特征，所以在短时间内完善社会工作的制度安排会有很大的困难，同时社会也需要一定的适应过程。因此，崇安区社会工作体系建设是专业社会工作嵌入既定体制内，专业社会工作人才渗透于实际社会工作岗位与职务的一个渐进过程，其嵌入与渗透主要依赖以下路径：

1. 提升实际社会工作者对专业社会工作的价值认同。在当前社会建设“大政府、

小社会”的格局下，行政系统相对完备，而社会组织尚没有充分发育。当前专业社会工作依靠原有政府部门、企事业单位、工青妇等人民团体及社区建设系统开展工作不失为一种良性的路径依赖，也就是说，首先要依靠原有的体系。由于实际社会工作者是在“政社不分”、“重管理、轻服务”理念下开展社会工作的，在运用原有体系开展现代社会工作时，提高实际社会工作者对专业社会工作的价值认同显得尤为重要。实际从事社会工作的人员必须实现一定程度的价值转换，在职培训、社会工作职业水平测试、社会工作服务项目推进等都是提高专业认同度的有效途径。由此实际社会工作者将逐渐形成对“尊重、平等、接纳、助人自助”等理念的认同，同时掌握个案、小组、社区等专业社会工作方法，并能简单运用。

2. 培养专业社会工作人才渗透于本土社会工作岗位。实际从事社会工作的人员通过培训提升可以将社会工作理念、方法、技巧运用于实际工作之中。他们是从“非专业性”向“专业性”转变的，这是专业渗透同时又是人员渗透的过程。另外一个渗透的过程就是专业社会工作者的进入，高校培养的社会工作专业学生充实到社会工作服务机构或社会福利行政管理机构成为业务骨干。作为专业社会工作者，他们可以通过专业示范引领社会工作。这两种渗透力量和方式共同展示了崇安区社会工作的发展特色。

3. 分步骤全面介入社区建设的领域。20 世纪 90 年代以来，党和国家都将推进社区建设作为全面建设小康社会、建设社会主义和谐社会的重大举措，列入了党中央的重要决定和国家的发展规划。无锡市、崇安区把推进社区建设作为工作的重要内容也摆上了议事日程，以“社区扁平化”管理为切入点的基层社会管理体制创新为社会工作的发展提供了广阔的舞台。但是，社区建设的内容包罗万象，实际社会工作者从事的工作与社会工作专业大多不相关。这样，必然会使社会工作的专业性大打折扣。因此社会工作应分步走地介入社区建设的领域。首先，社区服务是专业社会工作介入社区建设的主要领域。社区内的社工可以运用专业的方法，根据群体的实际需要提供相应的服务，以推动居民参与，培养其对社区的归属感，还可以通过服务项目的推进，发展居民互助网络，建立相互关怀的社区。其次，“社区救济”和“社区矫正”等是专业社会工作介入社区建设的重要领域，社工在“社区保障”工作中可以担当“个案管理者”的角色，负责对特殊群体的评估、服务等工作，随着社区事务工作站及岗位制度的进一步规范，社会工作将全面介入社区建设。

4. 借助强大的政府力量介入，寻求基层管理制度创新。社会工作介入社区建设不仅提高了社区服务水平，同时可以推动基层管理制度创新。根据我国社区建设的特殊情况以及实际社会工作介入呈现出的“路径依赖”特征，在我国社区建设体制中，政府力量扮演着举足轻重的角色。因此，专业社会工作介入社区建设最终还需要强大的政府力量介入，以建立符合中国经济社会发展要求的完善的专业社会工作制度。

一是从制度上确立“政社分开”的社区建设体制，促进专业社会工作机构发展。解决“以政代社”、“政社不分”的社区建设体制旧弊，从制度上明确基层政府、社会服务组织各自在社区建设中的职能与权限。政府的主要职责是做好行政管理职能范围内的事务，制定社区建设中社会服务性工作的发展规划及有关政策，调动必要的资源，推动社会服务类项目的建设，指导、监管和考核各社会服务组织的工作等。具体的社会服务由各类社会服务组织承担，建立政府购买社会组织提供服务的模式。具体做法：首先，在区一级政府设立公共财政，在现有的财政预算项目中增设购买社会服务的科目，并通过项目化的运作来购买社会服务。其次，在大力推动专业社会工作机构发展的同时，建立健全相应的行业管理制度，对其进行规范化的行业管理。最后，建立社会服务实施的监管与评估机制。通过购买服务的运作机制和项目化的运作方式，对专业社会工作机构的工作进行监管，对其提供的服务进行评估。

二是建立并完善社会工作职业体系与专业技术制度。很长一段时期内，由于我国的一些社会服务事业（尤其是社区服务）未能引入社会工作制度，加之服务的项目和内容大都限于经验型的工作或简单的劳务活动，因而始终难以吸引高素质的专门人才加盟，社会服务人员特别是社区服务人员的社会声望一直徘徊在极低的水平，这种状况至今尚没有根本改观。推动专业社会工作介入社区建设需要有完善的社会工作职业体系作为保障，具体包括：要完善社会工作职业的法制环境，从法律上保障社会工作职业的合法地位；进一步配套政策，比如：设置社会工作岗位、专业门槛和准入资格考试制度，社工注册制度，职业晋升制度，职业等级制度，以及相关专业技术制度，包括社工的专业要求、社会工作伦理体系、社工及其辅助人员体系、社工的培训制度、社工社会资源的配置制度等。

第二节▶ 崇安、上海、深圳社会工作模式比较

一般而言，模式是一种理论简化，是对现实事件的内在机制和事件之间关系的直观、简洁的描述，表明事物结构或过程的主要成分及其相互关系。社会工作制度模式是对社会工作制度特征的概括性描述，它向人们概括地描述社会工作制度的结构、运作和文化背景，以及它们之间的相互关系。社会工作模式在不同国家或地区、不同历史时

期、不同领域等有着不同的表现形式，中国社会工作模式意指，在中国特定文化环境中，社会工作制度在结构、运作方面的具体情形、本质特征及发展演变。

一、上海社会工作的发展及其特色

中国社会工作职业化与专业化实践首先源于上海，1997 年上海浦东新区社会发展局首次招聘了 5 名社会工作专业毕业生。1998 年他们开始尝试在浦东新区的教育、卫生、民政系统内设置社会工作岗位，并先后在 1 家医院、2 所学校、2 个社区成立了 5 个社会工作站。2003 年 4 月，浦东新区印发了国内首个推进社会工作职业化的地方政府规范，对设立社会工作机构和岗位做出了明确规定。在浦东试点成功的基础上，在上海市范围内推行社会工作者资格认证制度，以规范社会工作行业的发展。2003 年 11 月，国内首次社会工作者职业资格考试在上海举行，5 586 名考生报名参加考试，考试分为社会工作师和社会工作师助理两个等级，其中社会工作师考试合格者 281 人，社会工作师助理考试合格 1 145 人。这不仅标志着上海市大力推进的社会工作职业化工作进入实质性启动阶段，同时也为经过职业资格认证的成规模的社工队伍在上海的诞生奠定了扎实的基础。随后，上海相继出台了《上海市社会工作者职业资格认证暂行办法》《上海市社会工作师（助理）注册管理试行办法》《上海市注册社会工作者继续教育暂行办法》《注册社会工作者守则》和《关于在本市民政系统及相关机构配置注册社会工作者的意见》等文件，建立了职业社会工作者资格认证、注册管理、从业规范和继续教育等一系列制度，并建立职业薪酬标准、专家评估等制度，对推进上海市社会工作职业化、专业化的制度保障体系做了进一步探索。

2005 年 6 月，在中共上海市常委会通过的《中共上海市委关于本市构建社会主义和谐社会工作的意见》中指出，要“大力发展和完善社会工作机制，建立相应的激励扶持政策，推进社会工作者和志愿者参与社会公益、管理和社会求助活动。”

上海社会工作职业化推进中形成了以下一些特色。

1. 政府购买服务

政府购买服务就是政府将社会福利服务通过订立合同的方式委托民间营利与非营利机构，由它们来提供社会福利服务。作为合同的签约方，政府和民间组织各司其职，各负其责，共同推动社会良性运行和协调发展。目前，上海市的禁毒、社区矫正、青少年事务的管理工作，由政府分别向政法系统的 3 家社团（上海自强社会服务总社、上海新航社区服务总站、上海阳光社区青少年事务中心）购买了社会工作服务。《政府服务合同》用法律的形式规定了社会工作服务的对象、内容和要求，并规定了服务的费用、考核和奖励办法。

2. 民间组织经营

自强社会服务总社主要负责预防滥用药物的宣传、教育，在社区内滥用药物人员的矫治、情况调研及其他相关业务。新航社区服务总站主要负责对社区服刑人员和刑释解教人员提供帮助和服务。阳光社区青少年事务中心负责承担政府指定的社区青少年教育管理和服务工作。上述三家社团均为民办非营利性机构，设有董事会、监事会，董事会由社会工作专业的专家学者、社区工作者和知名企业家等组成。三家社团根据各自业务主管单位，即上海市禁毒办公室、上海市社区矫正办公室和上海市社区青少年事务办公室所设定的总体工作目标和具体要求自主运作。社团组织在各区（县）分别建立工作站，对本区域内所属社会工作者进行业务指导、绩效考核和日常管理。工作站向社区派出社会工作小组，在社区内开展工作，街镇为社会工作小组提供必要的资源和协助，并对其工作进行监督和评估。

3. 行业自律与管理

在行业自律方面，2003 年重组了上海市社会工作协会，发挥行业协会管理、监督、服务的功能。上海市社会工作协会受政府有关部门的委托，承担办理社会工作者注册事宜，并为广大注册社会工作者提供各种专业化的服务。在行政管理上，上海市民政局增设职业社会工作处，负责对全市社会工作者及社会工作机构的行政管理。具体职责包括：指导上海市职业社会工作机构建立，健全各项管理制度；负责指导职业社会工作机构的工作，代表政府委托职业社会工作机构开展各项服务；负责拟定上海市职业社会工作者队伍建设的规划、政策、管理办法并组织实施；负责拟定上海市社会工作者职业资格考试标准、职业资格制度建设，指导、协调和监督社会工作者职业资格认证考试等。

4. 注册社会工作者服务

目前上海市政法系统的三个社团已公开向社会招聘司法社会工作者 1 300 多人，组建了 3 支社会工作者队伍，在上海市 19 个区县的 260 余个街道设有分站。这三个社团均要求其下辖的社会工作者参加职业资格考试，持证上岗。禁毒社会工作者、社区矫正社会工作者、青少年事务社会工作者以及社区社会工作者要遵循助人自助的价值理念，运用个案、小组、社区、行政等专业方法，预防和解决社会问题，减少社会犯罪，实现个人与社会的和谐关系，提升社会福利与社会保障的水平，维护社会的稳定与进步。

二、深圳社会工作的发展及其特色

2006 年 12 月，民政部在深圳召开“全国民政系统社会工作人才队伍建设推进会”。2007 年 3 月 21 日，深圳市南山区政府颁发《南山区社区社会工作专业人才队伍建设实施意见》，同年 6 月 14 日，深圳市盐田区政府颁发《关于印发盐田区社会工作者队伍建设施行方案的通知》，同年 7 月 11 日，深圳市盐田区印发《中共深圳盐田区委盐田区人民政府关于加强民间组织培育与监督管理工作的意见》，同年 8 月 20 日，深圳市政府常务会议原则通过《关于加强人才队伍建设推进社会工作发展的意见》及七个配套文件（简称“1+7”文件），同年 9 月 30 日，深圳市委常委会审议通过“1+7”文件。从此，深圳市的社会工作从自发、零星探索转为有组织、有计划地推进。对于深圳市社会工作模式的特色，有些学者将其总结为：“政府购买、民间运作、加强督导”。

1. 政府购买

政府购买社会服务起源于西方，已有八九十年的历史，但在我国尚属初始。在计划经济时期，我国政府依靠行政手段和力量，向人们分配各种资源和提供各种帮助，形成了一种“强政府、弱社会”的模式，很少有政府购买服务的做法。政府购买服务，将带来政府在公共服务领域的角色变化，一是不直接生产公共产品，会从大量具体的公共服务领域退出；二是通过购买服务和资助服务等方式加大投入，成为公共产品的购买者、服务标准的制定者和服务品质的监督者。

深圳市购买服务的费用包括社会工作者工资薪酬以及社会工作机构培训、管理和运行成本，市区两级财政通过调整财政支出结构，逐步加大对社会工作服务的财政资金投入，加大对社会工作服务的购买力度，特别是区财政成为承担这部分经费的主体。购买社会工作服务的方式有两种：购买服务岗位和购买服务机构，前者是根据服务需求或用人单位的性质、数量，确定社会工作岗位数量，确定一个价格标准后，向社会组织购买；后者则根据服务对象的情况、服务内容、服务要求等进行综合预算，以招标的方式向社会工作机构采购服务。深圳市从购买服务岗位开始，逐步探索推进购买服务项目。2008 年 1 月 9 日，第一次全市集中采购社会工作服务，市、区两级政府部门共向 9 家社会工作机构购买了 329 个社会工作者岗位服务。2009 年，深圳市将社会工作岗位增至近 800 个，支出总额增加到 7 000 多万元。至 2009 年底，全市社会工作岗位总数已增至 820 余名，服务领域延伸到家庭社区、心理健康、企业等新的领域。

深圳市开发的岗位主要包括：有关党政机关、人民团体、事业单位编制和社区工作站人员额度内的社会工作岗位约 1 300 多个，主要采取提升、转换现有人员的方式予以配备。社区、社会福利与社会救助机构、学校、医院的社会工作岗位约 4 000 个左右，主要由社会公益性民间组织派驻，政府向社会公益性民间组织购买。

在岗位设置方面，深圳市主要通过两种方式：一是按机构设置，对服务对象比较集中的机构统一设置社会工作岗位，如“一学校一社工”、“一医院一社工”、“一社区一社工”等；二是按服务对象设置，对分散的特定人群按比例设置社会工作岗位，如吸毒人员 70 ∶ 1，社会矫正人员 70 ∶ 1，问题青少年 70 ∶ 1，婚姻家庭 5 000 ∶ 1，劳务工 10 000 ∶ 1，低保对象 200 ∶ 1，老年人 500 ∶ 1，普通残疾 200 ∶ 1，重度残疾 50 ∶ 1 等。

2. 民间运作

公益性民间组织是社会工作的重要承担者。社会工作机构不仅成为政府与社会工作者之间的中介，而且是为社会工作者提供经验交流、专业技术提升的平台，也是培育社会工作者成长的摇篮。培育符合条件的社会工作机构是建立社会工作制度的关键。深圳市提出，凡是市场和社会组织可以提供高效、优质服务的领域，政府不再设立新的事业单位，政府主要通过向社会购买服务的方式履行公共责任和义务。政府将加强引导、扶持、管理和监督，强化标准化建设、资质审查、跟踪指导和绩效评估。政府在公共服务领域腾出的空间越大，社会组织的舞台就越宽广。提供公共服务是政府义不容辞的责任，政府不生产某些公共产品之后应增加财政投入，扶持社会组织发展。为此深圳市明确提出了购买服务、政府资助和政府奖励等扶持方式，鼓励社会组织提供公共服务，促进社会组织发展。政府的财政扶持力度越大，社会组织发挥作用的能力就会越强。2007 年 7 月，深圳市首家非营利社会工作服务机构成立后，经过一年多的发展，就增加到 30 多家，各个机构根据自身特点，针对不同的群体如老年人、青少年、残疾人、军休、优抚、低保、妇儿等需求，提供机构专业社会工作服务；同时随着经验的积累和社会工作的推进，各个机构还着力开发社会工作项目，如民间机构养老服务、孤残寄养儿童社会工作服务、家庭防暴服务等。政府鼓励社会工作机构之间公平竞争，在 2009 年 5 月进行的深圳市社会工作岗位统一采购中，有 7 家社会工作机构竞标没有成功，有 3 家机构在竞标中失去了原有的岗位。有效的竞争机制使深圳市社会工作服务机构总体上保持了积极进取的精神，颇具活力。到 2009 年底，深圳市民间社会工作机构发展到 38 家。

3. 加强督导

督导是社会工作专业训练的一种方法，其目的在于使被督导者能够学习专业社会工作者的行为、角色，将社会工作的理论知识、价值和技巧内化，并学习按照专业社会工作者的职责有效率地完成工作，这是保障社会工作服务质量和工作水准的重要手段。深圳市社会工作者队伍处于初创阶段，急需高素质的督导，以提高深圳市社会工作的专业水平。为此，在试点阶段由政府出资，向香港基督教服务处和香港社会服务发展研究中心聘请了 31 名督导，并从深圳市优秀社工中选拔了 35 名督导助理，协助香港督导工作。在试点前期，督导主要内容包括提供社会工作实务建议、传授专业技巧和知识、为社工提供精神支持等，试点后期，督导也参与了社会工作机构和岗位的设置、评估等工作。经过两年多的实践，在香港督导的精心指导下，本土见习督导已经诞生，虽然为数不多，但这对深圳市社工成长的重要性显而易见，社工队伍的专业化水平得以逐步提升。

三、崇安、上海、深圳三种模式的共同点

从崇安、上海、深圳及全国各地社会工作的发展状况可以看出，中国社会工作模式的发展趋势是，借鉴社会工作发展的国际通则，紧密结合中国实际，推动社会工作的专业化、职业化和本土化进程，逐步由单一政府主体走向包括民间组织在内的多元主体，逐步扩大社会工作的覆盖对象，逐步形成以“政府购买服务”为主要形式的运作机制，逐步形成一套科学的工作程序和实务方法，逐步走向专业理念与中国特定文化价值体系的契合。

在中国社会工作模式转型过程中，存在着本土社会工作与专业社会工作并存的局面，两种社会工作实施途径并存和两种社会工作职业制度并存。首先，在计划经济体制下的实际社会工作人员，由于政治体制和社会政策的惯性使然，仍然挂靠在民政和福利性事业单位体制下。而专业社会工作者一方面被吸收到前一种社会工作体制中，另一方面则转入各类民间服务组织中，从事着具体的一线社会工作。其次，在计划经济体制下的实际社会工作者，仍然通过民政、工青妇老等福利性事业单位和各类人民团体等途径，运用传统的行政性社会工作方式对社会成员开展福利服务工作，而专业社工则依靠民间服务组织网络，深入社区和街道等基层单位，直接面对社区居民，运用科学合理的程序和方法开展社会工作，以满足人们个性化的福利服务需求。其三，在计划经济体制下从事社会工作的人员，在编制、薪酬、晋升和岗位设置等方面，都向公务员和事业单位人员看齐，因而不存在制度方面的问题。然而，在转型过程中这两类人员正在寻找着结合点，实质上，本土社会工作曾经发挥并正在发挥着不可忽视的功用，专业社会工作在不断的发展中必将走向本土化，两者的结合点在于构建中国社会工作模式的本土特色，即处理好中国经验与国际通则之间的张力。具体而言，一方面，我们要挖掘在计划经济体制下中国社会工作的实践经验，并及时加以总结。实际社会工作发端于中国特定的环境，其积累的经验应该更适合中国国情。另一方面，国际社会工作发展的一般通则，是已被社会工作专业发达的国家和地区验证过、值得我们借鉴的，我们必须注意吸收。因此，改

革传统并以本土社会工作为基础，将专业社会工作的一般性知识，嵌入中国特定文化背景中，构建一个既超越传统又有别于西方的全新的中国社会工作模式，其最终方向应该是中国经验与外国通则相结合，这是发展中国社会工作的唯一道路。

四、“渗透式”、“新生式”和“嵌入式”的推进策略

解决好转型期中国社会工作的过渡性问题，必须旗帜鲜明地推进社会工作专业化和职业化。要改变新老社会工作“两张皮”的现象，将实际社会工作者专业化与专业社工的职业化看成是相互联系、不可分割的一个问题的两个方面。崇安区、上海市、深圳市的发展经验表明可以尝试“嵌入式”、“渗透式”和“新生式”三种具体的推进策略，“嵌入式”被称为“专业转化论”，主要是指转化存量岗位资源，通过设置岗位将社会工作嵌入现有社会管理与社会服务体系中。“渗透式”被称为“在职培训论”，主要是指拓宽人才开发渠道，使社会工作人才逐步渗透到实际社会工作的岗位和职务中去。“新生式”则被称为“专业替代论”，是指培育社会服务机构，建设新型社会服务组织使其成为专业社会工作者的平台。“新生式”具体而言，必须改革社会管理体制，实现“小政府、大社会”的政府职能转变；建立健全专业人才的使用、激励、评价和培养等制度；同时可以尝试采取在岗培训与进修、以专业学术力量进行定期讲座等形式提升实际社会工作人员的专业素养；积极鼓励引导民间服务的发展，使其成为专业社会工作者的学术和实务平台。

由于地域之间、城乡之间在发展程度上存在着不平衡，各地可以采取不同的发展策略，上海市和深圳市地处我国经济社会改革的前沿，相对于国内其他地方，具有丰富的社会工作发展资源。无论是中国社会工作职业化与专业化实践的发源地上海，还是中国改革的前沿、濒临香港的深圳，都获得了香港有关专业社会工作教育、培训、督导方面的大力支持，也获得了社会工作专业机构建设方面的大力支持，因而其发展策略不仅具有中国社会工作发展一般具有的“嵌入式”的特色，还兼具“新生式”的特点。

崇安区社会工作的发展模式更能代表国内社会工作发展的普遍特性，即以“渗透式”和“嵌入式”为主要特点，它符合目前我国发展社会工作的现实背景，也符合发展社会工作的社会经济基础。一方面，本土社会工作不可能一下子就退出历史舞台，社会体制改革不可能一蹴而就，本土社会工作已经形成的庞大的工作者队伍通过转型可以成为社会工作的重要力量；另一方面，由于我国在计划经济体制下的社会工作“行政化”色彩过于浓厚，政府包揽社会服务的政策惯性还在起作用，因而民间服务组织的发展一直充满曲折，所以，社会工作发展呈现本土与专业社会工作相互依赖、相互作用、相互

建构的状态。可通过对单位内部职工进行教育式培训或者引进、配置社会工作专业人才等途径来实现社会工作自身的发展，在不改变单位现有政策与制度框架的条件下逐步实现相关服务的专业化，这样的发展应该更具有稳定性、可持续性的特点。在内部转换的同时，也可逐步通过购买外部服务解决本单位专业人员不足与专业性不强等问题，以规范和引导本单位社会工作专业服务的发展。内部资源与外部资源两者相结合，可兼具内部转换与外部购买的长处，具有现实性和可操作性。我国幅员辽阔，历史悠久，地域差别和城乡差别较大，任何地区发展社会工作都应立足当地经济基础、嵌入当地政治制度、扎根当地社会生活、吸收当地文化传统，只有这样专业化和职业化的社会工作才能落地生根，具有长久生命力。

“渗透式”和“嵌入式”的发展，大大强化了社会福利制度的发送体系，因为快速的社会转型给社会工作带来的影响和冲击之一，就是政府决策和行政能力的趋于弱化。计划经济时期，国家和政府对包括福利领域在内的一切社会领域采取统包、统揽的方式，目的是可以集中力量办大事、办成事，随着经济体制的转轨，社会结构出现新的分层，价值观念也呈现多元化趋势，企业和劳动者纷纷走向市场，政府已无法像以往那样包揽整个社会事务，行政决策和行政能力出现弱化。社会工作则以其强大的社会服务和保障功能，成为整个社会保障体系、保障制度的一个重要组成部分。崇安区正在发展的社会救助、就业保障、青少年服务、妇女儿童服务、老年人服务、残疾人服务、社区矫正服务、戒毒服务、综合治理、外来人口服务等十大领域社会工作及“七彩工程”服务项目，在为社会各方提供服务的同时，显示了其社会保障功能和社会福利制度强大的发送功能。

“渗透式”和“嵌入式”的发展，也大大强化了政府解决社会问题的能力。伴随着我国社会结构的转型，引发了众多的社会问题，呈现出社会问题丛生的局面。比如失业、养老、贫困人群等问题集中地表现出来，加剧了社会矛盾，并有可能产生严重后果。市场经济体制的确立使得越来越多的社会成员进入市场、参与竞争，然而他们也将不可避免地面临较高风险，而不像在计划经济体制下人们的安全度那么高；同时，社会转型使社会越来越走向“个人化”或“原子化”，导致了社会支持网络弱化，个人规避和抵御风险的能力降低，特别是那些弱势群体更是处境堪忧。社会工作为社会提供的服务，对解决社会问题、化解社会矛盾、调整社会关系、促进社会发展、构建和谐社会等，都具有重要的作用。经济建设需要有利的社会条件，社会工作在家庭、学校、社区、医务、司法、综治等方面，都为人们参与经济建设创造了十分有利的条件，解除了人们的后顾之忧，还有利于形成服务他人、社会互助、民主和谐，促进社会文明发展与进步的良好氛围。

“渗透式”和“嵌入式”的过程，是与我国经济体制改革、政治体制改革和新社会管理体制、社会福利制度的形成同步的，是我国体制改革、社会转型发展的组成部分。“嵌入”并不是专业社会工作填入原有的计划经济体制缺乏的某个空白，即原有的计划经济体制缺乏解决某类问题的制度和机制，引入社会工作是要填补此空白。实际上在没有发展社会工作之前，我国也存在着行政的、非专业的社会工作，即本土社会工作。只是由于原来的社会福利服务体系已不能完全发挥作用，才需要“嵌入”专业社会工作，才需要在原有的社会工作岗位“渗透”专业社会工作者。这正是在行政性社会工作已不能完全适应、专业社会工作依托的组织体系又未建立起来的情况下，两种社会工作同时并存的复杂的互动关系。专业社会工作从“嵌入”到新社会工作模式的形成应该是一个适应性发展的过程。同时，行政性社会工作在满足经济体制、政治体制改革的过程中也将发生重大变化，进行适应性调整。

第九章 中西方社会工作构建过程的比较分析

第一节 ▶ 西方社会工作的构建过程

一、西方社会工作模式

在西方国家，经过逾百年的发展，社会工作已经形成了比较成熟的模式。目前西方的社会工作模式一般具有以下特点：

1. 完备的社会福利体系。社会福利制度是社会工作的主要依托，两者密不可分。因此，一般都把社会福利体系视为社会工作体系的组成部分。经过上百年的发展，世界发达国家和地区的社会福利体系已逐渐趋于完善。一是社会福利的享有面向全民化发展。社会保险制度逐步把保险范围由工资收入者的职工保险扩大到非工资收入者。对收入很低或者没有收入而无法参加保险的贫困者、失业者、伤残者等，通过设立社会救济和其他社会福利补贴项目来保障其最低生活水平。二是社会福利项目更加广泛。除退休保险、失业保险、医疗保险、工伤保险外，还纷纷设立了各种救济，如住房补贴、孕妇补贴、儿童营养补助和单亲补助、老年人医疗照顾计划等。三是社会福利支出大幅增长。如美国 1982 年的社会福利开支占国民生产总值的 1/5,西欧的英、法、德、意、比等 6 国政府的社会福利支出在 1978 年就占到国民生产总值的 23%。

2. 政府的主导与推动。政府主导与推动具体表现在：一是建立社会福利和社会服务行政管理机关，制定和修改社会福利政策、发展计划，颁布实行各项社会工作的法规、条例、规章和考核指标。二是提供资金、设施等方面的支持。如德国社会组织的经费 70% 来自政府。瑞士非营利组织经费支出的 90% 来源于政府的财政支持。三是大力推行政府行政事务外包，优先推动社会组织发展。政府主动把大量由政府承担的职能和事务交给相关社会组织管理，赋予社会组织以社会服务优先权。

3. 发达的社会组织。发达的社会组织表现为：一是数量庞大，例如，瑞士全国 700 万人口中，有各类协会 10 万余个，基金会近 500 个。在德国 8 000 多万人口中，有各类慈善组织（不包括宗教团体）达 40 万个。二是社会组织的分布领域广泛，不仅广泛存在于社会服务、医疗卫生、文化教育等传统公共服务领域，新世纪后还日趋活跃于环境保护、急难救助、社区重建、社会融合等新兴领域。三是社会组织创造的产值规模庞大。2000 年，德国社会组织（ 不包括宗教团体）的经济规模就达到 944 亿美元，占该国 GDP 的 3.9%。2003 年英国非营利组织创造的产值占该国 GDP 的 9.2%。

4. 完善的社会工作专业教育。社会工作发展水平较高的国家和地区，基本上都形成了学士、硕士（以专业硕士为主）、博士三个梯次的人才培养体系，以及针对社会工作者的专业培训及考核机制。如美国的社会工作者都必须经过由美国社会工作教育委员会批准的社会工作本科和硕士项目的专门教育。至 2000 年，全美共批准了 421 个本科、139 个硕士和 71 个博士项目，大约每年有 74 000 名全日制和半工半读的学生进入这些学校学习。

5. 庞大的专业工作队伍和广泛的社会参与。在西方发达国家，社会工作有着非常广泛的工作领域。和其他职业不同，社会工作是呈现很多面孔的一个独特的职业。它的从业者可以在学校、医院、政府部门、司法机关工作，也可以在精神健康中心、福利机构、企业、社区、非营利组织等工作，社会工作者的队伍十分庞大，如美国，2000 年全国约有 46.8 万名社会工作者，其中有三分之一的人在州、郡或地方政府的机构中工作，大都供职于健康和社会服务领域，其中，儿童、家庭和学校的社工有 28.1 万，医疗和公共健康社工有 10.4 万，精神健康和物质滥用领域的社工有 8.3 万。

除了专业社会工作者队伍以外，还有规模庞大的志愿者参与社会服务，形成了政府、社团及居民、群众合作的新发展模式。

二、模式的构建和延续

社会工作经过近 100 年的发展，现在已成为一门相对成熟的专业，并在全世界范围内得到了广泛的认同与支持，从社会工作的发展趋势来看，呈现如下一些特征：

一是社会工作的理论和实务体系日趋完善，而且相互之间的紧密程度日趋加深。社会工作无论在理论建构还是在实务操作层面上，都越来越注重不同知识体系间的融合与吸收，社会工作获得了更为广阔的发展空间和实践舞台。

二是社会工作的服务领域前所未有地予以拓展。从社会工作的起源及其发展历史来看，社会工作兴起的重要使命就是为了应对工业化所带来的各种社会问题，因此，其服务对象长期以来都是以困难群体（个体）或边缘群体（个体）为主，采取的手段和方法也多半是问题诊断式或疾病治疗式的。随着社会经济的飞速发展，世界各国人民的生活水平和生活质量较以前有了很大的提高，人们对各种高层次发展型的需求也前所未有地快速增长。社会工作在为各种困难和边缘群体做好服务的同时，也势必更拓宽了服务对象和实践环节。

三是社会工作的专业模式更趋向于综合性。社会工作在英美等国家产生发展的初期，从业者为了提升服务质量，同时也为了提高社会工作的职业地位，模仿医学、法律等专业的服务模式，走的是精英专业的发展道路。由此发展出个案社会工作模式、小组社会工作模式和社区社会工作模式。20 世纪六七十年代，社会工作的专业性受到了质疑和挑战，此后社会工作者放弃了精英专业的模式，改取“通才实用模式”，企图融合不同服务领域的专长，发展一套符合不同社会情况的社会工作实践理论，即综合工作方法模式，见表 9–1。

表 9–1　西方社会工作模式

社会工作方法	主要模式
个案社会工作模式	人本中心模式；问题解决模式；危机干预模式；行为治疗模式；家庭治疗模式；游戏治疗模式；叙事治疗模式；精神分析模式等
小组社会工作模式	任务中心模式；成长小组模式；社会目标模式；交互分析模式等
社区社会工作模式	社区发展模式；社会策划模式；社会行动模式等
综合工作方法模式	一般系统模式；生态系统模式；存在主义模式；女性主义模式；整合发展模式；文化多元主义模式等

四是社会工作者越来越重视宏观环节和社会结构层面上的问题。以往的社会工作对微观个体层面上的问题的重视程度远远超过宏观社会层面上的问题。因为在许多社会工作者看来，个体的力量毕竟是有限的，而作为社会工作者个人能够做到的就是尽自己最大的能力去解决案主的具体问题。但随着社会结构性影响的加大，当代社会工作者的角色开始发生变化了：一方面他们不仅局限于治疗性的临床工作，还更加注意理解形成问题的环境因素，并且积极支持和促进人类与环境的互动；另一方面促进社会与经济正义的目标已发展成为社会工作者的一个新的历史使命。社会工作者在某种程度上越来越重视宏观环境和社会结构、制度层面上的问题了。

从以上社会工作发展变化的路径，我们可以看出，社会工作与社会政治经济之间存在着密切和微妙的关系，其理论、方法、制度形式、工作重点、实施途径等并非一成不变，而是因应着社会、经济、文化、制度、社会价值观、服务主体认知水平、服务对象需求等方面的发展变化，呈现出不同国家、地区，以及不同时期、阶段的巨大差异。因此，我们可以把社会工作的本质，看成是社会构建的结果，而且这一构建是一个不断延续的过程。

第二节 ▶ 中国社会工作的构建模式

一、传统的社会工作模式

在计划经济体制下，政府是社会工作的唯一主体，政府通过企业（单位、集体）、民政系统，以及人民团体、福利性事业单位等三大部门履行社会服务职责，这三大部门通过一系列服务过程，将社会福利和服务资源输送到各类社会成员（对象）那里（详见图 9–1）。其一，国有、集体企业和机关 / 事业单位。国家通过制度安排为全体城镇国有、集体企业的劳动者和机关 / 事业单位工作人员提供养老、医疗、住房、教育和救助等基本保障及服务，这一途径是我国计划经济时期政府包揽社会福利和服务的主要方面；其二，如工会、共青团、妇联等人民团体、福利事业单位。这类单位和团体是准政府部门，在计划经济时期具有行政性和半行政性特点，也承担着重要的社会工作职能，为所涉及的群体提供一定的福利服务；其三，民政系统。长期以来，实际承担社会工作最多、最典型的政府部门都可被划归民政系统一类。社会工作的这三条途径的服务对象几乎涵盖了当时所有城镇人口和部分农村人口。

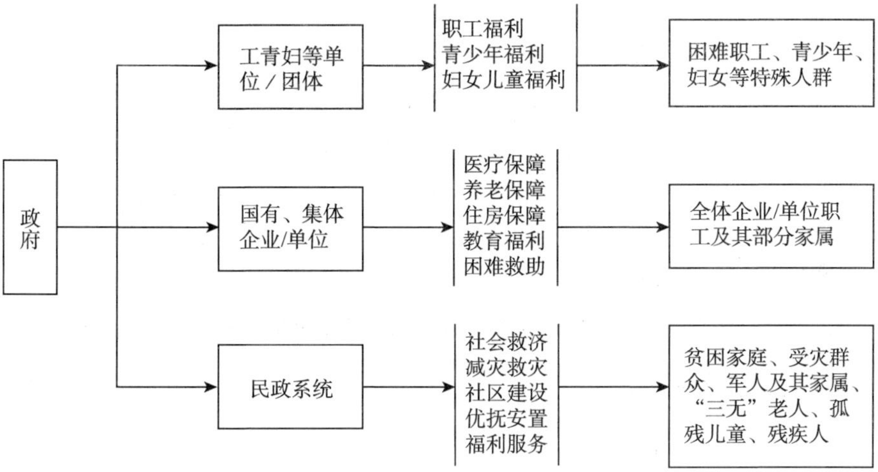

图 9–1　在计划经济体制下中国社会工作模式

从社会工作涉及的对象或覆盖的人群来看，在计划经济体制下我国社会工作大致呈现出一种“差序格局”（详见图 9–2）状况。当时，我国社会工作的对象，在社会福利和服务的享有上存在较大差别，而这种差别呈现出同心圆，或者说波浪形结构，暂且以费孝通先生的“差序格局”命名之。这个结构分为五个层次，其中，居于核心地位的人群是政府行政人员及参与公共管理事业单位工作的人员，而以此为圆心向外扩展，依次包括国有企业职工和一般事业单位工作人员及其家属、集体企业职工及其家属、城镇其他类型就业者和非就业居民，以及广大农民。同时，在计划经济体制下我国社会工作运作和实施的标准是按照社会成员的职业身份来划分的。由于当时人们的各种福利和服务待遇的享有主要由所在单位来完成，所以根据人们所属单位性质的不同，即人们职业身份的不同，其所获取福利资源和社会服务的机会以及获取量也会有较大的差异。这其中，城乡人口由于户籍限制，政府供给的福利资源和公共服务有着巨大的差别。

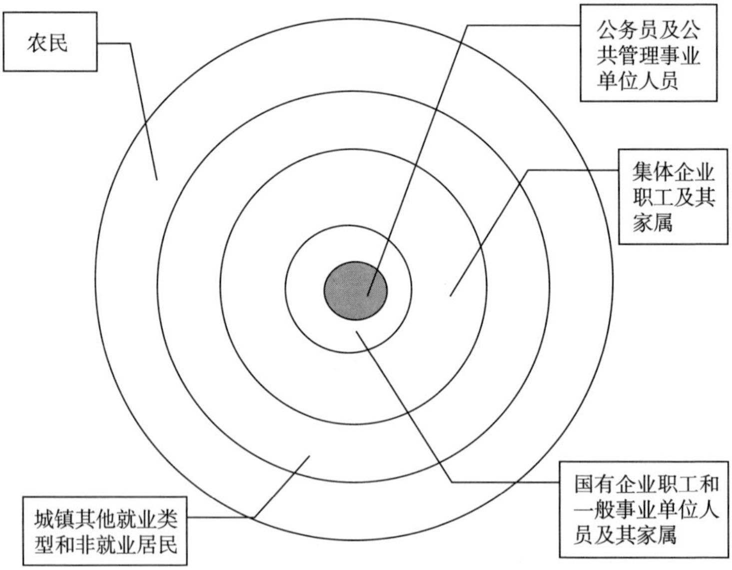

图 9–2　在计划经济体制下中国社会工作模式的“差序格局”

二、社会工作模式转型

中国传统的社会工作模式和起源于西方的现代社会工作模式存在着巨大的差异。改革开放以来，由于社会发展需要，西方社会工作模式开始被引进国内，本土社会工作模式与专业社会工作模式出现了并存、摩擦、交流、融合（本土化）的过程，中国社会工作模式正在发生深刻的转型。

崇安区、上海市、深圳市等地探索创建的政府委托—购买服务的机制，也是在中国社会工作模式转型过程中运作机制上的有益尝试和创新之举（如图 9–3）。在新模式下，政府为公众提供的福利服务是通过委托—购买的方式来实现的：政府将服务职责通过财政付费购买方式分派给民间组织和专业团体，通过这些组织向社会成员提供服务，在这些组织实施服务的过程中和完成后，政府组织相关专家对其进行监督和评估，判断其是否准确、及时、有效地完成了任务，“政府购买服务的核心是实行投入招标、作业竞争、利益互动”。评估的结果一般要作为民间组织是否具有承办社会服务项目资质的依据，并根据考核的结果来决定第二年是否继续购买以及购买的额度。

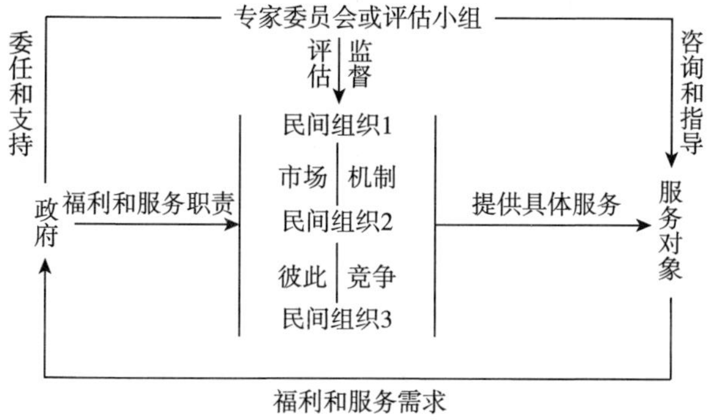

图 9-3　政府购买服务机制

社会工作的本质是社会构建的结果，这一构建是一个不断延续的过程。至于如何构建，佩恩 (Payne) 提出了一套以三个社会工作要素组成的框架，来探求这三个要素互动过程中构建出来的社会工作特质。这三个要素为：社会工作者、案主和他们会面之情境。继而，他又提出了影响这三个要素的三股力量，并以此来研究社会工作的社会构建过程。这三股力量为：创造和控制社会工作成为职业之力量，从主动及被动中寻求工作协助的人群中建立与案主关系之力量，以及创造社会工作实务运作之社会脉络的力量。

把社会构建的理论运用到处于初期发展阶段的中国社会工作的实践之中，我们可以发现：参与这一社会工作制度构建的三个方面力量都存在，而且它们都在发挥着影响制度建设的作用，即多元服务对象需要社会工作专业服务，社会工作者专业服务水平不断提升推动社会工作发展，作为发展服务和社会管理的重要举措推向前台的社会工作制度建设，这三种力量共同构建着新兴的本土社会工作，它既不是西方国家社会工作特征在中国的简单复制，也不是原来计划经济体制下本土社会工作的简单延续。但无论如何，构建本土社会工作的社会实践将蓬勃发展。

三、社会工作发展前瞻

随着以改善民生为重点的社会建设快速推进，作为社会建设有机组成部分的社会工作将被作是构建和谐社会的重要内容，用以应对各种风险、提高应急能力的有效手段，成为巩固党的执政基础、提高党的执政能力、保持和发展党的先进性的重要举措，进一步赋予其新的内涵，提出新的要求，促使其更快发展。

1. 社会工作的地位和作用将日益彰显

为推动科学发展、促进社会和谐，党中央提出了要着重加强社会建设的战略任务和形成“四位一体”的整体布局，经济和社会协调发展是基本思路，在社会建设中，社会工作的战略地位将进一步得到肯定和提升。因为社会建设的重点是改善民生，要解决人民群众最关心、最直接、最现实的利益问题，而民生的重点是发展教育、扩大就业、公平分配、增加收入、健全社会保障体系、建立基本医疗卫生制度、完善社会管理等。社会工作与这些方面息息相关，特别同社会保障相辅相成、密不可分。所以，推进社会工作，大力发展社会事业，使经济发展成果更多地体现在改善民生上，将有助于解决经济社会发展下协调的问题。

推进社会工作还有助于促进社会和谐。因为社会工作作为现代化的一项重要的制度安排，在落实社会政策、提供社会服务、化解社会矛盾、解决社会问题、维护社会稳定、促进社会公正、促进社会和谐、推动社会进步等方面都有其独特的、不可或缺的作用。而且，社会工作把实现社会公正作为核心价值理念，注重社会资源的合理分配与社会利益的协调，并通过专业服务实现社会公正，运用专业方法协调社会关系、解决社会问题，这些都有助于和谐社会的实现。

另外，推进社会工作有助于提升社会应对风险的能力。社工队伍参与四川省汶川大地震的救灾和灾后重建工作充分说明，社工可以利用自己的专业优势，整合自下而上的政府需要，兼顾物质层面和精神层面的不同需求，在重构居民社会关系、重塑居民生活信心、发掘社区自救能力、协助政府开展工作等方面，可大大提升全社会应对各种风险的能力。

最后，推进社会工作有助于巩固党的执政基础。在党的思想政治工作和群众工作中，引入社会工作理念和方法，工作会更有成效，这对于提高党领导社会主义和谐社会建设的“四个本领”，即管理社会事务的本领、协调利益关系的本领、处理人民内部矛盾的本领、维护社会稳定的本领，巩固党的执政基础，是十分有益的。

2. 社会工作制度建设将逐步完善

社会工作本质上是一种制度安排。社会工作制度是由社会工作的法律制度、组织制度、职业制度、专业制度等不同层面组成的制度系统，它是社会工作发展的基础，今后制度的完善将成为工作重点。

法律制度完善将为社会工作的发展提供制度保障。首先，我们需要研究和制定《社会工作师条例》，切实将党的社会工作人才政策转化为法律规范，上升为国家意志。其次，在提出和参与制定社会建设和管理方面的法律、法规和规章的过程中，要特别注意对社会工作和社会工作专业人才的要求，把通过加强社会建设来培养社会工作之人才，与通过培养社会工作之人才来进一步推动社会事业发展结合起来。

组织制度是指社会工作的组织形式，包括政府层面的公共财政体制和社会工作服务组织建设。在领导体制和工作格局上，我国将形成党委组织部门牵头抓总，民政部门具体负责，人力资源和社会保障、教育、发展和改革、公安、司法、财政、卫生、人口计生、信访、扶贫、机构编制等部门以及工会、共青团、妇联、残联等组织密切配合，社会力量广泛参与的工作格局。

职业制度包括职业认定、岗位设置、职责确定、职业定位、职业评价、职业声望、工作激励等，社会工作职业制度将走向体系化和规范化，即形成普通高等教育与高等职业教育共同发展、不同学历层次教育协调配套、专业培训和知识普及有机结合的社会工作人才培养体系；建立以社会工作岗位开发设置为重点、社会工作人才资源合理流动和有效配置为目标的社会工作人才使用体系；建立以社会工作者职业水平评价、专业技术职务聘任、注册管理等制度为主要内容的社会工作人才激励保障体系。

专业制度由准入制度、资格考试制度、注册制度、社会工作者评价制度等一系列要素组成。专业制度是社会工作发展的前提，也是现代社会工作发展成熟与否的重要标志。社会工作者资格考试制度、注册制度、评价制度在我国部分地区已经进行了有益的探索，资格考试制度已在全国推开，但在注册制度、评价制度的建设方面仍有待逐步健全。

3. 民间社会组织的作用将得到充分发挥

民间社会组织是实施党和政府的政策、参与社会建设的重要组织力量，又是建立市场经济体制的支撑体系。按照加强社会建设与构建和谐社会的要求，我国民间组织的地位和作用将日益突出。这是由于：第一，解决社会的公共需求与公共服务供给之间的突出矛盾，推进以公共服务为目标的政府转型，迫切需要发展民间社会组织，有效地发挥民间组织的作用。第二，妥善地解决弱势群体的利益表达和利益保护问题，既是推进政府转型的重大任务，又是发展民间组织的现实需求。无论是政府转型还是民间社会组织发展，其基本社会目标都是实现公平和公正。我国存在着庞大的弱势群体，这不仅引起全社会的普遍关注，也成为引发社会矛盾和社会问题的关键性因素。弱势群体问题已开始成为我国公平、公正的焦点问题，这就需要政府和民间社会组织形成合力，将弱势群体的问题解决得好一些。第三，我们在继续进行市场化改革的同时，正在积极推进社会体制改革和政治体制改革。只有积极发展民间社会组织，才能适应社会和经济发展的基本需求，这将有助于政府履行制度型公共服务的重要职责。

4. 社会工作本土化进程将逐步加快

发端于欧美的当代社会工作，反映了西方文化中民主、科学、自由、平等、人权和法治的传统，这个传统成为社会工作的价值基础和指导理念。中西文化价值观既有其相通和普遍的一面，又存在着明显的差异和个性，而且互有长短，都有其精华和糟粕。要善于“辨同异、合东西”，着力于优势互补。要将“和谐”与民主相融合，“仁爱”与“自由”相融合，“民本”与“人权”相融合，“自强”与“自助”相融合，“求善”与“求真”相融合。在思维方式上，要将“综合”与“分析”相结合，“共性”与“个性”相统一。逐步形成本土化的社会工作价值体系。本土化过程是中西文化精华相融合的过程。在指导思想上，中国社会工作要体现社会主义的核心价值理念，即马克思主义指导思想、中国特色社会主义共同理想、以爱国主义为核心的民族精神、以改革创新为核心的时代精神和社会主义荣辱观。这五个方面的内容归结为一点就是“以人为本”。“以人为本”的目标是人的全面发展，重心在保障人权，归宿点是人民共享，即发展为了人民，发展依靠人民，发展成果由人民共享。“以人为本”是中国社会工作的核心价值，是指导理念上的本土化体现。在社会功能上，国际社会工作一般具有预防功能、治疗功能、开发社会资源功能和发展功能。这四种功能在中国可以内化为社会工作者及其机构的六个角色定位，即社会政策的执行者、社会服务的提供者、社会矛盾的化解者、社会管理创新的推动者、社会资源的整合者和社会诉求的反映者。在方法上，社区建设可以说是社区社会工作在中国的创造性发展。群众路线是中国长期以来行之有效的有特色的本土社会工作方法。本土化过程，是国际社会工作同中国实际社会工作从经验向科学转变相结合的过程。首先，要认真学习和吸收西方专业社会工作业已成熟的一套知识和方法，把握其实质和要领，并通过自己的思考加以消化和吸收。其次，要把学到的知识结合我国的实际加以应用，在实践中做到科学的判断和理性的选择，做到洋为中用。再次，科学总结我国实际社会工作经验，系统梳理民政工作、青少年工作、妇女工作、职工工作等的理论成果，以获得规律性的认识，并使之逐步体系化。其中有些可同国际对接，有些则是本国“特产”，经长期实践检验达到真理性认识的，要继续发扬光大。

推进社会工作体系建设是一项基础性、长期性、战略性的系统工程。中国社会工作体系建设处于探索阶段，各地发展极不平衡，但是发展势头很好。我们相信，一个制度配套、功能齐全、层次多样、服务优良、覆盖城乡的比较健全的社会工作体系将在我国建成，一项受人尊敬、令人崇尚的社会工作事业将展现在世人面前。

附录

附录Ⅰ　相关文件

中共崇安区委　崇安区人民政府
关于探索推进社会工作体系建设的意见

● 中共崇安区委　崇安区人民政府
● 2008 年 1 月

为贯彻落实党的“十七大”精神和关于构建社会主义和谐社会的决定，加快构建和谐宜人新崇安，现就探索推进社会工作体系建设提出如下意见。

一、社会主义体系建设的重要意义

社会工作是一种以“助人自助”为宗旨，综合运用专业知识、理论和方法，帮助有需要的个人、家庭、群体、组织和社区，整合社会资源，协调社会关系，预防和解决社会问题，恢复和发展社会功能，促进社会和谐的专门职业。在社会福利、社会救助、社会慈善、残障康复、优抚安置、卫生服务、青少年服务、司法矫正等社会服务机构中，从事专门性社会服务工作的专业技术人员就是社会工作者。

《中共中央关于构建社会主义和谐社会若干重大问题的决定》指出，要适应构建社会主义和谐社会的迫切需要，努力造就一支结构合理、素质优良的社会工作人才队伍。党的“十七大”报告指出：“必须在经济发展的基础上，更加注重社会建设，着力保障和改善民生，推进社会体制改革，扩大公共服务，完善社会管理，促进社会公平正义。”我区已经进入由重点发展转向优化发展、由注重经济增长转向注重社会发展的新阶段，将社会工作引入公共服务和社会管理的制度框架中，是加强社会建设、促进社会和谐的理性选择，有利于转变政府职能，创新社会管理体制；有利于解决社会问题，维护社会安定有序；有利于建设和谐文化，营造诚信友爱氛围；有利于创新群众工作方式，加强基层基础工作，具有重要而深远的意义。

我区有发展社会工作的良好基础，相关领域工作健康发展。特别是近年来，先后在戒毒、综治等领域开展了社会工作的实践探索，取得了初步成效，积累了有益经验。但在总体上，社会工作知识还不够普及，社会工作岗位还不够明确，社会工作力量还比较薄弱，社会工作人才还比较缺乏，社会工作水平还不够专业。为此，大力发展社会工作，加快构建有崇安特色的社会工作体系，是摆在我们面前的现实而紧迫的任务。

二、社会工作体系建设的指导思想和原则

（一）指导思想

以科学发展观为指导，认真贯彻落实党的“十七大”精神和关于构建社会主义和谐社会的决定要求，紧紧围绕我区四大目标定位和构建和谐城区的目标，加快构建以政府为主导、以公共服务和社会管理为取向、以专业为基础、以公众广泛参与为动力的社会工作体系，形成较为健全的社会工作系列、较为专业的社会工作队伍和较为完善的社会工作机制，为建设和谐宜人新崇安提供有力支撑和保障。

（二）遵循原则

1. 坚持以人为本。围绕打造“满意崇安”，坚持“助人自助”宗旨，把提高群众的满意度作为社会工作体系建设的根本出发点和落脚点，满足人民日益多层次、多样化的物质、文化和精神需求。

2. 坚持正确方向。充分发挥党和政府对社会工作的主导作用，积极引入专业社会工作的方法和途径，切实提高社会工作服务水平，不断增强公共服务和社会管理功能。

3. 坚持循序渐进。社会工作体系建设既是一项紧迫的现实任务，又是一项长期的奋斗目标。要从我区实际出发，先易后难，先点后面，由表及里，注重特色，积极稳妥地推进，努力走出一条有崇安特色的社会工作发展之路。

4. 坚持整合资源。有效整合各类公共服务、社会管理资源，积极扩大社会参与。合理设置社会工作岗位，充分利用社会工作现有力量，提升转换社会工作队伍专业角色，提高机构、人员、资金在社会工作领域的运行质量。

三、加快社会工作重点领域发展

社会工作领域广泛，必须区别对待，成熟一批、推出一批。当前重点发展以下十个方面：

（一）社会救助服务。基本建立以最低生活保障和困难救助为基础，以医疗、教育、住房、司法等专项救助为辅助，其他救助、救济和社会帮扶为补充，政府责任明确，社会广泛参与，资金落实、管理规范、全面覆盖的社会救助体系，切实保障困难群众基本生活。健全低保对象工作网络，推进低保对象工作信息化建设，落实低保对象标准自然

增长机制，提升低保对象工作管理成效，确保做到动态管理下的应保尽保，确保城乡低保对象保障率、低保对象资金到位率和低保对象资金兑付率达 100％。

（二）就业保障服务。以实现充分就业、人人有保障为目标，加强对辖区内下岗失业人员和企业退休人员的动态服务和管理，大力开发社区岗位，及时掌握各类企事业单位的用工和参保信息，使就业保障成为建设“满意崇安”的推进器、构建和谐城区的安全网，确保城镇登记失业率控制在 4％以内，充分就业社区覆盖面达 100％，社会保障水平不断提高。

（三）青少年服务。构建学校、家庭、社区三位一体的教育网络，积极做好重点青少年群体的思想道德教育、权益保护、危机干预和预防违法犯罪等工作。针对影响青少年健康成长的突出问题，狠抓环境优化，促进青少年健康成长。

（四）妇女儿童服务。着力促进妇女平等就业，提高妇女综合素质和健康水平，提供家庭婚姻生育服务，保障妇女合法权益；保障儿童享有文化教育、医疗保健、法律保障、生活娱乐等全方位的公共资源和公共服务，促进妇女儿童事业与经济社会全面协调发展。

（五）老年人服务。适应我区人口老龄化迅速发展趋势，努力提高老年人基本生活保障水平。加快老年福利设施建设，扩大居家养老服务范围，在机构养老、社区养老、居家养老等社会福利领域配备一支具有陪护助护、居家照料、精神慰藉、临终关怀专业水平的社工队伍。确保无劳动能力、无生活来源、无法定赡养人和扶养人的“三无”老人应养率达 100％，集中供养率达 95％。

（六）残疾人服务。尊重和保障残疾人权益，大力改善残疾人生存状况和生活福利水平，促进残疾人全面平等参与社会生活，共享社会物质文化成果。确保有劳动能力残疾人就业率达 95％以上，残疾人及困难残疾人家庭子女受教育率达 100％，残疾人基本生活需求得到可靠保障，重度残疾人生活得到特别关照，残疾人“人人享有康复服务”，无障碍设施建设渗透到各街道、社区、公共场所。

（七）社区矫正服务。按照组织完善、制度健全、配置齐全、程序规范、队伍完整、公正执法的要求，充分利用社会各方力量，加大对非监禁罪犯的教育、矫正力度，预防和减少重新犯罪，确保不发生社区矫正对象脱管、漏管和重新犯罪现象。

（八）戒毒服务。结合创建“无毒社区”、“无毒学校”、“无毒家庭”、“无毒场所”等活动，加强对吸毒人员的宣传帮教、排查登记、动员药物治疗等管控工作，确保吸毒人员管控率达 60％，落实帮教率达 100％，受治者治疗维持率达 80％，复吸率明显下降，减少毒品交易，萎缩毒品市场，全区“无毒社区”覆盖面达 100％。

（九）综治工作。积极开展社区综合治理和平安创建工作，组织群防群治活动，有效预防和化解矛盾纠纷，完善社会治安防控体系，最大限度减少违法犯罪，确保社会治安安全和公共安全，确保我区始终保持省社会治安安全区称号，人民群众对社会治安的满意率达到95%以上。

（十）外来人口管理服务。按照“引导融合、提升素质、优化服务、完善管理”的总体要求，加快实现由重管理、轻服务向管理服务并重、寓管理于服务之中转变，努力实现外来人口就业有培训、劳动有合同、居住有改善、社保有拓展、维权有保障、治理有力度的“六有”目标。

四、加快社会工作专业队伍建设

要切实加强社会工作人才队伍建设，推动社会工作向专业化、职业化方向加快发展。

（一）加强从业人员专业培训。社会工作从业人员必须接受岗前培训和继续教育。针对现有从业人员普遍缺乏专业背景的实际，以提高运用专业理念、提供专业服务、整合社会资源、协调社会关系、处理复杂问题等能力为重点，有计划、分类别、多形式地开展社会工作专业培训和继续教育。区民政局要定期组织全区范围的社会工作基本理论和技能培训，逐步配套建立包括登记、注册、管理、激励、从业规范、继续教育、评估监督等在内的一系列专业管理机制。各社会工作领域要根据各自工作特点，按照上级要求，有针对性地开展岗前培训和经常性培训，保障社会工作专业化发展。

（二）加快专业社工培养引进。在分析社会工作专业人才需求的基础上，逐步调整岗位结构，制订岗位标准，确定任职资格，研究开发社会工作岗位，逐步优化社会工作队伍的年龄和知识结构，提高专业人才比重。力争通过若干年的努力，实现每100户低保对象、每100名下岗失业人员、每70名问题青少年、每500名老年人、每5 000个家庭、每50名中度残疾人、每30名社区矫正人员、每50名吸毒成瘾者、每10 000名外来人员分别配备1名取得职业资格证书的社会工作者。鼓励现有从业人员通过提升转换的方式，参加社会工作者职业资格评价考试，取得职业资格证书。党政机关、人民团体、事业单位、福利机构的社会工作从业人员要带头参加培训考试，以取得社工资格。在社会工作岗位招聘中，优先录用持有职业资格证书和具有社会工作专业背景的人员。建立有效的社会工作人才激励机制，规范和落实社会工作者属于专业技术人员的薪酬和保险待遇，激发社会工作人才的创造活力。

（三）促进社工、义工“两工”联动。由社工发展、指导、联系和服务义工，从而有效促进社会工作，充分发挥义工作用，增强广大人民群众共建和谐社会的使命感。区文明办和区民政局要负责义工的招募、服务和管理工作，健全义工服务登记制度，建立经常性义工服务基地，定期与各社会工作领域主管部门共同组织社工、义工联动服务，并对其服务时间、服务地点、服务质量等进行登记和评估，最终形成长期固定的社工、义工联动服务机制，更广泛、更深入地开展社会服务，营造人人参与的良好社会氛围。

（四）培育发展民间组织。实施社会工作队伍行业管理，成立区社会工作协会，负责社会工作队伍的培训、登记、注册、管理、制订规章、开展继续教育等专业技术方面工作，充分发挥其在促进社会工作队伍专业化、优化社会工作队伍年龄和知识结构、保障从业人员权益等方面的作用。在充分发挥政府主导作用的同时，坚持分类指导、有序发展的原则，积极培育发展民间社会工作组织。按照“小政府、大社会”的发展方向，进一步转变政府职能，将应由社会组织承担的社会管理和公共服务职能转移出去，为民间组织发展拓展必要空间。积极探索政府购买服务机制，以契约化、项目化的运作方式，为民间社会工作组织提供财力保障和政策支持，使之可以进行自主管理和持续发展。

五、加强社会工作基础平台建设

街道、社区是开展社会工作的重要平台。要进一步加强街道和社区建设，切实夯实社会工作发展基础。

（一）进一步完善硬件设施。继续加快推进“一街一楼”建设，早日实现全面达标。有计划实施睦邻中心建设，确保 2009 年全部建设到位。进一步整合社区居委会用房资源，切实解决部分社区居委会用房较为分散、单位建筑面积较小的状况，真正实现“一居一房”，提升社区居委会用房达标水平。切实保证社区居委会用房用于开展社区服务和活动，任何单位和个人不得随意侵占、挪用。加大“数字化社区”建设力度，力争在 2~3 年内实现全覆盖。

（二）进一步完善综合服务功能。合理设置睦邻中心内部功能分区，突出社会公共服务和便民、利民服务，充分体现睦邻中心作为五个 10 分钟服务圈的区域性综合服务载体的地位。街道全部建成行政事务受理中心和社区服务中心，社区居委会全部建成“一站式、窗口式”的社区综合服务工作站，完善功能设置，规范管理运作，实现政府公共服务社区全覆盖。有效整合各条线、各类服务信息和管理资源，提高社区工作和资源利用效率，力争实现区、街、居三级社区数字化管理联网，为居民提供高效便捷的服务。

（三）进一步改善社区居委会干部知识结构。社区居委会干部是从事社会工作的重要力量。要逐步规范社区社会工作岗位设置和人员配备，推进社区居委会干部专业化、职业化。加大社会工作知识培训力度，通过以会代训、集中培训、境外学习考察等多种形式，不断提高社区居委会干部的社会工作素养和服务能力。力争通过若干年努力，80％的社区居委会干部能接受专业培训，基本达到专业社工资格标准。

（四）进一步改善社区居委会干部福利待遇。建立社区居委会干部福利待遇与经济社会发展水平相适应的增长机制，同步提高社区居委会干部补贴标准。同时切实解决社区居委会干部的养老、医疗等社会保障问题，解除其后顾之忧，进一步增强工作的积极性和主动性，吸引和留住更多优秀人才，稳定社区居委会干部队伍，为深入开展社会工作打下坚实的基础。

六、加强对社会工作体系建设的领导

社会工作体系建设是一项复杂的系统工程，必须加强领导、强化保障、合力推进。

（一）加强组织领导。按照“党委领导、政府负责、社会协同、公众参与”的要求，由区和谐社会建设指导委员会统一领导全区社会工作体系建设。在区民政局设立社会工作办公室，配齐配强人员力量，负责牵头推进社会工作。各社会工作领域发展由各主管部门负责推进，其中，社会救助服务主管部门：区民政局；就业保障服务主管部门：区人事和劳动局；青少年服务主管部门：区团委；妇女儿童服务主管部门：区妇联；老年人服务主管部门：区民政局；残疾人服务主管部门：区残联；社区矫正服务主管部门：区司法局；戒毒服务主管部门：区综治办；综治工作主管部门：区综治办；外来人口管理服务主管部门：区综治办。各主管部门要制订具体实施方案，经区和谐社会建设指导委员会同意后组织实施。要充分发挥首创精神，注意树立典型、培育亮点，不断彰显社会工作的成效。

（二）加快建章立制。坚持规范操作、有章可循，依据国家制定的社会工作政策法规，借鉴先进地区的成功经验，积极探索社会工作运行机制，创新社会工作管理模式，尽快制订和实施符合我区社会工作实际的工作规范，在岗位设置、教育培训、登记管理、考核评价、薪酬保障等方面建立针对性强、具有可操作性的措施、规定和办法，逐步形成完善配套的社会工作体系规章。

（三）加大资金投入。资金投入是社会工作体系建设的重要保障。区财政将加大对社会工作体系建设的经费投入，创造有利于社会工作发展的财政支持机制。各有关部门、单位也要落实相应资金，并整合社会资源，扩大社会参与，多渠道融资、引资，引导社会资金参与民间社会工作组织建设，努力争取上级部门专项资金支持，切实保障社会工作资金，保证社会工作体系建设的推进。

（四）营造良好氛围。采取座谈会、研讨会、培训班、专家讲座、考察学习等多种方式，采取群众喜闻乐见、生动活泼、通俗易懂的形式，利用广播、电视、杂志、网络等媒体，深入宣传大力发展社会工作的重大意义，使人们逐步了解社会工作者高尚的道德情操、感人的精神力量、科学的职业规范和丰富的专业内涵，不断认识、理解、尊重、接纳社会工作者，努力形成“有困难、找社工”的新局面，为推进社会工作体系建设营造来年更好的社会氛围。

关于规范社会工作体系建设管理的意见（试行）

● 崇安区人民政府办公室
● 2011 年 6 月

为加快推进社会工作体系建设，进一步规范社会工作管理服务，提高社会工作服务专业化、职业化水平，根据区委、区政府《关于探索推进社会工作体系建设的意见》（以下简称《意见》）要求，现就规范社会工作体系建设管理提出如下意见。

一、目的和原则

（一）主要目的

2008 年，我区制订出台了《意见》，率先探索推进社会工作体系建设，并确定了社会救助、就业保障、青少年服务、妇女儿童服务、老年人服务、残疾人服务、社区矫正、戒毒服务、综治管理和外来人口管理服务等社会工作发展的十大重点领域。经过多年工作实践，初步营造了社会工作专业服务的社会氛围，形成了具有崇安特色的社会工作体系。

随着社会工作体系建设各项工作的逐步展开和深入，一些诸如组织管理不统一、岗位待遇不明确、管理考核不到位等深层次问题凸显，阻碍了社会工作体系建设的进一步发展。为此，必须进一步统筹协调、理顺关系、明确任务、整合力量，统一规范管理，以更好地发挥专业社会工作在缓解社会矛盾、解决社会问题、促进社会和谐中的作用，加快构建以政府为主导、以公共服务和社会管理为取向、以专业为基础、以公众广泛参与为动力的社会工作体系。

（二）基本原则

1. 统一管理，协调联动。建立统一设置和管理标准，明确职能部门和社会机构各自任务，做到统分结合、协调推进。

2. 整合资源，精简高效。整合行政和社会资源，根据服务对象的数量、特点和服务内容的需要，明确专业人员数量配备和经费保障分配。

3. 提升转换，专业服务。着力促进现有社会工作从业人员通过专业培训考核，转换为专业社会工作者。通过专业岗位设置定岗定员，实施专业性、科学性的服务和指导。

二、主要内容

具体实行“五个统一”。

（一）统一岗位设置

1. 合理设置社会工作专业岗位。在区、街道的民政、教育、文化、卫生、人力资源、信访、人口计生、公安、司法、综治、工会、团委、妇联、残联等部门，可根据社会工作管理和服务的实际需要，设置一定数量的社会工作专业岗位，配备具有社会工作专业或社会工作者职业资格证书的公务员、职员、雇员；在社会福利与社会救助机构、学校、医院、社区等，可以针对特定的服务对象，按一定的比例设置社会工作岗位；为加强社会工作服务的专业化、社会化，可以通过政府购买服务等方式鼓励民间社会服务机构设置专业社会工作岗位。

2. 多种途径获得岗位专业人才。对机关、人民团体、事业单位（社会福利机构、学校、医院等）、社区事务工作站现有在编在岗人员，主要采取提升转换的方式，通过专业培训和考试，掌握社会工作专业知识并获得社会工作师职业资格。有空编、有条件的部门和单位，可以通过面向社会招考、招聘，优先录用社会工作专业的毕业生或取得社会工作师资格的专业人员。民间社会服务机构可以结合机构自身的特点和服务方向，争取政府服务项目和资金支持，聘用专业水平高、理论知识强的中、高级社会工作人才。

3. 科学确定社工数量。机关、街道部门内部按照实际工作需要合理设置一定数量的专业社工。养老社会福利机构原则上按照每 100 张养老床位设置 1 名社工。学校、医院原则上按“一校一社工”、“一院一社工”配备。街道或社区根据各有关职能部门工作需要，按服务对象的一定比例设置社工岗位，具体比例为：每 100 户低保对象、每 100 名下岗失业人员、每 70 名问题青少年、每 500 名户籍老年人、每 5 000 个家庭、每 500 名中重度残疾人、每 30 名社区矫正人员、每 50 名吸毒成瘾者、每 10 000 名外来人员分别配备 1 名取得职业资格的社会工作师。原则上每个社区工作站不少于 2 名持证社工。

（二）统一任务分配

1. 强化社会工作职能部门作用。区社会工作办公室（以下简称区社工办）负责制订每年的社会工作总体工作计划和任务目标。社会工作任务部门每年向区社工办上报年度工作计划，区社工办结合部门的职能特点和社会工作专业方法，最终确定各部门、街道和社会服务机构的工作任务或工作目标。

2. 明确部门职责任务。各有关职能部门要制订相关社会服务领域实施计划，组织协调下属单位或相关社会服务机构，运用社会工作专业知识和工作方法，开展专业服务。

3. 发挥基层服务作用。街道、社区工作站要针对本辖区服务对象的特点和需求，运用社会工作专业知识和科学的工作方法及手段，为社区对象提供专业化的社会服务。

4. 加强与社会机构的联系合作。社会公益性民间组织可以通过协议形式向有服务需求的部门和单位派驻专业社工，运用社会工作专业知识和科学的工作方法及手段，为特定的人群、针对特定的事件提供专业化的社会服务。

（三）统一培训竞聘

1. 建立健全社会工作培训机制。区人力资源部门和区社工办或其授权机构负责全区社会工作者专业知识培训、考证报名和继续教育培训工作，根据不同的培训内容和层次，通过自主培训、合作培训、委托培训等多种方式，完成培训和考试任务。

2. 完善专业社工招考录用机制。相关职能部门负责本部门或下属单位专业社工的招考和聘用，建立和形成社工岗位聘用人员招考制度，最终实现专业社工“凡进必考”。各部门和各单位录用方案要与区社工办沟通协商，区社工办负责招聘过程中的业务指导和社工资质审核，录用结果要报区社工办备案。

（四）统一薪酬保障

1. 党政机关、参照公务员管理的事业单位以及财政核拨事业单位和人民团体在编的社会工作专业人员薪酬按机关事业单位有关工资政策执行。

2. 党政机关、事业单位和社区工作站聘用专业社工的薪酬由所在单位按照市统一规定予以确定。

3. 社会公益性民间组织从事社会工作的专业技术人员的薪酬及其他福利待遇参照上述标准。

（五）统一管理考核

1. 区社工办或者其授权机构负责全区社会工作者注册登记和管理。获得全国社工职业资格并在我区相关机构从业的人员必须经过区社工办或其授权机构登记，成为我区的注册社工后，可以享受我区政策规定的岗位待遇。区社工办或者其授权部门根据每年的工作计划对各部门、各社会服务组织机构社会工作任务目标完成情况进行考核评估，并根据考核评估结果兑现任务费用。

2. 整合提升并充分发挥区社工协会的作用。作为社会工作体系中的行业管理服务机构，协会不直接面向社会提供社区工作服务，主要负责规范行业行为、维护社工权益以及区社会工作主管部门委托的其他事项等，并接受区社会工作主管部门的指导、协调、监督和服务。

3. 承担社会管理和服务职能的部门、社会福利机构、街道（社区事务工作站）负责本部门、本单位社会工作师的日常业务管理考核。政府购买服务项目的社会公益性民间组织的考核，按双方协议的约定执行。

三、保障措施

（一）强化组织领导。全区社会工作体系建设由区和谐社区建设指导委员会统一领导。区建立由分管区长牵头、有关部门和各街道负责人参加的联席会议制度，定期交流工作、分析情况、协调问题、部署工作。强化区社会工作机构工作职能，区社会工作办公室和社会工作协会负责全区社会工作情况的考核、评估、管理，加强与有关部门和街道的联系沟通，指导民间社会工作机构开展专业服务。

（二）强化财政保障。按照政府购买服务的原则和要求，尽快建立健全政府购买社会工作服务为主要形式的财政支持机制，设立专项资金，专款专用。

（三）强化监督检查。要把规范社会工作体系建设管理作为推进社会工作体系化、常态化的重要手段，纳入目标任务考核。加强对项目实施情况和资金使用情况的跟踪和监督，加强项目的绩效评价，提高社会工作体系推进执行力。

关于财政支持社会工作体系建设的意见（试行）

● 崇安区人民政府办公室

● 2011 年 6 月

为加快推进社会工作体系建设，创新有利于社会工作发展的财政支持机制，根据区《关于探索推进社会工作体系建设的意见》精神，现就保障社会工作领域财政投入提出如下意见。

一、财政支持遵循的原则

我区社会工作体系建设，是加强社会建设、构建品质生活城区的具体体现，是以政府为主导、以公共服务和社会管理为取向、以公众广泛参与为动力的体系化社会工作，应当遵循财政支持的基本原则。

（一）民生保障优先的原则。以规范完善公共财政向民生倾斜的保障机制为目标，通过社会工作实现公共财政在民生领域的运用。

（二）统筹集中保障的原则。统筹市、区两级财政保障经费，整合条线部门支付费用，集中管理好用于社会工作体系建设的专项经费。

（三）合理分配调剂的原则。根据社会工作的任务和项目，科学测算保障费用，合理匹配财力资源，有计划地安排支出。

（四）事权财权一致的原则。明确社会工作责任主体，建立政府购买服务财政支持机制，实现办事与保障的有机衔接。

二、财政保障范围

（一）社会工作领域服务项目。保障在社会救助、就业保障、青少年服务、妇女儿童服务、老年人服务、残疾人服务、社区矫正服务、戒毒服务、综合治理工作、外来人口管理服务等十大社会工作重点发展领域向民间组织购买服务的项目费用。

（二）社区服务的公益性岗位。保障在社区设立的承接行政事务、居家养老服务等岗位，为社区和居民提供必需的公益性有偿服务。

（三）社会工作体系平台建设项目。即保障为社会工作服务搭建的基础平台、硬件设施和实训基地方面的投入。

（四）社会工作日常运作费用。保障社会工作教育培训、社会工作机构运作、社会工作交流合作、社会工作宣传和研究等补贴费用。

三、保障经费来源

（一）本级财政支持。社会工作体系建设资金列入年度财政预算，由区政府分管领导牵头或授权职能部门，收集汇总各相关部门社会工作服务项目和任务，统一编制财政预算报告，上报区政府。

（二）争取上级专项资金。积极争取省、市社会建设方面的项目资金。

（三）整合条线部门资金。改进条线部门服务社区的保障方式，对上级部门服务社区的匹配经费，可在区或街道集中归口，整合统一下达。

（四）拓宽社会融资渠道。鼓励社会资助，引导社会资金参与社会工作体系建设。

四、财政支付方式

（一）定额保障。对由政府解决的民生方面的社会工作服务项目，可直接由财政予以承担。

（二）购买服务。政府需要通过采购或委托方式来实现社会工作体系服务项目产出的，可由政府出资向社会民间组织购买服务。

（三）参与式扶持。对社会工作体系建设方面的公共服务项目，优先列入年度参与式预算，实行定额补助。

（四）资助补贴。对社会工作体系建设中的单项或专项服务，可由政府提供一次性补贴费用。

五、经费管理

资金投入是社会工作体系建设的重要保障，需要财政部门支持和社会工作部门协作。财政部门应履行财政支持职能，主动参与支持资金的计划下达和分配方案的制订，做好年度财政支持资金预算，确定资金支出结构，办理资金拨款，监督检查资金使用情况和使用绩效评价。社会工作职能部门负责受理社会工作服务项目的申请，提出年度财政资金预算方案，会同财政部门制订资金扶持标准，负责项目考核、跟踪，监督资金使用和项目实施情况，开展项目绩效评价。

六、经费绩效评估和审计

为确保财政资金的有效投入，社会工作职能部门和财政部门要健全社会工作服务的绩效评估和审计机制，建立年度财政报告制度和第三方评估考核体系，定期开展经费使用的规范性评价考核工作，加强对资金使用的审核审计，做好对服务项目受益群体的情况反馈，对政府购买服务项目的资金支出在一定范围内进行公示，自觉接受社会监督。

关于扶持社会组织开展社会工作的指导意见（试行）

● 崇安区人民政府办公室
● 2011 年 6 月

为加快推进社会工作体系建设，积极引导社会组织参与社会工作，更好地调动社会力量打造崇安品质生活，根据区《关于探索推进社会工作体系建设的意见》要求，现就扶持社会组织开展社会工作提出如下意见。

一、充分认识社会组织在推进社会工作体系建设中的作用

社会组织是指非政府、非营利的民间自治组织，包括公益性社会团体、民办非企业单位和基金会。近年来，随着社会建设步伐的加快，社会组织不断壮大发展，成为政府和市场之外社会治理的“第三部门”，承担社会管理和公共服务的重要力量，同企业和其他单位团体一样，在经济社会发展中发挥着重要作用。

我区推进社会工作体系建设，旨在运用社会民间组织柔性化管理和人性化服务的特征，更好地利用社会资源为社会建设服务，实现社会和谐稳定。经过探索实践，深切体会到社会组织特别是公益性民间组织，秉承为社会大众特别是弱势群体利益服务的宗旨，为政府承接了部分转移出来的公共服务职能，是推进社会工作社会化的重要力量，是吸纳社会人才的主要载体，对于促进社区服务业发展、创造社会就业岗位具有重要的现实意义。因此，在推进社会工作体系建设中，重视培育扶持社会组织建设，支持社会组织开展社会工作显得尤为必要而紧迫。

二、规范扶持社会组织开展社会工作范围

按照“政府引导、分类扶持、合理配置、全面覆盖”的思路，凡依法注册登记，具备社会工作资格，在政府职能部门或相关机构管理监督下，直接从事社区服务、社会福利、权益保障、文化体育、医疗卫生、心理咨询等的行业协会（学会）、社会团体、民办非企业单位和基金会，均被列为扶持范围。

主要服务范围是我区社会工作体系建设已经明确的十大服务发展领域，即社会救助、就业保障、青少年服务、妇女儿童服务、老年人服务、残疾人服务、社区矫正、戒毒服务、综治管理和外来人口管理服务。

三、明确社会组织开展社会工作的扶持方式

依据国家、省、市关于培育社会组织发展的有关要求，在提供政策性支持前提下，对有偿服务类项目和内容采取契约化或项目化购买服务方式。主要包括：

（一）授权委托。类似公办民营方式。指政府对拥有所有权的公共服务设施需要转移出去的，或对有市场需求且需政府调控配置的社会服务项目，通过项目招标方式，授权委托具有相应资质的民间社会机构经营管理。

（二）直接资助。指对民间兴办的承担公共服务职能的机构和组织给予资助，把购买服务的费用转移支付到资助项目上，以实现公共产品的产出。资助形式分为经费资助和实物资助两种方式。

（三）“订单”转接。指对专业性较强的、单一的、事务性的服务项目，通过签订有偿服务协议，将服务项目转交由具有专业技术和人力资源优势的社会民间组织来生产和提供。

（四）差额补贴。指对政府不直接提供公共服务的公众受益者，在得到社会民间组织提供的服务时，按照一定标准的事实支出或劳务付出，由政府承担差额不足部分费用作为补贴，以实现间接购买服务目的。

四、建立完善扶持社会组织开展社会工作的保障措施

（一）理顺社会组织管理关系。按照政事、政社分开的原则，理顺职能部门和社会组织关系，逐步从“养机构、养人、办事”向对符合条件的社会民间组织购买服务转变。加强社会工作主管部门对社会民间组织的指导、协调、监督和服务，强化区社会工作协会的功能，充分发挥行业协会管理服务作用，行使对从事社会工作十大服务领域中的社会组织的牵头协调和服务项目的配置管理。

（二）整合培育社会组织平台。把社会组织的壮大发展作为社会建设的重要组成部分，予以扶持和引导，打造适合社会民间组织发展的“孵化基地”或“社会组织楼宇”，优先满足社会公益性组织进驻，积极为社会民间组织提供工作场所和发展空间。

（三）设立扶持发展专项资金。推动建立健全以政府购买社会工作服务为主要形式的经费保障机制，把购买服务列入年度财政预算，同时整合条线保障资金，合理调剂经费安排，规范资金使用途径，将财政列支经费和社会筹资集中归口，设立专项资金，专款专用。

（四）建立相应监管评估机制。社会组织主管部门和登记机关要依法加强经常性管理和监督工作，规范监管程序和方式。对承接社会工作服务的社会民间组织，要严格资质评审、项目考察和招投标，加强项目实施情况考核、跟踪、监督和资金使用管理。承接政府购买服务的社会民间组织，要优化工作流程，量化服务评估标准，在有效监督管理下开展社会工作。

关于建立崇安区社区戒毒康复服务基地的工作意见

● 崇安区禁毒工作委员会
● 2008 年 6 月

为认真贯彻《中华人民共和国禁毒法》，推进禁毒人民战争向纵深发展，充分利用社会资源，调动各方面力量，有关部门齐抓共管，推动崇安区社会工作体系建设，全面提升我区禁毒工作的水平。根据区委、区政府关于加强禁毒工作社会化和社会工作体系建设的要求，区禁毒委决定建立崇安区社区戒毒康复服务基地。以促进吸毒人员的社会帮教、社区康复、就业服务等各项工作措施的进一步落实，给予吸毒人员更多的社会关爱，积极创造让吸毒人员树立信念，远离毒品，积极回归社会的良好环境。具体工作意见如下。

一、社区戒毒康复服务基地基础设施建设

社区戒毒康复服务基地地址设在崇安区广益街道无锡贝康包装材料有限公司。康复基地的服务内容有：提供戒毒康复人员回归社会的就业岗位，安排康复人员食宿条件，落实康复人员帮教小组，组织对康复人员的法制教育、心理矫正、文化体育等活动。完善宿舍、食堂、谈心室、文体活动室等康复基础设施。

二、社区戒毒康复服务基地组织机构建设

成立社区戒毒康复服务基地工作领导小组，统一领导，协调各方，组织实施具体工作。领导小组组长由区禁毒办主任沈建中同志担任，副组长由区综治办副主任周长荣、广益街道政法委书记许庆娟同志担任。领导小组下设基地管理办公室：办公室主任由区禁毒办副主任冯浩德同志担任，副主任由贝康包装材料有限公司总经理龚志勇、广益街道综治办主任惠国兴、广益派出所所长许昌同志担任，成员单位由民政、劳动、公安、卫生、司法、街道综治办、向阳社区等部门组成，领导小组每季开展一次专题工作研究，办公室成员单位每月召开一次工作例会。

三、社区戒毒康复服务基地社会工作志愿者队伍建设

社区戒毒康复服务基地成立康复基地管理工作小组，组长由广益街道综治办主任惠国兴同志担任，副组长由广益派出所副所长董顺富同志、向阳社区主任韩云海同志担任，协调员由禁毒社工担任。区禁毒委在康复基地建立社会工作志愿者服务小组，组长由区

政法委主任科员顾建平担任，成员由向社会招聘的医师、心理健康教师、劳动保障员、法律工作者和企业经营业主等禁毒社会工作志愿者组成，禁毒社会工作志愿者将根据康复人员动态管理的实际要求，由禁毒社会工作组织开展帮教服务各项活动。

向阳村社区居委会和贝康包装材料有限公司负责成立康复人员帮教小组；每一个康复人员成立由社区民警、治保干部、禁毒社工、企业职工“四位一体”的帮教小组，负责服务对象日常的帮教、服务、管理工作。

四、社区戒毒康复服务基地基础工作建设

社区戒毒康复服务基地建立各项规章制度，主要有禁毒社会工作志愿者工作职责、管理小组工作职责、康复人员行为规范、康复人员定期尿样检测工作制度等，参加康复基地工作的各部门和人员要自觉遵守制度，履行职责，确保康复基地各项工作顺利开展。

关于推动禁毒社会工作志愿者行动的意见

● 崇安区禁毒工作委员会
● 2008 年 6 月

为加大禁毒工作力度，充分调动社会各界力量和人民群众直接参与禁毒人民战争的积极性，推进禁毒工作社会化，崇安区禁毒工作委员会决定在近年来建设禁毒社会工作者队伍的基础上，形成禁毒社工和禁毒社会工作志愿者互动的禁毒工作新机制。

一、统一认识，明确目标，全力推进禁毒社会工作志愿者行动

大力发展禁毒社会工作志愿者组织，深入开展禁毒社会工作志愿者行动，全力推进禁毒工作社会化，是深入推进禁毒人民战争，建设和谐社会的重要举措。建立禁毒社会工作者队伍和禁毒社会工作志愿者队伍，能充分体现人民群众参与禁毒工作的积极性，有力促进禁毒宣传教育、社区帮教、社区康复、就业服务等多方面的工作，是人民群众和社会共同参与禁毒工作的重要载体，必将对我区的禁毒社会化进程起到极大的推动作用，从而不断提高我区禁毒工作的水平。2008 年我区要根据“鼓励发展、精心指导、积极招募、务实工作”的要求，组织一支队伍健全，管理严密，覆盖重点，扎根基层，充满活力，富有成效的禁毒社会工作志愿者队伍，建立起全区禁毒社工和禁毒志愿者的

社会化服务工作网络。

二、健全组织，加强管理，积极稳妥地发展禁毒社会工作志愿者队伍

禁毒社会工作者队伍和禁毒社会工作志愿者队伍是服务于禁毒工作的公益性群众队伍，在条件成熟的基础上，可申请注册成立具有独立社团法人资格的禁毒社会工作志愿者协会。区禁毒委办公室会同区综治办、区民政局成立了崇安区禁毒社会工作志愿者行动协调办公室，负责对全区禁毒社会工作志愿者工作的协调、指导。协调办公室设在区禁毒办，协调办公室主任由区禁毒办主任沈建中同志担任，副主任由区综治办副主任周长荣同志、区禁毒办副主任冯浩德同志担任，并聘请区综治办主任科员顾建平同志担任协调办公室顾问。区禁毒办徐娟同志担任总协调员，各街道禁毒社工担任街道协调员，负责具体组织禁毒社会工作志愿者在社区开展各项活动。

区禁毒部门遵循“广泛动员、自愿参与、专业人员、专业服务”的原则，向社会招聘富有社会责任感，遵纪守法、热心禁毒工作，年满 18 周岁、具备从事志愿服务工作能力，每年自愿参加 48 小时以上禁毒工作的公民加入崇安区禁毒社会志愿者队伍。具体招聘的禁毒社会工作志愿者专业人员为：禁毒防病医生 6 人，心理健康教师 6 人，法律工作者 6 人，劳动保障干部 6 人，企业经营业主 6 人，共 30 人，分成 6 个小组，对应各街道禁毒办和禁毒社工开展社区禁毒志愿服务活动。

对招募的禁毒社会工作志愿者，要根据各自承担任务的不同，由区禁毒部门和民政部门组织开展培训，使他们了解毒品基本知识与危害、禁毒法规与政策、当前的形势和任务、禁毒社会工作志愿者的职责和任务、掌握自我防护的技能，从而促使禁毒社会工作志愿者会工作、能工作，开展工作有办法、有成效。

三、立足基层，务求实效，紧密结合工作需要开展禁毒社会志愿服务

禁毒社会工作志愿者队伍的主要任务是：开展禁毒宣传和预防教育工作；关心、帮助吸毒人员戒断毒瘾；动员吸毒人员参加药物维持治疗；开展对吸毒人员的心理矫正活动；协助、配合禁毒部门开展对吸毒人员的社会帮助、社区康复、就业服务等相关禁毒工作。

2008 年崇安区禁毒社会工作的行动纲要是：深入社区、学校、家庭和企业开展禁毒宣传 32 场次；协助动员吸毒人员参加药物维持治疗人数不少于 30 人；对戒毒回归人员安排就业机会不少于 20 人次；对重点帮教人员开展心理矫正教育 20 人次；对吸毒人员开展禁毒防病知识教育人数达 300 人次；建立戒毒人员回归社会社区康复就业服务基

地 1 个（试点）；探索吸毒人员的社区帮教、社会康复、就业服务的社区工作新机制。

四、开拓创新，扎实工作，保障禁毒社会志愿者行动健康发展

区禁毒办、区综治办、区民政局要加强沟通和协作，充分发挥各自优势，大胆探索，扎实工作，不断创新禁毒社会工作新机制，要从健全组织体系，形成工作规范，提高队伍素质，完善管理机制，扎实工作措施等方面入手，积极稳妥地推进禁毒社会工作志愿者工作，并在工作中不断总结和改进工作方法，使禁毒社会工作志愿者的工作更加贴近我区禁毒工作实际，使禁毒社会工作志愿者最大限度地发挥作用，有力地推进我区禁毒人民战争的深入发展。区禁毒委各成员单位、各街道、各单位要解放思想，积极拓宽禁毒社会工作志愿者参与禁毒的工作面，创造工作条件，谋划工作思路，使禁毒社会工作志愿者能有更多的机会参与禁毒工作，服务禁毒工作，扎扎实实地开展各项禁毒活动。禁毒社会工作协调办公室要在今年上半年完成禁毒社会工作志愿者队伍的建立、培训和组织开展专项活动，并在建立吸毒人员回归社会戒毒康复服务基地建设上有所突破，形成具有我区特色的禁毒志愿服务和新机制，为建设社会主义和谐社会作出新贡献。

社会工作守则

本我所知　尽我所能　竭诚服务人群
忠恕宽厚　无私无我　善待服务对象
勤劳节俭　质朴坚毅　工作实事求是
激发动力　号召参与　处处推展服务
尊重人权　严守秘密　谨慎处理资料
庄敬独立　谨言慎行　保持职业尊严
协调联系　兼容并蓄　尊重有关专业
敬爱同仁　互助合作　检讨语诚意挚
切磋技能　钻研新知　时时充实自我
贫贱不移　威武不屈　终生奉献工作

附录Ⅱ　领导讲话

开拓进取　抢抓机遇
全面构建社会工作体系

●崇安区委书记蒋伟坚
●2008 年全区社会工作体系建设大会讲话摘录

一、把握大势，深刻认识加强社会工作的重要意义

党的“十六大”以来，中央陆续提出了一系列构建社会主义和谐社会的发展战略，“十七大”报告更是把社会建设摆到了重要位置，使中国特色社会主义事业总体布局由经济建设、政治建设、文化建设“三位一体”拓展为包括社会建设在内的“四位一体”。在改革社会管理体制，大力加强社会建设的大趋势下，积极推进社会工作，是落实科学发展观、促进社会和谐的一项十分紧迫而重要的任务，迫切需要引起我们的高度关注和重视。

*首先，加强社会工作是贯彻“人本发展”理念的重要途径。*科学发展观的核心是以人为本。全心全意为人民服务是党的根本宗旨，党和政府的一切奋斗和工作都是为了造福人民。改革开放近 30 年来，崇安区的经济建设取得了显著成就，区域综合实力有了很大提高，人民生活水平不断改善，具备了更加坚实的物质基础。与此同时，我们的社会建设、社会工作显得相对薄弱，仍有相当一部分人由于各种各样的原因无法享受到现代化发展的成果。社会工作是经济社会全面发展的重要组成部分，是一项以人为本、为民解困的专业性、社会性的服务工作，与人民的切身利益直接相关。我们要通过加强社会工作，不断提高居民幸福指数，不断促进人的全面发展，真正做到发展为了人民、发展依靠人民、发展成果由人民共享，实现人的全面发展和社会的全面进步。

*其次，加强社会工作是改善社会管理的现实需要。*党的十六届六中全会《决定》指出，维护社会和谐稳定必须创新社会管理体制，整合社会管理资源，提高社会管理水平。随着经济社会的不断发展，人民群众对教育、医疗、社会保障、环境保护等方面的公共需求大幅上升，对社会福利、社会救助、社区服务等专业化社会工作的需求也越来越多，

要求越来越高，呈现出主体多元、结构复杂、需求多样的特点。然而，传统政府直属、直管、直办的社会管理格局，制约了社会力量进入社会服务领域，存在社会服务效率偏低、功能偏弱、领域狭窄等问题。另外，传统的管理手段往往忽略人的个性需求和主体地位，难以满足人们深层次的需求。而通过社会工作则能较好地整合社会资源，提供有针对性和个性化的社会服务，弥补传统管理体制的不足。

*再次，加强社会工作是构建和谐基层的必然要求。*当前，许多由经济转轨和社会转型所带来的大量问题和矛盾大都沉淀在社区这个基础层面上，构建社会主义和谐社会的一项重要任务就是要努力化解和消除这些关系到广大人民群众切身利益的不和谐因素。社会工作是一项以维护社会公平正义，促进社会和谐进步为核心价值的专业化、职业化的工作，具有贴近基层、贴近群众的优势，能够深刻体察各种社会需求、现实矛盾，及时提供多样化、人性化的专业服务，对解决社会问题，化解社会矛盾，调节社会关系，促进社会发展至关重要。可以说，社会工作是构建社会和谐不可或缺的重要基石，也是建设现代文明必不可少的“润滑剂”、“安全阀”。

二、突出重点，切实加快社会工作体系建设推进步伐

近几年来，在市委、市政府的正确领导下，我们围绕打造“满意崇安”这一目标定位，着力加强社会工作，不断努力改善民生，推动实施了“五个 10 分钟服务圈”、睦邻中心、社区工作站等社会工作硬性条件的探索性建设，取得了一定成效。但从软件上来说，我们的社会工作仍缺乏系统、科学、规范的体制和机制来支撑。全区各级党政组织必须站在战略高度，切实把构建具有崇安特色的社会工作体系作为一项重大任务摆上议事日程，分类指导、分步实施、全力推进，努力形成经济、政治、文化与社会建设“四位一体”的整体格局。

*第一，要不断加大培育力度，逐步建设“业有所专、专有所长”的社会工作队伍体系。*培养造就一支颇具规模、结构合理、素质优良的社会工作人才队伍是我们加强社会建设、构建和谐社会的当务之急，也是重中之重。客观地说，我们在培养社会工作人才方面还刚刚起步，无论是数量还是能力素质与现实需要都存在很大差距。要充分把握好社会工作职业化这一关键环节，针对崇安区实际，采用不同途径，切实加大社会工作人才队伍建设力度。首先，要加快引进具有专业证书及相关工作背景的人员，以他们为核心骨干，促进专业化的理念和操作方式向社会工作领域渗透。其次，要从现有社区工作者队伍中，选拔一批业绩突出、经验丰富、热心公益的优秀人员，通过有计划、分层次的专业培训和教育，不断提高他们的职业素质和专业水平，充实到社会工作人才队伍中来。其次，要进一步丰富和深化志愿者活动，不断扩充志愿者队伍和义工组织网络，并

与社工形成联动效应。同时，要建立健全社工考评机制，在政府管理、群众评议的基础上，充分发挥社会工作协会等行业优势，对社工进行专业评估和有效监督，不断提高社工职业化水平。

第二，要不断拓宽工作领域，逐步建设“难有所助，呼有所应”的社会工作服务体系。随着社会管理属地化的发展，人们迅速由“单位人”向“社会人”转变，原先隐含消化在单位内部的社会问题转变为显性的社会问题，在加大基层管理压力的同时，也促使社会工作由救助服务型向多样化和个性化、满足身心需要的高层次、深层次服务发展。近年来，我区在禁毒、综治、交通等领域开展了社会工作的实践探索，取得了初步成效，积累了有益经验，但总的来说，涉及领域仍较为狭窄，未能充分发挥社会工作涵盖面广、社会性强的特点。随着社会的不断发展，社会工作的领域必将进一步拓展，新的社会需求也会不断出现，这就需要我们坚持“以点带面、逐步拓展”的原则，优先解决好重点群体、特殊群体、特困群体的现实需求，在此基础上，有计划、有步骤地拓宽社会工作领域，满足多元化的社会需求。

第三，要不断转变政府职能，逐步建设“扶放结合，共同参与”的社会工作推进体系。政府在促进社会工作发展中的作用十分重要，特别是在起步阶段，更需要职能部门超前谋划、主要介入。我们要充分发挥政府柔性化管理的优势，不断整合区域资源，努力为社会工作发展搭建服务平台。通过深化机关效能建设，不断提高民政、残联、妇联等社会工作部门的服务意识，进一步建设“服务型政府”；通过开设不同的实训基地，为社会工作专业毕业生和有志于社会工作的各类人才提供模拟岗位和实践机会，进一步凝聚和吸引社会工作人才；通过开设各类社会工作论坛和座谈会，加强引导和组织各类社会工作者之间的交流，不断总结经验，进一步提高服务水平；通过大力宣传社会工作，塑造社会工作品牌，使社会工作者的劳动得到充分肯定，价值得到充分认可，精神得到充分弘扬，进一步形成社会成员自觉支持社会工作、积极参与社会工作的社会氛围。

三、狠抓落实，着力强化社会工作发展各项保障机制

社会工作是人类文明进步的重要成果和标志，对于完善社会福利制度、创新社会管理体制、夯实党的执政基础具有重要意义，不仅关系到崇安区的发展和未来，还关系到百姓民生和社会稳定。全区各级党政组织应把握社会工作的发展方向，把社会工作发展纳入总体规划，摆上重要位置，为加快构建具有区域特点的社会工作体系提供必要的支撑和保障。

一是软硬并举，强化载体保障。加强街、居建设是发展社会工作的重要平台。2007年年底，投资 7 500 万元、建筑面积超过 15 000 平方米的崇安寺街道综合服务大楼正

式落成开放，标志着我们的“一街一楼”建设取得了可喜突破。今后一段时期，我们要继续加快推进“一街一楼”、“一居一房”、睦邻中心等公共服务设施建设，因地制宜，结合实际，不断开辟爱心超市、道德银行、心理咨询、司法矫治、计划生育等服务场所，切实为社会工作开展提供硬件支持。

二是多元投入，强化资金保障。资金投入是社会工作体系建设的重要保障。要在不断增加“政府购买服务”等用于社会工作发展的财政预算的基础上，逐步创建有利于社会工作发展的财政支撑体制。各街道、相关部门和单位也要落实社会工作发展的相应资金，积极向上争取专项资金支持，确保工作的顺利开展。要善于借助和整合社会力量，不断壮大“助残、助学、助困”三大资金规模，引导社会资金投向社会工作领域，为提升社会工作层次和水平提供充足的资金支持。

三是加强领导，强化组织保障。社会工作体系建设是一项长期艰巨的发展任务，是一个庞大复杂的社会综合系统工程。要在区和谐社区建设指导委员会的统一领导下，逐步形成党委统一领导、政府主导推进、部门各司其职、多方力量参与的社会工作发展新格局。区民政局要切实发挥牵头统筹协调推进作用，各街道、区各有关部门要发挥各自职能优势，制订具体实施方案，加快组织实施。加快培育建立区级社会工作协会及义工组织，切实发挥行业组织和民间组织的优势和力量，形成良性互动机制。

四是积极扶持，强化政策保障。要用活用好国家和省、市扶持社会工作发展的政策，在充分调研的基础上，出台加快我区社会工作发展的配套制度，建立社会工作制度框架体系，出台有关社工继续教育、职业规范、监督条例等系列文件，全面建立职业薪酬标准、政府购买服务、社工工作评估等制度，改善社工的工资收入、福利待遇和工作条件，以“政策留人、事业留人、待遇留人”，提高社工的地位和待遇，使社会工作成为受人尊重、人人羡慕的职业。

积极探索　大胆创新
加快推进社会工作体系建设

● 崇安区人民政府区长刘玲
● 2008 年全区社会工作体系建设大会讲话摘录

一、统一思想，充分认识社会工作体系建设的重要意义

现代意义的社会工作是一种以“助人自助”为宗旨，综合运用专业知识、理论和方

法，帮助有需要的个人、家庭、群体、组织和社区，整合社会资源，协调社会关系，预防和解决社会问题，恢复和发展社会功能，促进社会和谐的专门职业。社工是指在社会福利、社会救助、社会慈善、残障康复、优抚安置、卫生服务、青少年服务、司法矫治等社会服务机构中，从事专门性社会服务工作的专业技术人员。

在我国，社会工作实践源远流长，历朝历代为维护社会稳定，大都制定实施一些社会福利和救助政策，以安抚百姓、维持秩序；民间则通过家族和邻里、亲友互助，帮助贫弱者缓解困难、渡过难关。这是我国社会工作实践的历史现象和传统形式。新中国成立后，我国实行高度集中的计划经济体制，实际的社会工作主要作用于社会救助、社会福利、优抚安置、残障康复和群众工作等领域，主体是政府机关和所有单位，以行政手段和思想政治工作为主。现代意义的社会工作是工业化的产物，在发达国家和地区已有上百年的历史，社会工作人才队伍的数量十分庞大，而且普遍受过良好的专业教育，在社会管理、社会建设和社会生活中发挥着重要作用，被誉为“社会工程师”。在我国，现代意义的社会工作是在改革开放的新时期起步的。随着改革开放不断深化、社会转型和政府职能转变不断加快、全面建设小康社会和构建社会主义和谐社会不断深入，党中央做出了建设宏大社会工作人才队伍的战略决定。《中共中央关于构建社会主义和谐社会若干重大问题的决定》指出，要适应构建社会主义和谐社会的迫切需要，努力造就一支结构合理、素质优良的社会工作人才队伍。党的十七大报告指出：“必须在经济发展的基础上，更加注重社会建设，着力保障和改善民生，推进社会体制改革，扩大公共服务，完善社会管理，促进社会公平正义。”这些，为我们探索推进社会工作体系建设指明了方向。

现代意义的社会工作强调“助人自助”、专业服务。“助人”，就是在个人、家庭、群体、组织和社区出现困难时，向其提供专业的服务和支援；“自助”，就是通过社会工作的专业服务，来整合社会资源，挖掘潜能，推动困难人群走向自救、自立、自助和自强。专业服务，就是社会工作是一个专业，有专业价值观，有经过训练而得到的专门知识和专业方法。社会工作主要存在于为儿童、青少年、妇女、老年人、残疾人、贫困者、失业者、吸毒者等弱势群体、困难群体提供社会服务的领域以及其他一些特定领域，涉及的部门包括民政、人劳、司法、综治、团委、妇联、残联等，社会工作岗位分布在公务员系统、社会保障或社会福利类事业单位、民间组织、社区等。

应该说，我区有着发展社会工作的良好基础，相关领域工作都健康有序发展。特别是近年来，先后在戒毒、综治等领域开展了社会工作的实践探索，取得了初步成效，积累了有益经验。但在总体上，社会工作知识还不够普及，社会工作岗位还不够明确，社会工作力量还比较薄弱，社会工作人才还比较缺乏，社会工作水平还不够专业。当前，我区已经进入由重点发展转向优化发展、由注重经济增长转向更加注重社会发展的新阶段，将社会工作引入公共服务和社会管理的制度框架中，探索建立社会工作体系，具有十分重要的现实意义。*一是要构建和谐，凸显特色*。从社会工作的目的来看，就是要协调社会关系，预防和解决社会问题，恢复和发展社会功能，促进社会和谐；从社会工作的实践来看，社会工作以服务对象为本，通过为困难群体和弱势群体服务，来实现各尽所能、各得其所的和谐状态，这就为我们提供了一条更加切实地以人为本推进和谐社会建设的创新路径。*二是要软硬并举，强化服务*。社会工作的基本要求就是服务，而且强调专业服务，提高服务水平。2008 年，我区在和谐社会建设的实践中，率先启动了以硬件建设为重点的“便民、健民、乐民、育民、安民”五个 10 分钟服务圈建设；2009 年我们率先探索推进社会工作体系建设，就是要强调在抓硬件的同时抓好软件，努力形成软硬并举、协调推进和谐社会建设的生动局面。*三是要重心下移，强基固本*。社会工作区别于社区工作，但又有密切联系，很多社会工作最终落脚到社区，社区工作很多从事的就是社会工作。要以探索建立社会工作体系为契机，进一步加强街道、社区的建设，为社会工作体系奠定坚实基础，为和谐社会建设奠定坚实基础。

总之，推进社会工作体系建设，是区委、区政府根据我区发展的阶段性特征，切实加强社会建设、促进社会和谐的创新举措。全区上下要充分认识这项工作的重要意义，本着探索创新的精神，积极稳妥地推进，努力走出一条有崇安特色的社会工作发展道路。

二、明确任务，积极稳妥推进社会工作体系建设

当前和今后一个时期，我区社会工作体系建设的指导思想是：以科学发展观为指导，认真贯彻落实党的“十七大”精神和关于构建社会主义和谐社会的决定要求，紧紧围绕我区四大目标定位和构建和谐城区的目标，加快构建以政府为主导、以公共服务和社会管理为取向、以专业为基础、以公众广泛参与为动力的社会工作体系，形成较为健全的社会工作系列、较为专业的社会工作队伍和较为完善的社会工作机制，为建设和谐宜人新崇安提供有力的支撑和保障。

为此，要着力抓好以下三方面工作。

（一）着力加快社会工作重点领域发展

社会工作领域广泛，必须区别对待，成熟一批，推出一批。这次我们提出要重点发展的十个方面，归纳起来，就是要为三类对象搞好服务。

一是要为困难群体搞好服务。包括：一是社会救助服务。要基本建立以最低生活保

障和困难救助为基础，以医疗、教育、住房、司法等专项救助为辅助，其他救助、救济和社会帮扶为补充，政府责任明确，社会广泛参与，资金落实、管理规范、全面覆盖的社会救助体系，切实保障困难群众的基本生活。要健全低保对象工作网络，推进低保对象工作信息化建设，落实低保对象补贴标准自然增长机制，提升低保对象工作管理成效，确保做到动态管理下的应保尽保，确保城乡低保对象保障率、低保对象资金到位率和低保对象资金兑付率达 100%。二是就业保障服务。要以实现充分就业、人人有保障为目标，加强对辖区内下岗失业人员和企业退休人员的动态服务和管理，大力开发社区岗位，及时掌握各类企事业单位的用工和参保信息，使就业保障成为建设“满意崇安”的推进器、构建和谐城区的安全网，确保城镇登记失业率控制在 4% 以内，充分就业社区覆盖面达 100%，社会保障水平不断提高。

*二是要为弱势群体搞好服务。*包括：一是青少年服务。要构建学校、家庭、社区三位一体的教育网络，积极做好重点青少年群体的思想道德教育、权益保护、危机干预和预防违法犯罪等工作。要针对影响青少年健康成长的突出问题，狠抓环境优化，促进青少年健康成长。二是妇女儿童服务。要着力促进妇女平等就业，提高妇女综合素质和健康水平，提供家庭婚姻生育服务，保障妇女合法权益；要保障儿童享有文化教育、医疗保健、法律保障、生活娱乐等全方位的公共资源和公共服务，促进妇女儿童事业与经济社会全面协调发展。三是老年人服务。要适应我区人口老龄化迅速发展的趋势，努力提高老年人基本生活保障水平。要加快老年人福利设施建设，扩大居家养老服务范围，在机构养老、社区养老、居家养老等社会福利领域配备一支具有陪护助护、居家照料、精神慰藉、临终关怀专业水平的社工队伍。确保无劳动能力、无生活来源、无法定赡养人和扶养人的“三无”老人应养率达 100%，集中供养率达 95%。四是残疾人服务。要尊重和保障残疾人权益，大力改善残疾人生存状况和生活福利水平，促进残疾人全面平等参与社会生活，共享社会物质文化成果。确保有劳动能力残疾人就业率达 95% 以上，残疾人及困难残疾人家庭子女受教育率达 100%，残疾人基本生活需求得到可靠保障，重度残疾人生活得到特别关照，残疾人“人人享有康复服务”，无障碍设施建设渗透到各街道、社区、公共场所。五是外来人口管理服务。要按照“引导融合、提升素质、优化服务、完善管理”的总体要求，加快实现由重管理、轻服务向管理服务并重、寓管理于服务之中转变，努力实现外来人口就业有培训、劳动有合同、居住有改善、社保有拓展、维权有保障、治理有力度的“六有”目标。

*三是要加强对特殊群体的管理服务。*包括：一是社区矫正服务。要按照组织完善、制度健全、配置齐全、程序规范、队伍完整、公正执法的要求，充分利用社会各方力量，

加大对非监禁罪犯的教育、矫正力度，预防和减少重新犯罪，确保不发生社区矫正对象脱管、漏管和重新犯罪现象。二是戒毒服务。要结合创建“无毒社区”、“无毒学校”、“无毒家庭”、“无毒场所”等活动，加强对吸毒人员的宣传帮教、排查登记、动员药物治疗等管控工作，确保吸毒人员管控率达 60%，落实帮教率达 100%，受治者治疗维持率达 80%，复吸率明显下降，减少毒品交易，萎缩毒品市场，全区“无毒社区”覆盖面达 100%。三是综治工作。积极开展社区综治和平安创建工作，组织群防群治活动，有效预防和化解矛盾纠纷，完善社会治安防控体系，最大限度减少违法犯罪，确保社会治安安全和公共安全，确保我区始终保持省社会治安安全区称号，人民群众对社会治安的满意率达到 95% 以上。

（二）着力加快社会工作专业队伍建设

社会工作强调专业服务，专业服务需要专业队伍。要按照“三个一批”的要求，切实加强社会工作队伍建设，推动社会工作向专业化、职业化方向加快发展。

*一要培训一批，加强从业人员专业培训。*各社会工作领域目前基本都建有队伍，现有从业人员也有一定规模，这是开展社会工作的重要力量。我们强调加快社会工作专业队伍建设，首先要把现有的队伍稳定好、建设好、作用发挥好。针对现有从业人员普遍缺乏专业背景的实际，要以提高运用专业理念、提供专业服务、整合社会资源、协调社会关系、处理复杂问题等能力为重点，有计划、分类别、多形式地开展社会工作专业培训和继续教育。区民政局要定期组织全区范围的社会工作基本理论和技能培训，逐步配套建立包括登记、注册、管理、激励、从业规范、继续教育、评估监督等在内的一系列专业管理机制。各社会工作领域要根据各自工作特点，按照上级要求，有针对性地开展岗前培训和经常性培训，保障社会工作专业化发展。

*二要提升一批，加快专业社工培养引进。*必须指出，我们现有的社会工作从业人员还不是真正意义的社工。根据人事部、民政部 2006 年 11 月颁布的《社会工作者职业水平评价暂行规定》，社工职业水平评价分为助理社会工作师、社会工作师和高级社会工作师三个级别，只有通过职业水平评价考试，取得职业水平证书的人员，才表明其具备相应专业技术岗位工作的水平和能力，才是真正的专业社工。这是发展方向。为此，要在分析社会工作专业人才需求的基础上，逐步调整岗位结构，制订岗位标准，确定任职资格，研究开发社会工作岗位，逐步优化社会工作队伍的年龄和知识结构，提高专业人才比重。力争通过若干年的努力，实现每 100 户低保对象、每 100 名下岗失业人员、每 70 名问题青少年、每 5 000 个家庭、每 500 名老年人、每 50 名中重度残疾人、每 30 名社区矫正人员、每 50 名吸毒成瘾者、每 10 000 名外来人员分别配备 1 名取得职

业资格证书的社工。实现这一目标，一要靠提升转换。鼓励现有从业人员参加社工职业资格考试，取得职业资格证书。党政机关、人民团体、事业单位和福利机构的社会工作从业人员，要带头参加培训考试，以取得社工资格。二要靠加快引进。在社会工作岗位招聘中，要优先录用持有职业水平评价证书和具有社会工作专业背景的人员。要建立有效的社会工作人才激励机制，规范和落实社会工作者属于专业技术人员的薪酬和保险待遇，从而有效激发社会工作人才的创造活力。专业社工的培养引进是一个大胆探索，要以民政系统为试点，以点带面，逐步推开。

*三要带动一批，促进社工、义工“两工”联动。*社工作为以社会工作为职业的专业技术人员，不同于无偿志愿参与社会服务的义工，但“两工”可以联动，由社工发展、指导、联系和服务义工，一方面社工的效率大大提高，另一方面义工通过社工为其搭建的平台和提供的机会得到锻炼，回报了社会。区文明办和区民政局要负责义工的招募、服务和管理工作，组建以党员、公务员、在校学生和社区居民为主的义工队伍，健全义工服务登记制度，建立经常性义工服务基地，定期与各社会工作领域主管部门共同组织社工、义工联动服务，并对其服务时间、服务地点、服务质量等进行登记和评估，最终形成长期固定的社工、义工联动服务机制，更广泛、更深入地开展社会服务，营造人人参与的良好社会氛围。

*四要积极创设有利的组织环境。*要实施社会工作队伍行业管理，成立区社会工作协会，负责社会工作队伍的培训、登记、注册、管理、制订规章、继续教育等专业技术方面工作，充分发挥其在促进社会工作队伍专业化、优化社会工作队伍年龄和知识结构、保障从业人员权益等方面的作用。在先进地区，民间社会工作组织是社会工作的主体，政府购买其服务。据统计，香港民间社会工作组织承担着80%的社会服务工作，吸纳了超过60%的注册社工就业。为此，要在充分发挥政府主导作用的同时，坚持分类指导、有序发展的原则，积极培育发展民间社会工作组织。要按照“小政府、大社会”的发展方向，进一步转变政府职能，将应由社会组织承担的社会管理和公共服务职能转移出去，为民间组织发展拓展必要空间。要积极探索政府购买服务机制，以契约化、项目化的运作方式，为民间社会工作组织提供财力保障和政策支持，使之可以进行自主管理和持续发展。

（三）着力加强社会工作基础平台建设

街道、社区是开展社会工作的重要平台。要进一步加强街道和社区建设，切实夯实社会工作发展基础。

*一要进一步完善硬件设施。*继续加快推进“一街一楼”建设，早日实现全面达标。

有计划实施睦邻中心建设，确保2009年全部建设到位。进一步整合社区居委会用房资源，切实解决部分社区居委会用房较为分散、单体建筑面积较小的状况，真正实现“一居一房”，提升社区居委会用房达标水平。切实保证社区居委会用房用于开展社区服务和活动，任何单位和个人不得随意侵占、挪用。要加大“数字化社区”建设力度，力争在2~3年内实现全覆盖。

*二要进一步完善综合服务功能。*要合理设置睦邻中心内部功能分区，突出社会公共服务和便民、利民服务，充分体现睦邻中心作为五个10分钟服务圈的区域性综合服务载体的地位。街道要全部建成行政事务受理中心和社区服务中心，社区居委会要全部建成“一站式、窗口式”的社区综合服务工作站，完善功能设置，规范管理运作，实现政府公共服务社区全覆盖。要有效整合各条线、各类服务信息和管理资源，提高社区工作和资源利用效率，力争实现区、街、居三级社区数字化管理联网，为居民提供高效便捷的服务。

*三要进一步改善社区居委会干部知识结构。*社区居委会干部是从事社会工作的重要力量。要逐步规范社区社会工作岗位设置和人员配备，推进社区居委会干部职业化、专业化。要加大社会工作知识培训力度，通过以会代训、集中培训、境外学习考察等多种形式，不断提高社区居委会干部的社会工作素养和服务能力。力争通过几年努力，80%的社区居委会干部接受专业培训，基本达到专业社工资格标准。

*四要进一步改善社区居委会干部福利待遇。*上面千条线，下面一根针，社区居委会干部工作十分繁重。要建立社区居委会干部福利待遇与经济社会发展水平相适应的增长机制，同步提高社区居委会干部补贴标准。市委、市政府对此也十分关心，正在抓紧研究，方案即将出台。我区将按照全市的统一部署，坚决落实到位，使社区居委会干部的补贴收入在新的一年有较大的提高。同时要切实解决社区居委会干部的养老、医疗等社会保障问题，解除其后顾之忧，进一步增强工作的积极性和主动性，吸引和留住更多优秀人才，稳定社区居委会干部队伍，为深入开展社会工作打下坚实的基础。

三、加强领导，确保社会工作体系建设顺利推进

社会工作体系建设是一项复杂的系统工程，必须加强领导、精心组织、强化保障、合力推进。

*一要加强领导，明确责任。*按照“党委领导、政府负责、社会协同、公众参与”的要求，由区和谐社区建设指导委员会统一领导全区社会工作体系建设。在区民政局设立社会工作办公室，配齐配强人员力量，负责牵头推进社会工作。各社会工作领域发展由各

主管部门负责推进。各有关部门要按照意见中明确的分工，切实负起责任，加快组织推进。

二要精心组织，有效推进。各有关部门要按照会议提出的方向和目标，本着循序渐进的原则，制订具体实施方案，经区和谐社区建设指导委员会同意后组织实施。要坚持规范操作、有章可循，依据国家制定的社会工作政策法规，借鉴先进地区的成功经验，尽快制订和实施符合我区社会工作实际的工作规范，在岗位设置、教育培训、登记管理、考核评价、薪酬保障等方面建立针对性强、具有可操作性的措施、规定和办法。要充分发挥首创精神，注意树立典型、培育亮点，不断彰显社会工作的成效。

三要加大投入，强化保障。资金投入是社会工作体系建设的重要保障。区财政将加大对社会工作体系建设的经费投入，创造有利于社会工作发展的财政支持机制。各有关部门、单位也要落实相应资金，并整合社会资源，扩大社会参与，多渠道融资、引资，引导社会资金参与民间社会工作组织建设，努力争取上级部门专项资金支持，切实保障社会工作资金，保证社会工作体系建设的推进。

四要广泛宣传，营造氛围。目前，人们对社会工作还比较陌生，社会知晓度、认同度普遍较低。为此，要采取座谈会、研讨会、培训班、专家讲座、考察学习等多种方式，采取群众喜闻乐见、生动活泼、通俗易懂的形式，利用广播、电视、杂志、报纸、网络等媒体，深入宣传大力发展社会工作的重大意义，使人们逐步了解社会工作者高尚的道德情操、感人的精神力量、科学的职业规范和丰富的专业内涵，不断认识、理解、尊重、接纳社会工作者，努力形成“有困难、找社工”的新局面，为推进社会工作体系建设营造良好的社会氛围。

对崇安区创新社会管理做法的三点建议

- 无锡市民政局局长毛建新
- 2011年崇安区社会工作服务项目评审暨创新基层社会管理推进会讲话摘录

一、统一思想，充分认识社会工作在基层社会管理中的地位与作用

社会工作的出现和发展是工业化、城市化的产物，是社会进步、人类文明的重要标志。社会工作作为综合运用专业知识、理论和方法，预防解决社会问题、协调化解社会矛盾，终极目的与社会管理目标要求相一致，对于促进社会公平正义，营造诚信友爱氛围，

增加社会和谐因素，具有重要现实意义。要加强创新基层社会管理工作，引入社会工作理念方法，使基层社会管理服务更具针对性、有效性。一是加强基层社会管理，要充分体现夯实社区建设基础。随着社会成员由传统的“单位人”向“社会人”转变，社区成了人们生活和社会交往的地理空间载体，社会管理的重点则是社区这个基层。经过几年的努力，全市社区基础设施建设初步能够满足居民群众的需求，但随着群众基本公共服务需求的不断增加，社区建设水平也需不断提升，这就要求更加重视社区基础建设。二是加强基层社会管理，要充分体现以人为本的服务理念。社会管理是对人的管理和服务，管理是服务的手段，服务是管理的最高境界。把社会工作方法运用到社会管理中，会使管理更能体现人性关怀，实际效果会更加实在管用。三是加强基层社会管理，要充分体现手段方法创新。社会工作是贯穿基层社会管理各个方面、各个环节的重要方法。要借鉴崇安区的这一做法，积极探索社会管理的新途径、新办法，让社会管理创新成为各级党政组织的自觉行动。

二、突出重点，注重运用社会工作方法破解基层社会管理难题

在加快实现基本现代化的征程中，不免会伴随着出现社会不和谐因素，特别是面对民生保障的期望值越来越高，各种利益诉求越来越多，民主自治多元形式越来越得到表现，加强基层社会管理的任务将会越来越艰巨。面对矛盾和困难，仅靠行政手段还不够，必须调动社会力量充实其中。而社工队伍是一支具有专业水平和实践经验的社会建设和管理的重要力量。实践证明，人们思想和心理上的不适应，不是靠行政手段和传统思想教育就能解决的，社会工作的人性化、柔性化和个性化理念更适合调适心理、舒缓情绪，在一定程度上能弥补行政组织和行政手段的不足。因此，在加强和创新基层社会管理中，要着眼于当前重点、难点问题，注重把社会工作的理念方法融入其中，增强社会管理的有效性。

一要寓社会工作于公共服务中，增强群众的满意度。一方面要把社会工作的助人自助精神贯穿于政府行政事务特别是民生改善的全过程，使公共服务做到精细、精致；另一方面要通过政府购买服务，用社会工作专业化的方法手段，来满足人民群众多元化和个性化的需求。

二要寓社会工作于社区管理中，增强方法的柔和度。社区是基层社会管理的基本单元，社区管理既是社会管理的基础，又是管理工作的出发点和落脚点。全市推进社区扁平化管理已经初见成效，以社区党委、总支为核心，居委会为基础和事务工作站支撑的社区治理组织架构已经建立，下一步要重点在强化社区服务功能和加强社区工作者队伍

建设上下工夫，按照国家民政部要求选配 2 名以上具有社工师资格者充实社区，努力提高专业化、职业化水平。

三要寓社会工作于群众工作中，增强工作的说服力。群众工作是我党在长期革命战争实践中形成并继承的优良传统。要把社会工作专业方法与传统群众工作方法结合起来，既可以从人性关怀的角度做好说服教育，又可以通过大众参与的社会服务，让群众之间开展自我服务、自我管理，增强群众工作的影响力和说服力。

四是寓社会工作于特定群体服务中，增强社会包容度。基层社会管理的重点是对弱势群体和特殊群体的服务管理。要关注老弱病残等生活能力较弱群体的生活保障，要有针对性地做好社区矫治对象、戒毒人员、精神残障人员和外来流动人员的管理服务，引入社会工作理念，通过行政、法律等手段，把管控和疏导有机结合起来，实现特殊群体社会功能的修复，促进社会稳定和谐。

三、加强领导，积极为加强和创新基层社会管理创造条件

2011 年是全国性的“社会管理创新年”。基层社会管理，作为社会管理的重要组成部分，是“源头治理”的系统工程，需要各级党政组织和全社会的广泛参与。要积极探索社会工作和基层社会管理高效运作的体制、机制，建立起“党委领导、政府负责、社会协同、公众参与”的社会管理工作格局，借鉴先进城市做法，试行推进党委领导下的社会工作委员会机构运行体制，通过机制、体制创新和制度设计安排，为社会管理提供保障；要整合社区管理资源，健全完善社区扁平化管理模式，更好地发挥社区在基层社会管理中的作用；要加强社会工作人才队伍的建设，通过大规模培训和引进，加快形成具有专业化、职业化精神的社会管理人才队伍；要大力培育社会组织和义工志愿者队伍，引导社会力量的广泛参与，壮大社会管理力量；要加强对社会工作和基层社会管理问题的研究，结合本地实际，吸收借鉴发达国家和先进地区成果和经验，创造性地开展工作，形成具有无锡特色的社会管理创新亮点；要加强对基层社会管理的投入保障，大力推进政府购买服务，同时引导社会资本服务社会，切实把有限的资金从保基础设施逐步向保服务管理方面转变。

附录Ⅲ　思考研究

创新社会工作体系　助推和谐社区建设

——运用社会工作理念建设和谐社区的几点思考

● 崇安区民政局
● 2008 年 7 月

按照党的十七大精神和构建社会主义和谐社会的决定要求，新的一轮城市社区建设全面实施。我区同全国其他城区一样，在推进和谐社区建设进程中，以创建和谐社区示范点为抓手，一手抓社区基础平台建设，一手抓服务体系建设，提升社区和谐满意度，有序推进了四项重点工作。一是加大基础设施建设投入。在街道和社区居委会建成了 5 000 平方米以上的“一街一楼”、500 平方米“一居一房”和提供便民服务的“睦邻中心”。二是扩大基层群众自治范围。结合社区居委会换届选举，扩大居民群众参与民主自治范围，加强社区居委会干部素质培养，提高群众工作能力和水平。三是建立和谐社区建设实施评价体系。于 2005 年率先在无锡市制订了和谐社区建设实施意见和和谐社区评价考核细则，明确了和谐社区建设的任务标准和要求，并把居民群众满意度作为衡量和谐社区的重要尺度，具有科学性、针对性和可操作性。四是完善社区综合服务体系功能。制订并实施“便民、健民、乐民、育民、安民”五大体系 10 分钟服务圈方案，建立公共服务平台，创新运作管理机制，培育服务管理队伍等，实现在居民居住地步行 10 分钟左右，可以享受便捷有效的生活保障、医疗保健、文化娱乐、学习教育、治安安全等方面的服务，最大限度地满足居民物质、精神、文化和健康需求。可以说，一个具有高品质生活的新型社区初步形成。

但是，随着社会转型阶段深层次矛盾和问题的不断显现，和谐社区建设的艰巨性增大。特别是面对民生保障的期望值越来越高，各种利益诉求越来越多，民主自治的多元形式越来越得到表现，以及改革发展中政策调节带来的新情况，给社会和谐带来较大压力。这些矛盾和问题的解决，靠政府有限的力量和资源是不能得到满足的，靠行政方式实施公共服务和管理也已经显得力量单薄，传统的大服务、大支配已经不能适应现实需求，社区居民需要的是更为细化和更为人性化的服务。

面对新的社会格局，要巩固和发展和谐社区建设已经取得的成效，必须有赖于新的社会力量的出现和支撑。为此，我区从去年开始，注重借鉴国内外先进地区做法，引入社会工作理念，探索建立适合我区特点的社会工作体系。从初步实践看，社会工作体系的构建，为和谐社区建设提供了行政组织之外的第三方力量，解决了社会转型过程中因经验不足、准备不足、力量不足、资源不足带来的新困惑。在和谐社区建设中，运用社会工作理念的做法值得思考和借鉴。

一、正视疑难点，发挥社会工作体系作用

在和谐社区建设向更高层次推进进程中，需要面对诸多困难和矛盾，主要体现在以下三点。

一是社会处于转型阶段，深层次社会不和谐因素越来越多，需要社工力量的介入。社会转型的变化主要表现在社会体制、社会结构和社会保障的变化。这些不和谐因素集中表现在就业失业矛盾、贫富不均心态失衡、利益分配不公、弱势群体和问题人群相对增加，给社会稳定带来不利影响。这些矛盾和困难，仅靠行政措施是不够的，必须以社工力量为补充，运用社会工作的人性化、柔性化和个性化理念，有针对性地化解和疏导矛盾。实践证明，在社会转型阶段，人们思想和心理上的不适应不是靠行政手段和传统思想教育就能解决的，应当通过各种形式的心理调适和疏导来舒缓情绪，适应变化。构建社会工作体系，引入社会工作理念，在一定程度上弥补了行政组织的不足，可增强人与人之间的可信度。

二是社区人际生态多元，居民社会服务需求层次越来越高，需要社工力量提供更为专业化、个性化的服务。社区是居民集中聚居的场所，是家庭之间、人与人之间彼此拥有的小社会。传统社区是熟人圈子，个体通过非正式的血缘、地缘纽带作为自己办事和交流的媒介。社会转型、企业改制后，原来很多由单位承担的保障、福利转给了市场和社会，过去在单位体制下的住房、工资、升职、子女上学、洗澡、粮油食品甚至看电影等一切物质和精神需求均取决于单位的状况，如今甚至夫妻吵架“找组织”解决等情况也转嫁到了社区。单位制的弱化带来了工作和生活的分离。“单位人”变成“社会人”后，居民对社区服务的要求越来越高，服务需求的领域范围也越来越宽，需要政府、社会提供各种物质、精神文化产品，以满足各种需要。由于社工是以“助人自助”为工作宗旨，因此更能提供多样化、个性化的服务。

三是社会管理形态复杂，社区承接的行政职能任务越来越重，需要社工力量的支持配合。单位的保障少了，健全的社会保障体系还没有完全建立起来，社会管理任务非常

艰巨；人员的流动性和陌生性增强，增加了社会的不安全、不稳定性；各种利益的诉求，需要大量的人力、财力来应对解决；社会保障体系从头起步，增加了各级工作的难度；在解决老问题的同时，又衍生出许多新的矛盾和困难，许多长期历史欠账还在，新的问题又在不断出现。这就使得目前社区居委会承接的行政事务越来越重，救助、劳保、计生、城管、综治等职能纷纷下移，各种检查评比考核也直接下到了社区，社区居委会工作不堪重负。许多地区探索建立了社区工作站，以此作为行政服务的平台，但大多是增加机构不增人，没有从根本上解决社会管理和公共服务的方法途径问题。社工力量的出现，可在一定程度上预防和缓解社会矛盾，相对减轻工作负担；同时，社工作为服务的提供者和政策的传递者，承担行政事务有其独特的优势，在新理念的支配下，做好行政事务更具有针对性和有效性。

二、抓住着力点，完善社会工作体系内涵

突破现行体制、机制，建立社会工作体系，不仅是服务管理理念的转变，而且是对基层社会管理力量的加强。从我区探索实践看，立足于和谐社区建设，设置社会工作体系功能内涵，有利于发挥社工力量的最大潜力。具体可从四个方面抓好体系建设。

一是平台载体。街道、社区是社会工作的基础，开展社会工作服务必须具备基本条件。建立符合各类服务对象要求的服务平台，是社会工作体系建设的重要内容。从我区情况看，在完善“一街一楼”、“一居一房”功能设施基础上，有计划地在商业服务相对薄弱的社区推进实施“睦邻中心”建设、街道和社区硬件设施建设是和谐社区建设的重要体现，这是社会工作服务的重要阵地，必须加大投入，高标准建设。在街道建成行政事务受理中心和社区服务中心，社区居委会建成“一站式、窗口式”综合服务工作站，实现政府公共服务社区全覆盖。同时，要注重整合各条线、各类服务信息和管理资源，提高社区工作和资源利用效率，建成数字化社区，实现区、街、居三级社区数字化管理联网，以提高办事效率。引入社会工作理念，为各类服务对象提供服务，这同样需要相应的平台载体。根据服务对象需求，我区建立的康乐老年人社会工作服务中心、禁毒社会工作服务基地和青少年心理咨询中心，发挥了非常有效的作用。禁毒社会工作服务基地不仅为服务对象提供心理抚慰、药物治疗，还为他们提供就业岗位，让他们通过自食其力，回归正常生活轨道。

二是组织构架。社会工作服务在国内尚属起步阶段，我区在探索实践中感到，社会工作体系建设需要有力的组织保证。这个组织既不能完全属于行政组织，也不能游离于社会组织之外，在组织管理社工力量特别是社工队伍时应当具有权威性和领导力。我们

认为，建立“党委领导、政府负责、社会协同、公众参与”的组织格局，有利于社会工作健康有序地开展。政府成立社会工作办公室，负责社会工作的统筹规划、宏观管理和督促检查。成立行业协会，负责社工队伍的培训、登记、注册，规范社会工作行业服务和管理。同时，根据服务对象要求，重点在三类服务对象中建立专门服务组织。一是困难群体。就是为以最低生活保障和困难救助对象为基础的社会救助人群服务，为他们提供基本生活需求，提供就业保障服务等。二是弱势群体。就是针对青少年、妇女儿童、老年人、残疾人建立的服务组织。三是特殊群体。重点是为社区矫正对象、戒毒禁毒人员等建立的专业服务组织。这些组织的成员单位涵盖了从事社会服务领域的方方面面，有机关部门、街道和社区，有法律服务、心理咨询服务、医疗卫生行业等，形成了全方位、多层次需求的服务组织网络，比较好地调动了职能部门和社会单位参与社会工作服务的积极性。

三是队伍建设。社会工作强调专业服务，专业服务需要专业队伍。从我区实际出发，我们在社工队伍建设中，重点抓好培养、提升、转换、引进工作。一是培训现有从业人员。针对现有从业人员普遍缺乏专业背景的实际，有计划、分类别、多形式地开展社工专业培训和继续教育。2008 年是全国社工资格考试第一年，我们依托江南大学举办培训班，有 150 多名社区工作者、居委会干部、福利机构工作人员参加了系统培训，其中将有一批能够通过考试成为国家级注册社工师。二是引进专业社工人才。在区级范围内，研究开发社工岗位，逐步调整岗位结构，制订岗位标准，招聘录用具有职业水平评价证书和社会工作专业背景的人才进入到社工队伍中来。三是带动一批义工人员。由社工发展、指导、联系和服务义工，才能促进社会工作开展。目前，我们在老年社工和禁毒社工服务中，采取了“1+5”（即 1 个社工带动 5 个义工）的工作方式，针对服务对象，把专业相近的义工志愿者吸收到义工队伍中来，既提高了工作效率，又增强了他们对社会工作的认同感。

四是民间力量。在先进地区，民间社会工作组织是社会工作的主体，政府购买其服务。据统计，香港地区民间社会工作组织承担着 80% 的社会服务工作，吸纳了超过 60% 的注册社工就业。可以看到，政府在发挥主导作用的同时，要坚持分类指导、有序发展原则，积极培育发展民间社会工作组织。按照“小政府、大社会”发展方向，转变政府职能，把由社会组织承担的社会管理和公共服务职能转移出去，为民间组织发展拓展必要空间。

三、找准结合点，抓好社会工作体系运用

社会工作提供的不仅是简单的利益给予，更多的是帮助被服务对象发挥自己的主观能动性，自我审视、自我决策、自立自强。社会工作的本质要求，决定了社会工作有别于行政性工作的方法。我们认为，在目前的体制、机制框架下，找准结合点，创新工作方式，才能更有效地发挥社工作用。

一是项目化的接转外包。目前国际、国内市场非常流行服务外包。“外包”已经成为转变经济增长方式的时髦名词。经济活动可以服务外包，社会服务、企业服务、政府提供的公共产品也可以服务外包。事实上，先进地区以政府“购买服务”的方式把公共服务项目交给了民间组织完成，这个过程也就是服务外包的过程。项目化接转外包，顾名思义就是，政府提供社会公共产品服务时，把服务项目分解细化，明确项目的内容、目标、任务和要求，交付给第三方组织即社会单位（民间组织），政府做好政府的事。接转外包事关政府职能转变，是利益的再分配。目前，许多地方的社会工作服务组织采取了契约型服务方式，这也是政府购买服务的一种形式。实行接转外包式的服务，政府可以集中精力做好行政事务和社会管理工作，把养人养机构所需的成本用在民生服务上。

二是系统化的“政社对接”。所谓“政社对接”就是把行政事务和社会服务有机结合起来，增强服务的针对性、有效性，提高政府服务效率，满足居民群众需求。从目前各地社区建设情况来看，普遍存在两种倾向：一种是过分强调社区居委会的功能，实行“议政分设”、“居站分设”，把居委会独立出来，还原它的“自治组织”本来面目，让老太太、老大爷代表居委会反映民意，社区设立事务工作站，把公共服务和社会管理的职能承接下来，每个条线都下派或编配人员；另一种是社区居委会成了最基层的行政组织，居委会干部行政化，大多数居委会干部是委派的，不仅要给社区居民提供服务，还要完成上级委托的其他任务，包括经济指标、拆迁甚至截污和排污生态文明建设等任务。政府部门行政事务下移，社区工作人数有限，工作任务重和人手紧张的矛盾比较突出，造成了该做的事情做不好，不属于自己的事情又要做，影响了服务质量，引发了居民群众对政府服务的不满意。强调系统化的“政社对接”，就是系统有序地整合行政事务，委派具有专业背景的人员对服务对象进行服务。“政社对接”服务，符合我国社会工作的基本原理。“社工既是政策倡导者角色、服务提供者角色，又是行政传递者角色，在社会政策实施中，承担着各种行政管理和组织工作，担负着贯彻落实政策的角色。”也就是说，在社会政策实施中，社工扮演着推行、执行和传导政策的角色。我们提出行政工作和社会工作对接，就是利用社工的职业属性和专业特长，在提供行政服务的同时，

把社会管理要求延伸到助人自助的服务理念中去。做到“一手硬、一手软”，将社会管控和社会疏导有机统一起来，以防止因管控失效而造成新的矛盾对立，或因疏导过软而解决不了问题。

三是扁平化的对点服务。就是简化管理层级，直接面对面为服务对象提供服务。目前我们的社会管理和公共服务仍然采取了一级对一级部署安排的组织管理做法，区下达指令给街道，街道再部署给社区居委会，社区居委会甚至把任务分派到居民小组长和党小组长、楼长中，程序繁琐，周期较长，成本投入较大。服务者与被服务者之间成了间接关系。要提高服务质量和水平，增强服务的及时性、有效性，面对面、点对点的服务管理才更符合社区建设的需要，才更符合居民群众的需要。因此，为困难群体、特殊群体提供服务管理采取扁平化的点对点方式，有利于这些群体的服务需要。有条件的街道和部门，应在这方面做一些探索创新。

四、提供支撑点，健全社会工作保障体系

社会工作体系建设，仅靠自己运作其生命力不会长久，需要建立相应的保障机制和采取对应的措施。经过一段时间的探索实践，我认为，应着力在以下四个方面建立相应机制。

一是建立政府购买服务的保障机制。公共财政投入纳入政府预算，行政事务和社会服务项目能让社会中介组织承担的，就下放给社会中介组织。政府对服务所需的投入要进行科学测算，把服务项目分包给社会中介机构，政府重点抓好科学规划、管理考核特别是提供资金保障。目前，政府购买服务在有的系统还刚刚起步，相信时机成熟后，我区也能在这方面做出实质性推进。

二是建立上管下评的考核评价机制。目前，各个条线系统都建立了自己的工作考核评价制度，考核评价非常细化、量化。我们认为，有形的工作靠量化考核固然重要，但无形的工作量化考核就容易“形式主义”了，问题出在考核管理部门又同时担任着考核评价角色。我们在和谐社区建设考核细则中，除明确一些硬性的“一票否决”指标外，更多的应强调居民群众对社区的满意度，要让居民来测评打分。这就是说，社区是否和谐，由居民说了算。这就是我所谈的“上管下评考核评价”。考核单位不能只唯上考核，而要接受群众考核。这个考核评价工作需要勇气和智慧。现在许多工作非常重视对上负责，经常出现上级满意基层不满意的事，因此实行“上管下评”的考核办法，把对上负责和对下负责结合起来，这才是我们最终的工作目标。

三是建立中介组织培育机制。发达国家和先进地区，社会工作组织的发展主要依赖

民间中介组织的发展。目前，社会服务类民间组织大体分为三种：第一种是由政府支持的民间组织，是由政府推动成立，享有政府的行政动员力量的持续支持；第二种是纯民间组织，是完全依靠社会捐助和收费服务支持的社会服务机构，这些民间组织没有国家公共财政的固定拨款支持；三是契约型社会工作服务组织，是在政府购买服务改革趋势下成立的组织，就是前面提到的由政府提供服务场地、提供人员和部分服务经费的一种形式。考虑到民间中介组织是新生事物，起步阶段仍然需要政府的有力推进，其中建立培育机制是发展培育民间组织的政策保障，要下大力调查研究，借鉴先进地区的做法，制订相关制度措施。

四是建立政府和社会组织协调机制。政府的事情由社会组织完成，需要有效地协调管理。目前，我们在区一级成立了社会工作协会，通过吸收政府部门人员和社会单位成员来加强社会工作的组织协调。在社会工作不断发展的过程中，仅靠协会等行业组织还不够强有力，需要制度性的保障机制来约束和管理。这样，我们的和谐社区建设和社会工作体系建设才能健康有序地发展。

创新社会工作体系　建设和谐满意崇安

● 崇安区民政局
● 2008 年 9 月

2007 年以来，我区在上级部门的指导帮助下，围绕建设和谐满意崇安的目标，借鉴先进地区的成功经验，顺应崇安优化发展的迫切要求和居民群众的需求，做出了探索社会工作体系建设的部署。经过一年来的实践，取得了初步成效。

一、社会工作体系的内涵功能

面对新的社会格局，要巩固和发展和谐社区建设已经取得的成效，必须有赖于新的社会力量的出现和支撑。从初步实践看，社会工作体系的构建，较好地解决了和谐社区建设向更高层次发展过程中因经验不足、准备不足、力量不足、资源不足带来的新困惑。社会工作是一种以“助人自助”为宗旨，综合运用专业知识、理论和方法，帮助有需要的个人、家庭、群体、组织和社区，整合社会资源，协调社会关系，预防和解决社会问题，恢复和发展社会功能，促进社会和谐的专门职业。在构建社会工作体系过程中，我们注重从四个方面把握其功能定位。

一是社会工作领域体现广泛性。我们在探索实践中感到，社会工作广泛分布于社会管理服务的各个领域，与社会的各个阶层紧密联系，具有覆盖广、跨部门多、分散度高的特点。借鉴发达国家和先进地区做法，通过前期调研，我们把困难群体、弱势群体、特殊群体三大群体确定为社会工作服务的首要对象，把具有一定基础工作的社会救助服务、就业保障服务、青少年服务、妇女儿童服务、老年人服务、残疾人服务、社区矫正服务、戒毒服务、综治工作和外来人口管理服务等确立为十大社会工作重点发展领域。坚持“成熟一批、推出一批”的原则，采取先试点、后铺开的方式，稳步推进，逐步深入。

二是社工队伍体现专业性。我们认识到，社会工作是专业服务工作，社工是具有专业背景和职称的专门人才，构建社会工作体系需要专业的人才队伍作支撑。面对社会工作这一新生事物，特别是社工专业人才普遍缺乏，社工专业队伍尚未建立的现状，我们通过提升转换一批现有从业人员、引进培育一批专业社工人才、带动发展一批社会服务队伍“三个一批”的形式，切实加强社会工作人才队伍建设，推动社会工作向专业化、职业化方向发展。

三是社会工作主体体现多元性。社会工作介入的大多是比较复杂的问题，需要运用方方面面的力量共同解决。社会工作的主体不仅有政府的推动，也有社会民间组织的参与，既有行政事业单位的运作，也有社会服务机构的加入。政府负责制定各类社会工作推进政策，民间社会工作机构承接外包的各项社会服务，并接受政府的监督和评估，社工则直接服务于受助人群等，形成了社会工作多方协同，通力合作的良好格局。

四是社会工作服务体现系统性。社会工作服务有别于其他一般助人活动，它强调专业的工作方法和流程。具体来说，社会工作主要有个案工作、小组工作和社区工作等一系列方法，通过构建个人、家庭、单位、社区四级支持网络，由微观到宏观多角度为服务对象提供帮助。目前，我们在推进社会工作专业服务中，力求按照社会工作的系统流程（包括接案、预估、计划、介入、评估和结案六个阶段及步骤）进行专业服务，每个阶段和步骤都有各自不同的工作任务、内容、方法和技巧。

二、社会工作体系建设的推进实施

社会工作体系建设推进以来，我们围绕重点发展领域和目标要求，有序组织，稳步实施。重点抓了以下几方面的工作。

（一）全面部署推进，明确目标任务。区委、区政府高度重视和支持社会工作体系建设，将社会工作体系建设摆上了全区重要议事日程，列入区政府重点工作。经过调研和论证，制订出台了《关于探索推进社会工作体系建设意见》，年初，社会工作体系推进大会作为 2008 年第一个全区性会议隆重召开，标志着此项工作的全面部署实施。此后，又及时召开了社会工作体系建设情况分析会和社会建设推进大会，听取情况汇报，跟踪落实项目进展情况，总结成功做法，分解细化目标任务，进一步动员组织各级、各部门探索创新，有所作为。

（二）加强学习培训，促进提升转换。在全区掀起了学习社会工作知识的热潮。区委、区政府领导带头学习社会工作知识，将社会工作理论作为中心组学习内容；区中青年干部“双增强”培训班专门学习社会工作专业知识；组织社区工作者赴境外和先进地区学习取经，参观拜访多家不同性质的社会工作机构，请来专家学者及注册社工等专业人士授课。与江南大学签订合作培训协议，建立合作办学关系，举办首期社会工作专业知识培训班。按照全国社会工作师职业水平考试大纲要求，系统培训了 150 多名包括机关、街道、社区人员在内的社会工作从业者。经培训的学员均参加了 6 月底全国首次社会工作师职业资格考试，有望成为第一批具有认证资格的专业社会工作师。

（三）构建网络体系，夯实组织基础。组织保障作用的发挥是推进社会工作体系建设的坚强保证。为此，我们重点做了三项工作：一是建立社会工作组织机构。专门成立了社会工作办公室，落实工作经费，配备一名专业工作人员，明确和制订工作职责，牵头推进社会工作体系建设。还成立了全国范围内首家区级社会工作协会，首批吸收社会服务行业的各类社会事业单位、民间社会组织为基础的单位代表和热心志愿服务的个人代表，共计有 112 名协会会员。二是制订相关规章制度。根据国家制定的社会工作政策法规，结合本区实际情况，制订了《崇安区社会工作专业岗位设置办法》《崇安区社会工作者等级管理办法》《崇安区社会工作者管理考核办法》等三项基础性制度。三是初步形成了组织网络。目前，“党政领导、民政牵头、部门协作、共同参与”的全方位、广覆盖的社会工作体系格局已基本形成。社会工作体系建设由区和谐社区建设指导委员会统一领导，区民政局和区社工办牵头协调，区七大职能部门负责推进十大社会工作重点发展领域，明确一名社会工作专门联络员，充分发挥其在各部门与区社工办之间的桥梁和纽带作用。

（四）搭建服务平台，开展专业服务。社会工作平台是专业社工开展专业服务的重要途径。目前，我区在老年人服务领域、青少年服务领域、戒毒人员服务领域建立了具有首创示范意义和专业特色的社会工作实践基地。一是康乐老年人社会工作服务基地。依托康乐苑养老机构现有资源和条件，以社工带动义工为基础，以 1 个社工带 5 个义工的“1+5”模式，用人性化、个性化和柔性化社会工作服务理念，为老年群体提供康复保健、精神慰藉、护理照顾和权益维护四大专业服务。同时强调社会工作服务的规范性，做到沟通有准则、工作有流程、活动有记录、结束有评估。奥运会期间，服务基地与江南大学社会工作专业学生一起，组织策划了以“迎接盛世奥运，弘扬奥运精神”为主题的老年人趣味活动，将服务老年人与宣传奥运精神巧妙结合，在炎炎夏日为老年人带来欢声笑语，带来关怀和安慰。二是贝康社区戒毒康复服务基地。依托崇安区贝康包装材料公司现有的工作生活条件，为戒毒人员平稳回归社会创造良好的社会环境。通过帮教、康复和就业相结合的工作机制，实行免费食宿，进行法制教育和心理矫正，重塑戒毒人员融入和适应社会的各种能力，目前已为3名对象提供了过渡性就业岗位。三是广益佳苑社区青少年事务工作站。通过入户上门、到派出所搜集资料、向居民了解情况等形式，对辖区内青少年基本情况进行排查摸底，确定了26名青少年为社会工作重点服务对象，通过招募义工为他们提供基本生活、行为矫正等方面的服务。

（五）加大宣传力度，营造舆论氛围。针对社会工作大家了解甚少和社会工作开展的现状，我们运用各种方式和途径，进行舆论宣传。首先，订阅相关刊物、制作各种宣传材料，供学习教育使用。先后汇编了200余份“社会工作知识”系列专刊，分发给相关的单位部门和领导。其次，以社会工作协会成立为契机，设计制作了以“和谐之基”为主题的“区社会工作剪影”画册、展板以及多媒体演示，展示近年来我区社会建设所做的工作。充分利用广播、电视、报纸、网络等媒体，大力宣传我区社会工作领域体制、机制、活动创新方面的经验和做法，扩大了社会工作体系建设的影响力，提升了全市人民对社会工作的关注度。

三、社会工作体系建设的启示

经过探索实践，社会工作体系建设越来越显示出其必要性和紧迫性，其现实意义和启示也是多方面的。

一是社会工作体系的建设为社会管理服务注入了新的理念。社会工作起源于发达国家和地区，具有与行政工作不同的专业伦理价值观和专业服务功能，是具体解决社会问题的专业活动，这就决定了社会工作有别于行政工作、思想工作的思路和方法。一般行政管理倾向于使用行政权力自上而下解决问题，社会工作则是通过提供非行政化、非官僚化的服务化解矛盾、疏导矛盾，从而达到维护社会秩序的效果，间接地起到了社会管理的功能。在实践中，我们注重加强公共服务职能部门社会工作理论知识学习，其目的就是要求相关人员学会用社会工作的观念思考问题，用社会工作的思路方法解决问题，运用社会工作的理念更好地履行社会服务管理职能。

二是社会工作体系的形成为和谐社区建设提供了新的支撑。社会工作是基层基础工

作，和谐社区建设是和谐社会建设的基础，基本要义相近，工作目标相同。和谐社区建设要求我们坚持以人为本，把服务居民作为社区建设的重中之重。社会工作体系的形成为和谐社区建设提供了行政组织以外的第三方力量，增强了居民群众对社区的认同感和归属感。在实践中我们感到，社会工作体系的建设应更多注重运用居民自身的力量，鼓励居民积极参与其中，推动居民之间交流、沟通和互助。因此在设置社会工作服务项目时，我们注重引导居民的自我教育、自我管理、自我服务、自我监督，提高了和谐社区的自建能力。

三是社会工作体系的实施为完善社会保障开辟了新的路径。社会保障和社会工作都把对社会困难群体、弱势群体的关怀和帮助作为第一任务。但不同点在于，当前社会保障工作以行政指令来实施，体现在物质帮助和社会救助上，忽视受助群体的个人需求特别是精神心理需求。社会工作则通过面对面的直接服务，更多地将心理辅导融入其中，注重受助对象自助能力的提升，用比较个性化的方法传递人性关怀。同时，社会工作还扩大了救助保护的范围，为现有的社会保障提供了新的补充，促进了社会保障体制的发展和完善。

四是社工力量的出现为满足居民多元需求提供了新的途径。随着经济社会快速发展，人们的物质生活水平也在逐步提高。事实证明，人民群众越来越注重生活质量的提升和满足，精神文化需求正向着多元化、个性化方向发展。社会工作不但强调满足人民群众的物质文化需求，更加注重通过各种形式的服务，使个人找回自我，获得理解，实现自我价值。社工正是运用个性化、柔性化、人性化的服务，为个人需求制订独特的服务方案，挖掘个人内在的动力和潜能，来实现其社会功能重塑，以适应社会环境的变化。

五是社会工作体系的建设为转变政府职能创建了新的模式。社会工作体系的建立，较好地解决了社会建设长期缺位或滞后的问题，较好地形成了市场、政府和社会组织三者之间优势互补、良性互动的关系，充分整合了政府、市场、社会等各方面资源，为社会建设服务。在推进社会工作体系建设中，我们拟定通过政府购买服务和项目化运作等方式，通过培育与扶植民间社会工作机构等途径，推动民间机构有效地承接政府部门转移出来的事务，减轻行政部门工作负担，扭转政府“大包大揽”的局面，促使政府职能由传统的“全能型政府”向“服务型政府”转变，社会管理体制从单一行政管理向政府行政管理和社会自我管理相结合的多元化方向发展，最终形成“党委领导、政府负责、社会协同、公众参与”的新型社会管理格局。

推进社会专业服务，构建新型社区管理服务体系

——对无锡市崇安区“七彩家园”开展服务的几点思考

● 崇安区民政局徐向林

● 2011 年 12 月

加强和创新社会管理，强化城乡社区自治和服务功能，健全新型社区管理和服务体制，是中央做出的战略部署。城乡社区作为保障和改善民生的基础平台，在社会管理和公共服务中起着不可替代的作用。面对人民群众日益增长的物质精神文化生活需求，对社区管理服务提出了更高要求。无锡市崇安区江海“七彩家园”社会工作服务中心，是在街道层面建立的面向特殊群体、弱势群体提供专业服务的社会机构，通过与社区公共服务平台的有机衔接，吸收社会工作师、心理咨询师、精神卫生医师、婚姻指导师、法律工作者进驻，承接社区公共服务和管理不能企及的工作，赢得了服务对象及其亲属的欢迎。试行实践证明，构建新型社区服务体系，推进社会专业服务十分紧迫而必要。

一、引入社会专业管理服务势在必行

新型社区管理和服务体系建设，内涵丰富，路径广泛，空间和舞台很大。从实际需求看，社区管理服务仍有可以加长的“短板”和有待延伸拓宽的领域。

一是公共服务虽已完善，但专业服务普遍缺失。近几年来，各地重视社区建设，社区普遍建立了事务工作站，居民群众不出社区就能办理行政事务，一批文化教育体育、居家养老设施进入社区，公共服务基本到位。但这些服务仍不能满足个性需求，特别是对残障人员、婚姻危机家庭、行为失范对象等需要进行专业性管理服务的群体，还缺少相应的专门人员和专业技术支撑。而恰恰是这类群体最需要给予帮扶。

二是基本需求虽能满足，但特殊需求门槛较高。目前生老病医、衣食住行等需求基本能够满足，针对特殊群体和弱势群体提供的特别服务相当不足，特别是社区一级本应可以解决的问题，却因公共资源匮乏而不能顺利实现，居民群众“有病进医院，有事进法院”成了不得已而为之的求助通道，一方面耗费了大量公共资源，另一方面增加了服务对象负担。在社区与公共管理服务机构之间建立“缓冲地带”，为特殊和弱势群体融入社会提供帮助，可以就地消解社会不和谐因素的“肿瘤细胞”，把社会矛盾和问题解决在基层。

三是自治功能虽已加强，但社会参与度普遍不高。从崇安区情况来看，居委自治、业主自治、参与式管理等有声有色，群众性自助、互助服务得以形成，但大多数社区自

治组织还停留在维权、维利和文化参与上，对象以本社区居民特别是老年人为主，社会组织和机构参与自治管理和服务不够。由此带来的情况是：多元化服务受到局限，专业化服务缺乏支撑。

四是“物质”领域保障虽已丰富，但“非物质”领域服务未能受到重视。目前，政府行政力量推动下的公共服务，基本上是以物质保障为标志，民生保障以物质救助为主，公共服务管理是以硬件设施建设投入为主，其情况是有饭吃、不温暖，有场所、没活动。在物质生活相对满足的前提下，关注重视人民群众精神、情感、心理需求，相应做好管理服务保障，吸引社会专业服务机构的加入，可以解决好社区服务“最后一公里”问题。

二、构建专业管理服务模式切实可行

社区专业服务的构建，并不是对传统社区运作机制的变革，而是在现行体制下，对条件具备地区的社区承载功能进行梳理、整合、放大和延伸。借助专业性社会组织和机构来承担政府公共服务所不能企及的服务管理，是动员组织社会力量参与的重要方式。从苏南等经济发达地区来看，可以创造以下相应的条件和便利。

一是搭建工作平台。专业服务是社区公共服务的延伸和补充，一般公共服务和管理既不能包揽也不能替代。在社区层面建立工作平台，单靠社会组织和专业机构是难以做到的，必须得到政府的支持。“七彩家园”社会工作服务中心之所以运作成功，是因为所在的江海街道办事处专门拿出了 1 000 平方米商业开发用房，专供社会机构使用，并打出了社会组织建设品牌，形成了良好的集聚效应，辖区内居民群众不管有什么需求都可前来咨询和服务，专业服务人员也更方便直接走到居民中去。

二是整合社会资源。行政手段不是万能的，居民群众个性化、多样化需求可以通过整合和调剂资源的手段，由社会和市场来做。许多社会工作、心理辅导、法律服务、健康管理以及婚姻指导等专业机构，大多数在“找市场”，如果政府从社区层面进行整合，“为我所用”，把政府公共服务解决不了的对象转交给专业服务机构，政府则提供相应的条件和保障，不仅能弥补政府公共服务的不足，还能为社会机构开发市场提供帮助，这是双赢的选择。

三是培育专业组织。农村各种养殖、种植协会的培育发展启示我们，社区专业服务组织和机构的发展同样需要政府的培育和扶持。根据社区专业服务需求，扶持和培育社会组织，是当前登记管理机关的当务之急。目前广东等省份已经降低民间社会组织登记管理门槛，将社会组织发展纳入了现代化体系指标，社会组织发展呈现良好态势。政府对专业社会组织的培育，还包含培养和培植工作。根据 18 部委关于加强社会工作专业人才队伍建设意见的要求，政府有责任把社会组织专业人员纳入人才培训计划，帮助提高专业人员技能水平，从而更好地为社区服务。

三、创新专业机构保障方式简便易行

专业社会服务是来自“体制外”机构提供的服务，承担的是政府想做而做不到的事情，政府理应在提供资源、加强监管的同时，给予政策性扶持和资助保障。

一是精细化分工定责。社会专业机构提供服务，其服务对象以自发上门求助为主，靠自身很难挖掘服务资源。实现社区与社会机构的互动对接，可以更好地摸清社区特定需求对象的底数。利用社区掌握着特殊群体和弱势群体基本情况的优势，细化分类，建档管理，转接交办，服务会更加精细到位。“七彩家园”社会工作服务中心之所以良性运行，前提是社区社工和机构专业人员相互协作，社区社工配合调查摸底，主动介绍专业机构入户或推荐服务对象上门。机构人员点对点地提供专业服务，并建立台账和数据库，对服务情况进行不间断地回访和评估，这种服务更加人性化、可持续。

二是项目化购买服务。以项目化方式开展专业服务，便于对服务内容、时间、成效进行量化，使服务体现“实体化”。不少地区推行的“公益创投”、“公招公投”社会服务，皆以社会机构提供服务项目的方式运作。从“七彩家园”社会工作服务中心情况看，蓝丝带工作室申报的“让爱穿越残障”项目，服务对象为智残和精神疾病患者；爱之摇篮服务社申请的育龄妇女服务项目，为服务对象提供孕期保健、生产常识、产后康复等服务。政府根据机构提供的服务工作量和服务时间，计算应给付的劳动报酬，最终以购买服务的方式给以经费支持。目前，崇安区试行的购买服务项目，是经过征集、招标、评估、督导、验收“五步法”实施的，在运作中采取了授权委托、直接资助、订单转接、差额补贴和以奖代补等多种方式，政府与机构签订委托服务协议，最终由政府提供资金资助。

三是标准化管理评价。加强对社会机构的监管是政府的职责，但现行管理仍停留在行政许可和年检工作层面上。崇安区为确保“七彩家园”等服务机构常态化运行的做法值得借鉴。区在提供适当保障的同时，为社会组织机构建立了一套标准化评估、评价体系。对社会工作机构建设制订了服务场所、信息管理、工作流程、人员礼仪和质量评价五类标准体系的60项工作要求；对社会工作者建立了考核评价办法，通过自评、测评、问卷、回访等方式，检验服务满意度，将服务评价考核结果作为下一阶段购买服务的依据，这种做法，大大激发了社会参与的活力。

四、健全新型管理服务体系实在惠民

为弱势群体和特殊群体提供专业服务是一项利在他人、促进和谐的惠民工程。从崇安区“七彩家园”社会工作服务中心工作情况看，普遍得到了服务对象亲属的欢迎和肯定。其作用和成效显而易见。

*一是“低成本”服务让弱势群体更加方便。*把专业服务延伸到家门口，让专业人士走进社区，既解决了居民群众的出行不便，又解决了服务费用问题。许多弱势群众及其家人因条件受限，有了“毛病”尽量自己“扛”过去，总认为“投医无门”。从“七彩家园”蓝丝带工作室的服务情况看，精神残障对象及其家庭常年忍受着极大的痛苦，他们想到精神卫生医院就诊，却又碍于尊严和面子，当然也有“看病贵”的问题，结果只得放弃治疗。蓝丝带工作室定期聘请精神卫生医生和心理医生坐诊，为这类家庭带来了“福音”。慢性病健康管理工作室聘请了专门指导健康管理的医生和专业服务人士，一批小病“扛着”大病住院的居民，经过健康指导师的辅导，纠正了不良生活习惯，提升了生活质量。这类体现人性关怀的专业服务，通过走入社区，得到了居民群众越来越多的认可。

*二是“个案式”服务切实解决了实际问题。*社会机构服务，如同医生坐堂，一对一地把脉问诊，这种服务比大众普适性服务更具针对性。由于政府资源有限，实行“个案式”服务难度较大，只有依靠社会机构，动员社会力量参与才能实现。崇安区“七彩家园”引进了一批具有专业特长的修复“社会问题”的理疗师进驻，根据辖区内特殊群体和弱势群体的需求特点，分门别类做好个案调查分析，对确有生活困难问题的，积极争取政府的救助和社会资助；对精神情感方面出现问题的，有针对性地进行疏导排解；对因就业和社会保障方面产生问题的，积极协调解决；对涉法的问题，坚持依法治理和人性化管理结合，开展好工作。机构与许多服务对象订立了中长期帮扶规划，定期上门服务、检查评估、跟踪问效，以确保从根本上解决服务对象的问题。

*三是“去行政化”管理让特殊群体更易接受。*社区矫正对象、刑释解教人员、戒毒康复对象以及违法管护对象等，通常被称之为特殊群体，这类群体因自身原因或不健康环境影响导致行为失当，受到司法机关惩处，他们原有的工作生活境况被改变了，精神和心理也发生着变化，往往对“被管理”非常敏感。社会专业服务组织的公益性、民间性、自治性特征，体现了与人民群众的天然联系。“七彩家园”承担了对 30 余名社区矫正对象和戒毒康复人员的管理服务，社工的介入，让这些服务对象消除了“被管制”的感觉，增进了服务与被服务者彼此间的信任。比之司法机关的管理，这些人员更加配合管理服务，受到社会关爱的感受，更激发了被服务者内在“改过自新”的强烈愿望，大多数服

务对象重新走向社会，自立自强，有的还成了社区志愿者。

运用社会工作元素　推进积极老龄服务

● 崇安区老龄办公室杨春南
● 2009 年 11 月

我国社会正面临人口老龄化的挑战。做好老龄人群工作，不断满足广大老年人日益增长的物质、文化生活的需要，让老年人共享改革发展成果，是贯彻落实科学发展观，以人为本的重要体现，是促进社会公平正义，维护社会和谐稳定的重要保证。

在当前全面建设小康社会的过程中，人口问题是我国社会可持续发展面临的首要问题。而老龄问题又是人口问题中的重要问题，应对人口老龄化挑战的对策就是要在老龄问题中坚持可持续发展战略。这需要做好两方面的工作：一是要努力保障和增进老年人共享社会成果的权利；二是要努力尊重和维护老年人参与社会发展的权利。通过老龄工作，实现积极老龄化，进而实现和谐老龄化，将老年人的“消极存在”变为“积极存在”，这就是老龄工作坚持可持续发展战略的重要内容，也是解决中国老龄问题的战略举措。

在实现积极老龄化，将老年人的“消极存在”变为“积极存在”的过程中，社会工作的介入可以更好地推动这个进程。这是因为，社会工作是以科学知识为基础，以利他为指导，运用科学的方法进行的助人服务。按照社会工作的价值观和专业伦理，在为老年人实施服务，开展老龄工作的过程中，就要坚持以老年人为本，充分尊重老年人，从老年人的立场出发，以老年人为中心，来思考与处理老年人的问题。同时，社工不应简单地给老年人以帮助，而是要用科学的方法帮助老年人发展自己的潜能，提升自己的能力，参与社会的发展。这样，老年人从“消极存在”变为“积极存在”，积极老龄化也就能得到很好地实现。

社会工作介入老龄工作，就要在老龄工作领域中融入社会工作元素，充分运用社会工作的理念和方法。这种介入是全方位的，在老龄工作的“老有所养，老有所医，老有所教，老有所学，老有所为，老有所乐”诸方面，社会工作者都可以发挥自己的作用，推进老龄工作，实现积极老龄化。

首先，在保障和维护老年人共享社会发展成果的权利方面，社工可以通过自己的服务和努力，改善老年人生活，提高老年人生活质量。这是老龄工作以人为本，关注民生，实践科学发展观的具体体现。

老年人共享社会发展的成果，包含了政治、经济、文化等诸方面，从狭义方面理解，主要是发展为老服务工作。在实践中，就社区这一层面而言，为老服务主要有养老保障、医疗保障、生活照料、权益保护、文化娱乐、参与社会、敬老公益等内容，主要是要开展居家养老服务。社工可以运用社会工作理念发展为老服务，提高老年人生活质量。一般来说，应该做好这几点：

一是正确评估老年人需求。要了解社区内或一个区域内老年人的情况，既了解老年人的生活能力和生活需求，也了解老年人心理状况和精神需要；既了解大多数老年人的需求即共性需求，也了解个别老年人的特殊需求即个性需求。在此基础上对老年人的需求做出比较正确的评估，为开展老年服务提供依据，以便对需求不同的老年人有针对性地提供个性化服务，避免服务内容与服务对象及其需求脱节。

二是制订并实施服务计划。服务计划要从老年人的需求出发，同时也要兼顾当地服务条件的许可情况。由于每个老年人、不同的老年人群的需求与特点都不同，因此既要考虑老年人的共性要求，又要照顾个别老年人的个性要求。社会工作者要通过计划的实施，来协调服务内容。在计划的制订和实施中，我们都要强调老年人的参与性、参与率、认同感和满意度，这也应是评估计划及其实施效果的基本指标。

三是整合服务资源。老年人的需求是广泛的，涉及社会各个方面，需要社会各方面的协作。为老服务的资源，不只局限在老年人群内部及其家庭，更多的还来自社区内外的社会组织、团体、居民，包括社区内的企事业单位、服务行业系统。社工的责任，就是要把分散、自发和潜在的为老服务资源变成可调遣、动员的为老服务资源，以形成社会支持网络。在整合资源过程中，要注重发展为老服务的中介组织，要注重发展社区为老服务的志愿者队伍，为老年人提供有偿或低偿或无偿的多形式、多种类、多层次的服务。

其次，在尊重和维护老年人参与社会发展的权利方面，社工可以通过自己的服务，为老年人参与社会发展创造条件。

老年人参与社会发展有着重要的意义，有益于提高老年人生活水平，实现其人生价值；有益于发挥老年人余热，促进物质和精神两个文明的建设。在多年的社会主义建设中，老年人形成了勤俭、敬业等好品质，积累了丰富的专业知识和实践经验。无论他们参加无报酬的社会公益活动，还是从事有报酬的体力劳动或技能服务，都是在发挥余热，促进两个文明建设的发展。这样，本来应该是被赡养的老年人群，成为社会发展的参与者，从“消极存在”变成了“积极存在”。

社工在帮助老年人参与社会发展方面，可以发挥什么样的作用，或者说承担什么样的角色呢？

社工应该是老年人参与社会发展的宣传鼓动者。要向老年人宣传这样的理念：在量力而为的情况下参与社会发展，可以使晚年生活更完美，更丰富多彩，可以体现自己的价值，提高自己的生活质量。同时要向社会宣传，参与社会发展是老年人的权利，是实现积极老龄化，坚持老龄工作可持续发展的重要举措，要发动社会一起来构建老年人参与社会发展的平台。

社工应该是老年人参与社会发展的引导者。老年人参与社会发展的形式是多样的，老年人群的构成也是多样的，社工就是要根据老年人的不同情况，引导他们在自愿量力的情况下，以适合自己的方式参与社会发展。有专业特长的可以参与科技、经济活动；老干部、老劳模可以从事关心下一代等工作；绝大多数老年人可以参加志愿者活动，在社区服务、老年互助等方面发挥作用；对于一些有劳动能力且生活困难的低龄老人，可以引导他们从事家政服务或再就业或其他劳动，以取得报酬，提高自己生活水平。这种有益于社会的活动，也属于老年人参与社会发展的范畴。

社工应该是老年人参与社会发展的组织者。老年人参与社会发展是通过一定的组织形式来实现的。在社区这个层面上，社工可以运用社区工作方法和其他社会工作方法，建立一定的组织，如社区老年人协会、社区老年人文体团队、老年志愿者服务队等，帮助老年人组织起来，开展各种活动，参加社区建设、社区管理、社区服务，参与社会和服务社会，并从调动和激发其潜能的角度，为老年人提供持续的参与社会发展的内在动力。

综上所述，在老龄工作领域运用社会工作元素，以科学、专业的方法为老年人服务，可以更好地提高老年人生活质量，帮助老年人建立良好的社会关系，增强其参与社会发展的能力，从而实现积极老龄化，进而实现和谐老龄化。

浅析社区矫正方法在工作中的运用

● 崇安区广益街道司法所王佳
● 2010 年 12 月

一、社区矫正的宏观背景及重要意义

1. 何为社区矫正，社区矫正有何功能与意义？

社区矫正，又称“社区矫治”、“非监禁矫正”，国外较常见的形式有缓刑、假释、暂时释放、社区服务、中途之家、工作和学习释放等，它是一种不使罪犯与社会隔离并利用社区资源对罪犯进行教育改造的方法，是所有在社区环境中管理教育罪犯方式的总称。

社区矫正的功能和意义突显，有公认的六大功能，分别是：惩罚罪犯、教育罪犯、感化罪犯、塑造罪犯、控制罪犯和医治罪犯心理。可以说，社区矫正是一种不失监禁刑的威慑性，又更有助于罪犯回归社会、促进和谐的独特有效的管理罪犯方式。

2. 我国社区矫正试行工作概况

全国社区矫正工作历程可分为三个阶段：2003 年以前为准备阶段；2003—2009 年为试点阶段；2009 年起为全面试行阶段。2003 年最高人民法院、最高人民检察院、公安部、司法部（以下简称两院两部）颁布的《关于开展社区矫正试点工作的通知》对社区矫正的性质、适用范围、工作任务、部门职责等作出规定，随后社区矫正在全国 27 个省（区、市）进行试点。

2003 至 2008 年，全国先后分两批在 18 个省（区、市）开展了社区矫正试点工作，另有 9 个省（区）在党委、政府领导下先后进行了试点，这一时期的社区矫正试点工作取得了明显成效，达到了预期目标。2008 年 3 月，江苏省出台了我国首部“社区矫正工作办法”，这是江苏省开展社区矫正试点工作以来出台的首部综合规范性文件，也是我国首部全方位规范社区矫正工作的省级综合规范性文件。

2009 年，全国社区矫正工作会议召开，全面试行社区矫正的时机成熟，两院两部又联合下发了《关于在全国试行社区矫正工作的意见》（以下简称《意见》）明确提出在全国试行社区矫正工作。该意见指出，社区矫正的适用范围主要包括：被判处管制、被宣告缓刑、被暂予监外执行、被裁定假释以及被剥夺政治权利并在社会上服刑的五种罪犯，进一步加强对社区服刑人员的教育矫正、监督管理和帮困扶助，努力减少重新违法犯罪。同时，初步制定了社区矫正工作制度，国务院法制办公室作为社区矫正立法的牵头部门，开始了探索社区矫正的立法工作。通过 7 年时间的试行，社区矫正工作在全国各地取得了显著成效，为该工作的全面推广积累了丰富经验。

二、社区矫正方法在崇安区广益街道实际工作中的运用

崇安区广益街道社区矫正工作以提高社区矫正质量为核心，以预防和减少重新违法犯罪为目标，注重突出矫正的社会效果，积极稳妥地推进社区矫正工作顺利、健康、有序开展。2007 以来，街道累计接收社区矫正对象 38 名，未出现一例漏管、脱管或重新犯罪现象，通过采取以下规范方法，目前累计有 17 名社区矫正对象健康回归社会。

1. 建档规范化，制度严格化

我们坚持对每名矫正对象实行一人一档，详细记载矫正方案、矫正宣告书、监督协议书、志愿者帮教协议书、每月思想汇报、公益劳动计划表等方面资料，形成了一套完整、规范的基础性台账。利用社区矫正移动管理平台个人定位，对确定为严管的矫正对象和青少年矫正对象实施手机定位。通过落实手机定位，实现电脑监控，杜绝矫正对象脱管现象。严格落实社区矫正日常管理制度，定期组织矫正对象的思想教育活动。社区矫正对象向监督人每周一次电话汇报，每月一次书面汇报工作、思想情况。定期走访矫正对象家庭或所在单位，了解其真实情况。遇有重大节日和敏感时期，对辖区内的社区矫正对象逐一进行走访排查。将排查出的重点人员情况向区司法局、街道党工委汇报，同时向相关单位通报。

2. 教育多样化、矫正个案化

崇安区广益街道司法所每年制订社区矫正学习教育计划，使矫正教育有组织、有计划地开展。坚持思想矫正与行为矫正相结合，集中教育与个别教育相结合，采取讲座、参观、参加社会活动、个别谈话、心理咨询等多种形式，对社区矫正对象进行多方面的教育。2007 年以来，街道社区接收的 38 名矫正人员，其中有妨碍社会管理秩序罪 4 名，破坏社会主义市场经济秩序罪 9 名，侵犯财产罪 9 名，侵犯公民人身权利、民主权利罪 9 名，贪污贿赂罪 4 名，危害公共安全罪 3 名。针对矫正对象的刑法种类不同，我们选择了一些有针对性的法律知识，实行专题化的学习教育，比如对犯有交通肇事罪的，进行相关的交通法规学习；对犯有虚开增值税发票罪的，进行相关税收征收管理法学习。矫正对象顾某说：“这样的学习有的放矢，针对性强，效果好，我很愿意接受”；矫正对象刘某因犯交通肇事罪被判有期徒刑 2 年，缓刑 2 年，通过学习观看交通法规录像，他说：“以前从来没有时间和心情去学习交通法规，出事以后，通过这样的教育，我才意识到学习交通法规的必要性”。

3. 劳动公益化、帮扶多元化

在充分考虑每位社区矫正对象特长、能力的基础上，我们还因人而异地组织开展公益劳动，使其能够发挥专长、树立正确的劳动观念，增强自信心和社会责任意识。主要采用了以下三种组织方式：一是由司法所直接组织开展活动；二是由司法所委托社区服刑人员的工作单位、住地社区或相关单位组织活动，向司法所反馈结果。三是由社区服刑人员根据自身情况自主选择，定期将劳动情况报告司法所。社区矫正对象的劳动也使社区居民长久受益，他们对社区矫正对象给予了更多的接纳和帮教，对社区矫正工作给予了更多的理解。我所坚持“思想上拉一把，生活上帮一把，工作上扶一把”的工作方法，引导、鼓励社区矫正对象自食其力。积极协调有关部门，帮助社区矫正对象解决生活、就业等方面的困难，满足社区服刑人员维持生存的基本需求，使社区服刑人员真正感受到政府的关怀和社会的温暖，进而激发其改造的自觉性。多年来，所里为社区矫正对象调解家庭矛盾，协助生活无着落的社区矫正对象办理低保手续等，为他们解决了许多实际问题。

4. 考核公开化、工作社会化

对社区矫正对象认罪悔罪、遵纪守法、学习教育等情况进行评分考核，并将评分考核结果在适当范围内公开，以作为实施行政奖惩、建议司法奖惩的重要依据。

三、社区矫正方法发展方向

社区矫正并不应简单地等同于刑罚执行活动。尽管社区矫正的实质是司法矫正，但是正因为社区矫正是在社区中进行的，其更具有刑罚执行和社区矫治社会工作的双重属性；作为司法行为与社区工作的结合，在更大程度上，社区矫正是以社区为基础矫正犯罪人员的偏差行为和思想观念，促使犯罪人员重新融入社会的活动过程。实际上社区矫正已经成为一个具有较强专业特色的工作领域，这一特点更多地体现在社区矫正专业方法的运用上。因此，社区矫正工作的成败，很大程度上取决于专业矫正方法的使用。

社区矫正方法的专业化发展，有赖于两个方面的工作。首先是专业工作人员的培养，其次是专业工作方法的设计、成形及其在实践中的具体运用。

1. 专业工作人员的培养是社区矫正方法专业化的基础。从目前来看，专业工作人员的缺乏是影响和限制社区矫正方法专业化的关键。按照规定，参与社区矫正的工作人员可由三个部分组成：社区矫正执法者、社区矫正工作者以及社区矫正志愿者。首先，社区矫正执法者主要由司法局相关人员、原监狱干警等转化而来；其次，社区矫正工作者由街道司法所面向社会公开招聘或者司法所原有工作人员发展而来；最后，社区矫正志愿者则大部分为街道和乡镇的退休教师、干部、居委会成员等，也可能包括极少数心理学等方面的专业人才。这些人员大部分在这之前从未接触过社区矫正工作，更没有接受过专业的社区矫正或社会工作方法的系统培训。因此，要加强对社区矫正执法人员、社区矫正工作人员以及社区矫正志愿者的培训、教育。通过邀请专家开讲座，强化专业学习；通过外出参观考察，向相关工作人员传授社区矫正知识、社会工作方法等；通过各类培训教育，不断提高现有社区矫正工作人员的专业素质和水平，从而引导社区矫正工作向着更专业化方向发展。

2. 社区矫正方法专业化，从技术层面而言，目前可以集中考虑解决以下几个问题。

首先，在社区矫正联络员制度中发展和推广个案社会工作方法。个案社会工作是指运用社会工作的专业手法和科学的理解方法，在人际互动过程中帮助单个个人或家庭消除或减轻心理、行为以及人际关系等方面的困扰，以提高案主实际生活的能力。在工作中，工作者要与矫正对象建立彼此信任的合作关系，采取面对面的沟通方式使矫正对象产生亲切感与信任感。这样有利于工作者调动矫正对象自身的潜能和积极性，最终达到对矫正对象认知改变与行为治疗的目的。这就需要对相关工作人员开展相应的培训，其中最为关键的技术性问题，是要加强对面谈技巧以及记录技术的培训。面谈非常重要而实用，面谈过程中有许多细微的技术环节，除了时间安排、场所选择、服饰着装等方面要认真、严肃、有备之外，工作者还要注意态度真诚平和，有耐心；不能说不负责任的话，不能带着情绪与对象沟通；要营造轻松、开放的谈话氛围，以自己的真实情感带动对方；多作澄清少猜忌；多问开放性问题，少问封闭性问题；要充分留意对方的非语言行为等。此外，还可以适度加强对心理咨询和心理治疗等方面知识的培训，使社区矫正工作者多掌握一些心理咨询和心理治疗的基本理论和常用方法，以帮助其更准确地评估、判断矫正对象的心理状态，矫治其不良行为。

其次，在集体教育、学习中加强小组社会工作方法与理念的学习。小组社会工作可以为社区矫正对象提供一个相互分享的小群体。在这个群体中，成员都是具有犯罪经历的人，其共性有利于相互之间的倾诉与交流。在小组中，他们可以敞开心扉，分享彼此的经历与感受，不良情绪可以得到释放，心理压力可得以减小。与此同时，小组社会工作方法通过有目的的团体活动，协助个体增进社会功能，帮助组员建立起适应社会需要的新的价值观、新的知识结构、新的技能，使其成为更能适应社会生活的积极角色。

最后，将其他社会调查研究方法应用于社区矫正之中。社会工作的另一个重要方法就是充分运用社会调查研究的方法，形成研究材料和数据，并通过运用相关统计分析软件等对数据进行统计分析，做出相关预测。实际上，目前社区矫正中使用的社区矫正可行性分析，以及于 2008 年开始推广的社区矫正风险评估等项目和内容，都是通过对矫正对象主客观调查资料的分析获得的，是社会调查研究方法在社区矫正中的具体运用。但是从实施的情况来看，需要改进的方面也还不少。以社区矫正风险评估为例，这是评价预测对象再犯罪风险大小的一种方法。一般做法是运用统计学的方法，先将社区矫正对象再犯罪的可能性转化为直观的数字，确定其危险等级，如 A 级（高危）、B 级（中危）、C 级（一般）等，从而为每一位矫正对象量身定做一个阶段性社区矫正方案提供参考。目前社区矫正风险评估已经形成了相对稳定的一个评价系统，由一系列的评价因素、指标构成，包括矫正对象的犯罪记录、犯罪类型、个人经历、有否吸毒史、基本情况、金钱观、前途观，矫正情况、生活环境等。但是这个评估量表也还有待进一步完善，一方面量表中许多内容由评估人根据主观判断得出，容易产生偏差；还有许多新的评估指标也可以引入，以充实和完善风险评估，如内隐态度评估、犯罪风险知觉评估、社会适应性评估等。另一方面，对量表数据信息的使用也还不够完善。社区矫正评估的开展有利于科学认识矫正对象，理性处理矫正对象的问题，它将构成整个社区矫正工作的最基础的环节。

社区矫正是为了克服监狱服刑的弊病，充分利用社区资源，矫正罪犯的思想与恶习，从而让其顺利、健康地回归社会，预防再犯。我国社区矫正工作目前尚处于起步阶段，因此，社区矫正方法也处于摸索发展的阶段。国外实践经验的引入也好，其他工作领域、学科理论方法的介入也罢，都需要在不断地实践创新中实现“本土化”、“专业化”。

社会工作服务中“人本位”的思考

● 崇安区政法委员会顾建平
● 2011 年 10 月

近年来，崇安区委、区政府深入开展社会管理创新工作，紧紧围绕吸毒人员、社区矫正对象、心理障碍人员等特殊群体的管理服务，以政府购买社会服务的方式，成立了蓝丝带社会工作助残服务站、棕丝带禁毒社会工作服务站等多家社会服务组织，其宗旨及功能是运用助人自助的理念和专业知识为服务对象提供人性化服务，包括社区康复、心理矫治、生活关心、就业指导、咨询服务和行为督促等，引导服务对象增强生活信心，接受康复服务，更好地融入社会。江海街道蓝丝带助残社会工作服务站、崇安寺街道棕丝带禁毒社会工作服务站运作以来，对本地区的服务对象，组织专业社工和义工，坚持“以人为本”的方针，以个案服务为主要方式提供人性化服务，使服务对象人人有帮助，个个有措施，充分地感受到社会的关爱，实现了心理和生理的康复，成为对社会的有用之人。下面，笔者就社会工作服务中的“人本位”浅谈几点思考。

一、社会工作服务的定位

“人本位”的观念来自于现代人文思想。其人文思想的核心是“人”，以人为本，关心人、爱护人、尊重人，人的价值才能得到承认，人与人之间诚恳交流，才能有效地增强人的自信。所谓“人本位”即强调人是社会的中心，约翰·洛克的《政府论》，用了近5 000字的笔墨，以详尽的事实，严密的逻辑，犀利的语言，抨击了人类几千年的“君本位”传统观念，建立了“人本位”的伟大学说，从此确立了现代人文思想的核心内容。

社会工作管理服务中提倡的“人本位”，即是在服务管理中把社工当作能动的主体来对待，社工是推进社会工作改革和发展的创造性主体，重视社工、维护社工、发展社工，才能充分发挥社会工作在社会管理中不可或缺的作用。

社会工作是社会职业又是社会服务专业，其工作极其富有创造性，它区别于体力劳动，也区别于行政性事务工作。它是靠专业知识和专业技巧，以科学的方法对服务对象的思想和行为进行预估、分析，有针对性地对服务对象的康复需求采取有效的应对措施，因人施策、因事施策来提高服务的水平和质量，达到预期服务目标的“助人自助”的专业。棕丝带社会工作站小杜的服务对象是一位吸毒人员，通过社会调查和相互交流，小杜了解到，服务对象有坚持戒毒的决心，但面临着无固定住所、无固定职业的生活困境，小杜就通过有关部门，为服务对象申请低保补贴和廉租房，满足了服务对象基本生活要求，使他更坚定了摆脱毒品的信心。由此可见，社工在服务中能动作用的发挥是十分重要的。

二、“人本位”服务管理策略

社会工作“人本位”服务的科学策略是社会工作的关键。笔者通过对社会工作服务的深入调查，对社会工作“人本位”的服务策略有了以下几个方面的归纳和总结。

（一）营造相互尊重及和谐的活动环境，让服务对象身在其中感到快乐

崇安区各社会工作站的谈心室、活动室尽管空间不大，但布置得十分温馨，标语、色调、用具处处体现了人性和谐的氛围，使服务对象置身其中不会有“控制室”的感受，而会把其当作一个家，从心理上无障碍地吐露真情，理性地接受服务。

（二）遵循人际交流的平等和谐，让服务对象享受社会工作服务的温暖

社会管理服务的最高境界是“无为而治”，感化人的心灵是“以心换心”，专业社工在和服务对象面对面的交流中始终面带微笑，和声细语，晓之以理，动之以情，避免“教训”，服务以关心帮助为主，摈弃“施舍”，让服务对象感到社工服务的真诚、人性化、柔性化，有利于其打开心结。蓝丝带助残社会工作站的社工老杨，服务的对象是一位心理障碍者，该人由于家庭破裂，精神上受到刺激，脾气十分暴躁，语言十分粗鲁。小王在和他的交流中，以柔克刚，列举了许多重组家庭获得幸福的实例，引导他理性地面对婚姻挫折，在自强自立中早日重组家庭，使服务对象消除了心理障碍，重新树立了生活的信心。由此可见，真诚的、人性化、柔性化的服务是社会工作服务的有效方法。

（三）整合社会资源为服务对象提供帮助，让服务对象感受社会的关爱

社会工作服务是一项善待“人”的工作，助人自助重在帮助。社会工作服务的对象往往都存在个人和家庭的实际困难，而实际存在的困难又使他们的思想、情绪和行为十分失常，不解“心结”就难解事结。整合社会资源，为服务对象提供生活保障又是社会工作服务的必要措施。棕丝带禁毒社工小王的服务对象是一位身患眼疾的戒毒人员，由于家庭困难，经济拮据，眼疾无法治疗，影响了其择业、就业，因精神空虚而步入吸毒之路。社会工作站就通过民政救助的渠道，为该服务对象募集治疗眼疾的费用，使其治愈眼疾后找到了工作，该服务对象感激之余，表示今后决不再碰毒品，立志自强回归社会。由此可见，整合社区资源，依靠社会力量，给服务对象以帮助是社工服务的重要策略。

以上是笔者从“人本位”的角度对社会工作服务的几点思考。社会工作服务工作尚处于起步阶段，随着社会管理创新的深入推进，社会工作的组织和队伍将会得到较快发展，“人本位”的社会工作服务将会在社会管理中发挥更大的作用，助人自助，人性助人是社会工作的宝贵经验，它将有力地促进和谐社会的建设。

用社会工作理念介入拆迁安置的实践与思考

●崇安区崇安寺街道王婧、诸伍、邵志伟、徐志豪
●2009 年 11 月

近年来，在无锡市委、市政府的正确领导下，全市不断加大城市基础设施建设力度和旧城改造步伐，全力推进城市化建设，使城市框架不断扩大，城市品位不断提升，人居环境不断改善。拆迁工作是实施城市重点工程建设及旧城改造建设当中最为重要、最为关键的环节，是一项极其复杂的系统工程，涉及房屋拆迁、土地征用、补偿安置、社会稳定等一系列问题。如何有效破解城市建设中的拆迁难、征地难问题，始终面临着严峻的挑战。在此次调研过程，我们以小娄巷历史文化街区改造的拆迁项目为对象，针对运用社会工作理念介入拆迁安置这一课题进行调研，如何在无锡城市建设中破解房屋拆迁这道难题，社会工作为我们做出了有益的尝试，因为社工的介入，使得拆迁成为民心工程、德政工程。

一、当前拆迁工作的发展态势

（一）拆迁工作存在的问题

当前的城市拆迁工作，还存在着较多问题，如政策法规宣传力度不够，居民对《城乡规划法》《土地管理法》《房屋拆迁条例》等政策、法规不够了解。对拆迁补偿标准的掌握不够统一，造成群众之间的互相攀比，引发了不必要的矛盾。弱势群体家庭无钱购房。特别在老城区，居民住房普遍较小，居住拥挤，这是弱势群体相对集中的地区，这部分拆迁户普遍无经济能力购房。具体拆迁操作不够规范。少数基层单位在实施补偿安置政策时存在不规范行为，具体操作程序也不够公开透明。还有一些拆迁实施单位工作不深入、不细致，负责动迁工作人员素质不高，存在不分条件、不讲形式、不按程序盲目强迁、粗暴强迁的现象。拆迁工作政策性很强，又关乎民生，处理不慎就会引发社会矛盾。

（二）拆迁工作和社会工作的关系

拆迁工作是实施城市重点工程建设及旧城改造建设最为重要、最为关键的环节，是一项极其复杂的系统工程，涉及房屋拆迁、土地征用、补偿安置、社会稳定等一系列问题。社会工作和拆迁工作都是从城市和社会的发展需求出发，改善人居环境，以全心全意为人民服务为宗旨，其目标具有内在的统一性，所以社会工作的很多理念和方法我们都可以应用到拆迁工作中去。

二、社会工作理念介入拆迁安置的实践

（一）在拆迁安置工作中保障群众利益

时代发展要求城市拆迁，然而城市拆迁中存在着许多问题，引发了诸多矛盾。国情与民生，发展与稳定，如何在平衡中寻求突破，在和谐中实现嬗变，在发展中承担责任，这是每个城市的管理者和普通居民必须面对和思考的问题。在城市拆迁过程中，最大的问题就在于“补偿标准”能否满足拆迁户的利益诉求，即如何保障被拆迁人的利益问题。

单纯埋怨群众觉悟低，不服从市政建设大局需要，是没有道理的。在小娄巷历史文化街区改造工程中被拆迁群众朱阿姨说：“我们不会阻碍国家建设，但谁来兼顾我们的利益？”拆迁户蒋师傅说：“其实我们百姓要的就是一种公开、公平、合法、文明的拆迁，这样做起来彼此都舒心，也不会损害我们拆迁户的利益。”

在拆迁过程中，社工要运用认知理论，改变一些被拆迁户错误的认知或者不切实际的期待及其他偏颇和非理性的想法。拆迁是一项全局性的工作。作为一名社工，要确认拆迁户群众是因何原因导致负面情绪和不良行为的，并鼓励他们积极配合工作，建立正

向的思维方式，规划好自己的生活。

在小娄巷历史文化街区项目拆迁过程中，崇安寺街道专门成立了由 8 名社工组成的政策咨询组，听取拆迁户的合理化建议，他们先后收到了相关建议 60 多条。社工们在拆迁安置的每个环节，都主动邀请动迁居民中有较高威望的老党员、居民代表、离退休老干部座谈。前段时间，一些拆迁户对评估机构和评估价格有质疑，甚至对整个拆迁工作的公平、公正性心存疑虑。社工深入社区访问相关拆迁户，主动帮助联系评估公司，从中查找问题。社工们同时对拆迁户进行政策宣传，并根据规定评估价格，公示评估报告，接受社会监督，以确保公开、公平、公正。此举得到了拆迁户的普遍认可。拆迁户搬迁后，社工们还跟踪探访，尽责尽力地帮助拆迁户解决后顾之忧。小娄巷历史文化街区项目共涉及居民住宅 240 户，由于深入细致的工作，政策宣传到户，拆迁补偿公开透明，安置措施到位，自 6 月 5 日启动拆迁工作以来，签约 212 户，签约率已达 88%。

（二）安置拆迁工作中的弱势群体

社工对拆迁户中需要帮助的弱势群体，要把问题放到不同层面去看待和解决，即将系统生态理论应用于拆迁安置中。拆迁安置是个系统工程，它涉及很多问题。在城市拆迁中，被拆迁群体基本上都是市中心区域的老居民，他们绝大多数属低收入的社会弱势群体。拆迁安置问题及由此带来的工作生活困难问题等均要由被拆迁户自己解决，即便是政府主导的拆迁项目，也大多采取货币补偿方式，政府主导建设的经济适用房小区和还建房大部分也都建在原市中心区。但由于被拆迁人大多数收入水平低，是下岗失业等弱势群体，加上原来的居住面积大都较小，拿到补偿款较少。近几年各大城市房价居高不下，这部分人只能远离城区，搬到郊区去住。由此就给他们带来了工作、就业、就医、入托上学、交通支出增加和日常生活成本增加等一系列问题。作为一名社工，就要尽可能挖掘可利用资源，帮助他们解决困难。社工们在拆迁过程中做到了“走一遍，讲一遍，问一遍，听一遍，记一遍”，准确掌握被拆迁户的思想动态，再和拆迁指挥部沟通，站在居民角度为其考虑，用关爱去温暖人心。在走访中，社工曾发现拆迁区域内有一户居民，户主是低保户，下岗在家，丈夫残疾，家中还有一名正在读大学的儿子。全家靠女主人在外面打零工和每月的低保收入维持生计。在了解了他们的困难后，社工主动联系街道民政部门争取助学金，并联系区残联申请困难补助。对此，女主人充满感激，不久便签订了搬迁协议，目前，他们一家住在新家中，住房条件明显得到改善，日子也过得越来越好。

三、拆迁中社会工作模式初见成效

（一）社会工作核心理念逐步深入人心

“以服务对象为中心”是社会工作的职业理念。对于城市建设，无论采取何种方式其最终目的都是要使居民受益，居民永远是城市建设中的主体。在小娄巷地块拆迁工作中，一些拆迁后留下的废砖残渣堵塞了日常通行的小路，施工方与附近居民因为建筑垃圾的堆放问题发生了口角。社区主任和社区工作者第一时间赶到现场，在街道领导的支持下，联系街道城管科迅速解决了此事，将矛盾化解在萌芽状态。在拆迁过程中，社会工作理念不断深入人心，一支运用社会工作理念推进拆迁工作的队伍也不断壮大。被拆迁户越来越愿意与推进组人员进行沟通，告之自己的真实想法，拆迁进度大大加快。

（二）逐步完善拆迁工作机制，提高政府公信力

目前城市房屋拆迁中存在的突出矛盾是，一方面被拆迁户对拆迁补偿的期望值较高，另一方面，现行的城市房屋拆迁补偿标准缺乏透明度，标准的制订也缺乏说服力，这就极易引发不同利益者之间的直接对抗甚至极端行为，这会导致政府公信力的丧失。针对这种情况，我们在这次小娄巷地块拆迁中实施了“阳光拆迁”方法，拆迁工作的各个环节都置于人民群众的监督之下，充分保障被拆迁人的知情权、选择权和监督权，将每户的最终补助金额、补助原因，以及签约价格都进行了公示，让被拆迁户对拆迁情况都明明白白，真正让先签约的群众得到奖励。政策透明后，暗补变明补，不让老实人吃亏，拆迁工作公开、公平、公正，让老百姓真正得到了实惠。被拆迁户改变了以往对政策不信任、怕吃亏的想法，使政府的公信力得到了提高。

四、建立拆迁中社会工作模式的思考

社会工作是一种助人的专业活动，具有严格的行业规则和工作模式。以科学规范的方法协助人们去预防和解决社会问题，使之成为现代解决社会问题的一种制度化的手段。建立系统的社会工作体系介入拆迁工作，可以进一步延续及升华助人自助的思想，实物帮助、政策扶持进而精神解困，从实质上解决了民众的实际问题。在介入拆迁工作的过程中，社工以人为本把拆迁户作为服务对象，在扶危济困中提升专业价值和能力，作为拆迁户与政府沟通的桥梁，助人自助，社工介入地方拆迁工作的模式，其在创建和谐社会中所发挥的作用是其他许多方法所难以替代的。

社会工作体系建设是和谐社区建设的重要支撑

● 崇安区通江街道课题组
● 2009 年 7 月

“社会工作体系建设与和谐社区建设的关系”是一个十分宏大的课题，其角度不同，观点也有差异。我们通过对现有政策及趋势的思考，主要从体系结构、传统文化、非政府组织（NGO）的视角出发，谈一点自己粗浅的看法，敬请同仁指正。

党的“十七大”把社会建设提升到与政治、经济、文化建设并列的地位，并且指出社会建设的重点是“改善民生”。2008 年 10 月，民政部联合人力资源和社会保障部发布了《关于民政事业单位岗位设置管理的指导意见》，这是目前指导社会工作体系建设最新、最明确的文件。2009 年 5 月，国务院正式批复《深圳综合配套改革试验总体方案》，从中可以看出行政体制改革为社会工作体系建设提供了方向和可能。这些是我们探讨社会工作体系建设的理论和政策依据。

社区，我们理解为以某种特定利益关系联系在一起的人们的共同体，它可以是以行政管理需要的行政社区，可以是具有共同利益关联的经济社区，也可以是以网络、文化、宗教因素联系的虚拟社区。从更大的范围讲，一个城市、一个社会阶层、一个民族或族群都可以被当作一个社区来研究。根据所分析对象的特点，需要灵活界定社区的范围。

一、当前社会工作体系建设的特点

虽然我国社会工作的发展和社会工作体系的建设有着悠长的历史，但是从完整意义上讲、现代社会工作体系建设是伴随着改革开放的步伐逐渐发展起来的。尤其是进入新世纪之后，我国加入世贸组织，经济快速发展，随之衍生出大量的社会问题，这些问题复杂多变，使传统的社会管理方式难以应对，社会工作体系建设逐步提速，但总的说来目前仍然处于探索阶段，其主要特点有：

第一，执政党高度重视社会工作体系建设，专门召开会议、形成决议指导社会工作。2006 年 10 月 11 日中国共产党第十六届中央委员会第六次全体会议通过的《中共中央关于构建社会主义和谐社会若干重大问题的决定》，就社会工作体系、人才队伍建设提出了明确要求，文件指出：要造就一支结构合理、素质优良的社会工作人才队伍，是构建社会主义和谐社会的迫切需要。建立健全以培养、评价、使用、激励为主要内容的政策措施和制度保障，确定职业规范和从业标准，加强专业培训，提高社会工作人员职业素质和专业水平。制定人才培养规划，加快高等院校社会工作人才培养体系建设，抓紧培养大批社会工作急需的各类专门人才。充实公共服务和社会管理部门，配备社会工作专门人员，完善社会工作岗位设置，通过多种渠道吸纳社会工作人才，提高专业化社会服务水平。

第二，学术界对社会问题的关注空前活跃，理论研究走在了政策和实践的前面。随着社会舆论氛围的活跃，特别是社会问题的现实压力，使得从政府、学界到民间的街谈巷议都对社会问题给予了高度的关注。学术界从专业角度出发，掌握了比较多的资料，对社会问题展开了深入研究。这些研究总结分析各类现象、个案特点和原因，列出了政策建议，为社会政策的制定提供了参考。如中国政法大学法学院主办的“燕山大讲堂”，以“培育理性精神，开启公民社会”为宗旨，每周邀请著名学者或者公众人物就当下的热点话题发表演讲并与大学生互动交流。但由于政策影响的广泛性和所面对问题的复杂性，各种重要社会政策及法规出台相对滞后；同时民间话语对社会问题的议论指向散乱，差异巨大，这也是社会工作体系建设完善过程中需要克服的直接困难。

第三，社会工作体系的载体相对单一，其法律地位有待进一步明确。在现有的社会工作体系中，社区是主要的一块，但其构成比较复杂。有的社区领取了民办非企业单位的登记证，有的由社区居委会兼任，有的则由政府雇用编外人员进行工作；专业化社会工作机构较少，主要集中在上海、深圳几个大城市；司法、教育、社会福利系统的社会岗位设计、基本是事业单位运行模式的衍生，附属于行政体系。维系社会工作体系发展的资源主要由政府提供，因 NGO 发展滞后来自民间的资源不足，公众对于社会工作职业的知晓度、认可度、信任度不高。据中国青年报社会调查中心 2009 年 4 月公布的一项关于职业信任的调查显示，社会工作者已进入了“失去职业操守现象最严重”的十大职业行列，被列第十位。虽然某项调查的结果并不能说明全部问题，但是在社会工作这一职业并未被广大群众了解（先不说理解）的背景下，却出现了职业信用严重缺失的议论，不能不说是一个十分诡异的现象，会让我们这些有意从事社会工作的年轻人产生“出师未捷身先死”的感触。

二、和谐社区建设的内涵

和谐社区建设的内涵应该包括从微观到宏观的三个层面，一是社区的自和谐；二是社区间的和谐；三是社会的和谐。因此只把目光盯在社区内部是建不成和谐社区的，社区虽小，却是社会的有机体，建设和谐社区是一个不折不扣的社会大命题。

首先，社区的自和谐是指一个社区在一定的空间范围内，在现有的经济资源、社会文化、法律制度下，能够妥善处理内部产生的矛盾和纠纷，不断提升社区居民的幸福感，增进社区居民福利，不向外部输出负面因素，并对外来负面冲击有一定的抵御和化解能力。可见社区的自和谐主要涉及居民之间相处、交往、自治等方面的技巧问题，可以称之为“个体技术和谐”。在实践中，类似小区停车位安排、楼道公共空间处理、噪声扰民问题、宠物问题、业主委员会和物业及社区居委会的关系等，都是社区自和谐需要面对的问题。而这些问题解决的程度，要看公共政策支持的力度，其结果受到经济、文化、风俗特征等的制约。

其次，社区间的和谐是指在两个或多个社区之间，能够正确地认识彼此差距、差异的历史和现实原因，不因偶然触发事件的影响对对方的群体性行为和态度产生误判进而爆发群体性冲突；社区间建立沟通有效、运作透明的交流机制，能够有效了解、理解、化解彼此之间的问题；能够在相互理解的基础上为共同的利益和福祉进行平等合作。可见社区间的和谐涉及不同人群由经济、区域、地位等不同所形成的心理差异（如现在比较关注的阶层差异），这种差异短期内将难以消除，需要对各方进行群体性的心理调适，这可称之为“群体心理和谐”。新疆“7·5”事件，除政治因素外，从社会学角度分析，就可视其为典型的“群体心理失衡”，其原因是政策与技术失当的双重挤压所致。

第三，社会的和谐即指整个社会各主体之间良好共存、合作发展的态势，表现为良好的法治状况，以满足经济发展和社会运行的规范性要求；民主的社会运行机制，以满足人们透视、参与社会公共事务的愿望，取得人们对政策及社会管理者的信任；人们道德文化水平的提升，以满足追求幸福的能力得以提高，参与社会生活的动机和行为得以约束，最终使大多数人的共同利益得到最大化的满足。可见社会的和谐已经上升为一种政治话语，从本质上讲，其实现程度受历史发展水平和民族文化传统的制约，同时也是历史发展水平和民族文化传统在当下时空范围内的体现，我们可以称之为“历史文化和谐”。宏观的文化和历史传统，看似无影无形，其实无处不在地影响着人们的思维和行动，直接影响实践的技术细节和群体心理。近年来的国学热和极富争议的学术明星的不断涌现，表明了人们想要从历史中寻找现实规范的愿望。

三、社会工作体系建设是和谐社区建设的重要支撑之一

和谐社区建设是一个系统、复杂的过程。它需要两大支撑：一是一定的经济发展水平，它追求效率，其目标是物质财富的积累越多越好；二是针对市场竞争的失败者，对弱势人群的补偿机制，这既是维护社会稳定的需要，也是市场公平精神、社会正义的体现。这种补偿机制很大程度上就是由社会工作体系来承担的。其所涉及的领域非常广泛，几乎涵盖社会生活的各个方面。

社会工作急需得到社会的广泛认可。通过了解社会工作体系比较成熟国家和地区的经验可以发现：社会工作体系以民间非政府组织为主体，形成了价值比较独立的第三部门，与行政系统分工明确，相互补充，工作方式比较专业，有严格的资格准入制度，最为重要的是有广泛的社会认可度。只有被广泛认可，才可能被广泛需要，因此我们认为要发挥社会工作体系的支撑作用，必须在取得公众认可上下工夫。

调整、促进经济发展也是社会工作体系建设的目标之一。党的“十七大”提出了以改善民生为重点的社会建设，其实质是要解决经济成果的二次分配问题，这一制度设计是政治经济最紧密的联系点，受文化因素制约，定将直接影响社会建设的水平和方式，当然也同时决定了社会工作体系的规模、特色以及作用的发挥。传统的社会工作理论认为：社会工作并不直接促进经济的发展，但可以为经济发展创造较为良好的环境。但在当前的语境下，我们可以看到“学有所教、劳有所得、病有所医、老有所养、住有所居”这些社会建设的重点领域所涉及的学、医、住已经被充分产业化，人口老龄化的影响加速显现，政策设计似乎陷入了进退维谷的境地，其间利益关系的平衡难度很大。在社会工作体系的建设过程中，我们必须保证促进经济的继续快速发展，保证利益关系的平稳调整，同时又要保证不形成新的利益鸿沟。

社会工作体系建设必须考虑传统文化的影响。可以说发源于西方发达国家的社会工作理论及实践与我国传统的社会维系方式还是有显著差异的。前者是工业文明、法治精神及西方宗教思想的产物，我国传统的扶危济困则是以血缘为纽带的宗族体系和地方绅士阶层基于农业文明、宗法制度与儒家知识分子理想相结合的行为。南方网（2003 年 8 月 19 日）刊文讨论以吴仁宝为代表的“经济乡绅群体”。认为他们的成功不仅仅是经济上的成功，更是“既与政治力量保持一致，又与传统社会的习俗、惯例、道德合约相吻合”的“农村社区领袖”的成功。“他们在本社区确实担当着代表多数人利益、代表先进生产力、代表先进文化的角色。当下，他们是维持本地社会稳定的最主要力量；未来，他们将是农村社区自治的主要力量。”社会工作体系在每一个国家和地区都有着不同的特点，只有这样它才能发展，而不至于水土不服。

农村社区的社会工作体系建设是我国社会工作体系建设的重要组成部分，也是形成有中国特色社会工作理论和实践的突破口和最佳载体。之所以这么说是基于如下几个假设：我国的实际城市化率会长期维持较低水平，农村形态会大面积、广泛、长期地存在；农村的权利长期被忽视和弱化；土地制度改革艰巨、复杂；农村在改革过程中受伤害的风险不断加大；农村经济发展的任务还很繁重。因此，相对于城市有着较为丰富的资源、较高的人力资源水平、较为规范的政策，农村社区所面临的问题更多、困难更大，解决起来也更为棘手和复杂。毕竟，与苏南、珠三角一些已经事实上工业化但仍保留农村管理体制的农村社区相比，更广大的纯农村社区，数量更多，形态更复杂。

四、行政事业单位改革对社会工作体系建设的影响

建设和谐社区是社会工作体系建设的最终目标。社会工作体系的建设是为解决社会问题而进行的，最终指向建设和谐社区的目标，因此从理论上说，和谐社区如果建成了，社会工作体系也没有存在的必要了。越是接近和谐的目标，社会工作体系的重要性就越退居次要地位，或者说社会工作体系就越融入和谐的整体当中，而不再显示它的独立性。所以社会工作体系不是为了建设而建设，不是为了存在而存在，它的建设和存在都是为了指向社会和谐的总目标的。

综上所述，社会工作体系建设很大程度上是要对现有众多事业单位的职能（甚至包括部分行政职能）进行剥离和转换，其本质是要获得部分公共权力的让渡，由于思维惯性和文化传统的影响，此举很可能受到一些官僚作风、行为方式、工作思路的影响，从而影响社会工作体系建设的质量。民政部社会福利和慈善事业促进司司长王振耀在谈到我国民间非政府组织专业化程度不高时说，如果 NGO 都停留在与政府同构层面，政府做什么，NGO 也做什么，恨不得变成二政府，这样矛盾就容易出现。我国社会工作体系的建设应当和当前如火如荼的事业单位改革紧密联系起来，甚至和行政体制改革联系起来。社会工作体系不仅要承接政府转移出来的大量工作，更要直接接收政府转移出来的大量人员和其他有形、无形资产，这些资产有正面的也有负面的，如何克服不利因素，顺利完成过渡，这是一件十分重要的工作。因此，社会工作体系必须准确定位，千万不能变成“二政府”。

令人瞩目的《深圳综合配套改革试验总体方案》明确提出：深圳将“探索城市行政区划及管理体制改革”，即“适当调整行政区划，推进精简行政层级改革试点，实现一级政府三级管理，创新现代城市管理模式”。作为我国改革试点的先行城市，这一表述无疑具有浓重的示范意义，城市管理层级的精简，绝不是权力的再分割、再分配，它必然伴随着广泛而深刻的社会形态重塑和权力形态流变，以期最大限度地增强社会自组织能力，发挥社会自身的巨大创造能力。这是包括 NGO 在内的各类社会工作体系发展的重要契机，这个过程有困难、有阻力，但更充满希望，社会工作体系的完善必将成为和谐社区建设的重要支撑。

五、促进社会工作体系建设，夯实和谐社区基础

通过上面的分析，首先，我们认为社会工作体系建设必须坚持以政府为主导，这既是先行国家的普遍做法，也是我国切实可行的选择。政府主导是保证体系完整性和资源有效性及体制平稳过渡的基础。在社会工作先行国家，政府对于 NGO 的影响力也呈增强趋势。

其次，要创造民间非政府组织发展的良好条件。NGO 是现代社会形态的重要组成部分，其积极作用已经得到广泛的认可。我国 NGO 数量庞大，但质量还不够好。全国政协常委、著名教育家朱永新先生认为，目前国内 NGO 在登记、管理、税收等方面所受的限制还太多，应该适当改善。但是 NGO 涉及范围广泛，成员、背景复杂，也会带来一些负面影响，必须以规范的法律体系进行监督和约束，来促进其积极作用的发挥。

第三,积极鼓励“新贵”阶层投身社会工作体系建设,使其成为社会建设的中坚力量。无论是发达国家各类形形色色基金会的发起者，还是我国传统社会的士绅阶层，都是有较高社会地位和经济实力的群体，他们有投资社会建设的实力，有维护社会稳定的需要，也有从精神层面上自我实现的动力。他们所具有的影响力、号召力和实践能力，正是现在社会工作体系建设所缺乏的。

第四，社会工作体系建设的理论和实践，需要一大批有理想主义情怀的知识分子投身其中。资源只有与智力、理想相结合才能发挥它最大的效力。理想主义是一种强大的精神力量。当前，社会行为功利化蔓延，理想教育幻想化，理想主义精神缺失，这可能是我们最需要补缺的课程。

第五，应该以相同的热情、不同的思路来区分城市社区和农村社区和谐创建的特点。从近年来实施的“一村一社区一名大学生”的计划可以看出，充实到农村的大学生，政府和社会以及村民对其最大的期望是更好地带动当地经济的发展，对于社会管理与服务的期待则不多；而进入城市社区的大学生，几乎不涉及经济领域的事务，只从事社会服务方面的工作。这种差异提醒我们，研究和谐社区必须要提倡社会和经济双效益。

罗马不是一天建成的。我们相信，尽管会有很多的困难、问题、困惑、阻力，但是在科学发展观的正确指导下，在和谐社会美好前景的引领下，在有志同仁的不懈努力下，在社会各界大力支持下，我们的社会工作体系建设一定会有崭新的突破、取得质的飞跃，一定能够为和谐社区的建设提供有力的支撑。

附录Ⅳ 机构介绍

七彩家园社会工作服务中心简介

崇安区江海街道“七彩家园”社会工作服务中心成立于2011年11月，是无锡市首家由社会工作注册登记的专职社会工作服务机构。

中心以“让爱点亮心灵，放飞七彩梦想”为服务宗旨，以“爱心、公益、乐助、专业”为服务理念，以“平等发展，和谐互助”为服务愿景，致力于提供专业化的社会工作服务。

“七彩家园”以专职持证社会工作师为骨干，依托江南大学社会工作系等学术机构，组成了一支“督导、社工、义工”三位一体的服务团队。以6个社区的社会工作服务站和7个首批运作的社会工作服务项目为主轴，形成了“一纵一横”的社会工作服务网络，由此建立了“社团、社工、社区”三社联动的工作机制，有效地推动和保障了社会工作的开展。目前，“七彩家园”社会工作服务中心首批7个项目已开始运作，分别是以残障人士为服务对象的“蓝丝带”社会工作服务项目；以慢性病患者为服务对象的“知己健康管理”社会工作服务项目；以孕妇和早教期儿童为服务对象的“爱之摇篮”社会工作服务项目；以闲散青少年为服务对象的“绿色带”社会工作服务项目；以基层党组织和党员为服务对象的“党旗红”社会工作服务项目；以社区矫正对象、戒毒对象、违法青少年及影响社会稳定的高危人群为对象的“致和”社会工作服务项目；以家庭、妇女儿童为服务对象的“馨福家庭”社会工作服务项目。

中心的成立，旨在进一步创新社会工作机制，拓展社会工作领域，整合社会工作资源，更好地服务社会民生，努力推进社会工作向专业化、职业化方向发展。“七彩家园”社会工作服务中心以和谐社会建设为己任，遵循社会工作的价值理念，积极为各类服务对象提供多元的关爱和服务，全面推进社会工作体系建设跨上新台阶。

阳光老人俱乐部简介

阳光老人俱乐部是致力于老年人服务的非营利、公益性服务机构，是一个以探索老年人精神赡养为方向，以“共建精神家园，同享灿烂阳光”为宗旨，以“一会、一站、一室、十支团队”为平台，以社会工作专业服务指导、带领、补充日常的团队活动及年度的主题活动，同时通过政企联合，以爱心企业赞助为经济补充，最终实现老年人自决自助反哺社区的组织。

俱乐部有近300平方米居家养老服务站，配备了12个功能室，成立“一会、一站、一室、十支团队”，即阳光老人俱乐部理事会、阳光老人俱乐部社会工作服务站、阳光老人法律维权工作室以及读报聊天社、健康医疗队、园丁宣教团、欢乐艺术团、巧手编织队、同乐棋牌队、平心拳剑队、常青拳操队、帮困关爱队、治安巡防队等10个老年人文化艺术志愿服务团队，倡导互助自治、积极健康的晚年生活，努力为辖区内老年人构建多元化的精神养老平台，提供全方位的精神养老服务，真正让居家养老工程惠及每位老人。

俱乐部自运营以来，一方面让老年人精神文化生活更富足，同时也解决了部分老年人的困难和不便。半年来，2 400余人次量血压，800余人次得到午餐服务，5 400余人次在社区棋牌、图书、书画、乒乓、健身等各活动室活动，1 200余人次参与各项文艺晚会、讲座、知识问卷等文体活动。另一方面，社区其他建设也得到了很好地提升。如阳光老人俱乐部园丁宣教团担任起社区未成年人教育的大部分工作，同时，由他们为新市民子女提供的教育服务，也很巧妙地成了社区解决新市民本地化融合一个很有效的渠道。阳光老人治安巡防队在社区安全上作出了突出贡献，且各种台风、暴雨等警示工作，都由他们完成，促成了社区可防性案件零发生的可喜成绩。阳光老人读报聊天社是社区舆情的重要窗口，在活动之余大家相互开解，还会综合社区各老年人对社区事务的意见或想法，将这些思想动态集中起来，成为社工及时掌握需求情况、调整活动方向的很好的信息渠道。阳光老人帮困关爱队弥补了与社工间的物理距离，通过较年轻老年人和孤寡老年人结对子，做到24小时有温馨关怀。阳光老人法律维权工作室自开展矛盾调解活动以来，跟踪、调解了邻里权益纠纷2起，家庭、邻里一般纠纷等29起。

新市民综合服务中心简介

新市民综合服务中心成立于2010年3月16日。中心配备专职工作人员4名，兼职工作人员5名，专职人员中有2名拥有全国助理社会工作师的职业资格。工作人员分工明确，职责清楚。服务中心下设新市民亲情理事会、新市民党支部、新市民培训学校、新市民法律学堂、流动妇女之家、新市民青少年之家、新市民文化艺术团、新市民亲情服务队、新市民反邪教警示教育室等多个服务平台，开通维权热线，为广大新市民提供卓有成效的服务，开展富有特色的服务、教育、管理活动，维护和保障了新市民的合法权益，得到社会各界的广泛好评。

新市民综合服务中心自成立以来，以“亲情引领、温馨服务、促进融入、共创和谐”为宗旨，累计接待新老市民 12 600 多人次；为 200 户、520 名新市民租到满意的房子；接纳新市民党员 12 名、团员 17 名；帮助新市民免费提供就业岗位 360 个，成功介绍家政服务员 52 人次，培训月嫂 2 名；为 40 多名新市民子女提供代管服务；为新市民维权服务 5 次，讨回拖欠工资近 5 000 元；为 500 名新市民育龄妇女提供免费 B 超检查；为 6 名新市民子女解决了入托入学困难，为 2 名特困生减免入学费 6 000 元，赞助助学金 1 500 元；救助困难新市民 52 人次，发放救助金和慰问金 1 万多元。通过房屋中介服务，收取低廉中介费近 5 万元，实现了自身造血功能。

中心社工的亲情服务赢得了新市民的充分肯定和积极响应，160 多名新市民义工积极行动起来，成立了新市民亲情志愿服务队，其中有 25 人认领了社区绿地养护，30 人参加了社区治安巡逻，35 人参加了社区孤老家政服务，45 名新市民与社区 8 名残疾人、3 名孤老和 10 户困难家庭结对帮扶。新市民亲情服务队被评为“无锡市十大杰出志愿者服务先进集体”。

新市民综合服务中心成立以后实现了三大跨越：一是实现亲情服务常态化；二是实现人口管理信息化；三是实现自身发展可持续化。新市民综合服务中心的创建有效弥补了无锡市在新市民服务管理方面的多个空白，它所提供的专业服务和形式多样的活动架起了新老市民之间的桥梁，促进了新老市民的和谐相处。

阳光驿站简介

2010 年通过区政法委和综治办牵头协调，公、检、法、司、民政、劳动等部门合作参与，向阳社区在无锡市贝康包装材料有限公司、广益水泥制品厂禁毒戒毒康复基地和管护教育基地基础上成立了集“教育矫正、监督管理、帮困扶助、心理矫正”等职能于一体的“阳光驿站”，搭建了一个特殊人群服务管理新平台。

阳光驿站通过对轻微犯罪人员在假释、缓刑阶段，剥夺政治权利期间，为他们提供免费吃住，提供合适的劳动岗位，通过建立矫正帮教基地，加强教育转化工作，使他们早日回归社会，并在回归社会后生活有保障、就业有人扶、困难有人帮。通过为戒毒康复人员提供就业岗位，为戒毒康复人员创造良好的社会环境，同时辅以各方力量的教育转化，逐步恢复其社会功能，使其过上正常人的生活、融入主流社会，从而达到远离毒品的目的。

驿站内有一支由区检察院、区法院、公安崇安分局、区民政局、区司法局、广益街道、贝康公司、水泥制品厂等多家单位组成的协调工作小组，配有综治社工、法律咨询社工、心理疏导师多名。在此基础上社区和企业成立了由社区民警、治保干部、禁毒社工、企业职工“四位一体”的帮教小组，负责日常帮教、服务和管理工作。同时，服务基地建立了各项规章制度，主要有社会工作者工作职责、管理小组工作职责、康复矫正人员行为规范、康复人员定期尿样检测工作制度等，以确保各项活动的有序开展。

阳光驿站创造良好的生活和工作条件。一是提供合适的劳动岗位，先安排简单轻松的劳动岗位，在服务对象适应康复劳动环境后，再根据本人意愿和特长，安排复杂劳动和技术工种，逐步提高他们的劳动技能和自食其力的能力。二是提供舒适的生活环境。安排住宿提供一室一卫二机，即一间宿舍有卫生间、配空调和电视机；安排膳食实行与职工同样划卡付费供应三餐。三是提供多样的文体活动条件。组织服务对象参加乒乓球、台球等文体活动，帮助他们恢复身体健康。

至今驿站已接纳 14 名涉罪人员和 14 名戒毒康复人员入住，取得了良好的法律和社会效果。特殊人群的康复和管护是一项较为复杂的社会管理项目，阳光驿站通过运用社会工作专业方法为特殊人群提供一站式多元化服务，提供思想、行为矫正的良好环境，让这类人群感受到了社会的温暖。

源沐社会工作服务中心简介

源沐社会工作服务中心成立于 2009 年，是从事非药物心理咨询、心理教育、企业心理顾问服务（EAP）及社会工作服务的专业机构，它以专业的服务流程、优秀的专家队伍、安全的保密机制、温馨的咨询环境、非药物的治疗方式，受到服务对象的肯定。中心旨在提高普通百姓的心理健康意识，探索社会工作的本土化进程，受到相关部门的高度评价和表彰，取得了一定的社会效应。服务内容主要涉及：

1. 提供职业培训和继续教育，完善职业社工的理论水平，每年与区社会工作办公室、社会工作协会合作组织 2~3 次社会工作实务技能培训；

2. 充当职业督导，提高社工实务能力；

3. 搭建服务平台，推进社工的职业化水准，为社工提供实习计划和实习机会，并委派责任心强、有实践经验的教师担任实习指导教师；

4. 向社会各界直接提供专业社会工作服务，包括心理咨询与治疗、心理健康讲座、心理帮助热线等。

5. 婚姻危机干预与心理辅导。

2011 年 5 月，中心申报的崇安区政府购买社会工作服务项目“婚姻危机干预”项目正式启动，在崇安区婚姻登记处成立了源沐“紫丝带”工作室，对前来办理离婚手续的夫妇实施婚姻危机干预和心理辅导。

项目宗旨是按照党的“十七大”提出的“注重人文关怀和心理疏导”的精神，秉承“助人自助，服务社会”的社会工作理念，运用心理咨询专业技术，从“以人为本”的角度出发，以公益服务为原则，以关爱心灵健康、促进和谐婚姻为目标。

工作室配备了专职工作人员 1 名，主要负责日常管理、工作排班与协调、婚姻咨询与辅导以及档案管理。备有心理咨询师 15 名，分批次在婚姻登记离婚室，负责个案调解与咨询，并及时做好咨询记录与个案分析。每月召开一次工作会议，进行上月工作小结、成功案例分享、疑难案例探讨，并请专家进行案例督导。定期根据需要组织咨询师进行专题交流、模拟案例实战演练，提高实际操作水平。

截至 2011 年 12 月，通过 8 个月的努力，中心共接待办理离婚手续的夫妇 318 对，成功干预 47 对，成功干预率达 15%。减少了非理性冲动而出现的离婚，挽救了面临解体的婚姻，同时为崇安区市民的婚姻生活构筑起一道坚实的屏障。

崇安居家助理中心简介

崇安居家助理中心秉承公益性服务、社会化运作理念，通过投标由区内“530”企业允尚科技公司和中山市点通网络服务公司共同合作建设。

1. 主要特点：中心平台建设主要引入香港“平安钟”服务理念，植入“物联网”科技手段，按照“公益性服务、社会化运作”的原则，为老年人及家庭提供“保姆式”服务。既为高端需求群体提供个性化、多样化服务，又为普通居民家庭特别是居家老年人家庭提供全方位服务。

2. 主要功能：居家助理中心由求助信息受理系统、后台资源处理系统、加盟企业管理系统三大平台组成，具备实时传感、远程遥控、视频对话、呼叫咨询四大功能，为不同服务对象提供安防预警、动态监测、亲情沟通、事务代办等个性化服务。

*一是实时传感功能。*主要通过传感节点与网络连接，为家庭提供智能化服务。目前“物联网”可以为家庭提供感烟、感温、感应防盗功能，居家老年人如遇意外跌倒、生病或异常状态都可以通过远程网络，传递信息给亲属子女。

*二是远程遥控功能。*即通常所称的“电子保姆”和“贴身宝”。主要为老年人和小孩等特殊人群提供服务。该设备携带在身或挂于胸前，一旦遇到求助或求救情况，只要按下遥控键即可在平台中心得到信号，迅速反馈信息提供帮助。

*三是视频对话功能。*通过电视和电脑显示屏连接，能以画面和声音方式进行接触沟通。可同时连接子女、亲属等多个节点。起到远程监护和观察的作用。

*四是呼叫咨询功能。*用户通过电话线路系统按下求助按键，平台中心即会得到信号并及时回复给予帮助。

3. 服务内容：包括家政服务、维修装修、餐饮住宿、卫生医疗、教育培训、购物物流、紧急救助、中介服务、票务旅游、金融电信、物业房产等 20 类服务项目。

目前，中心已将崇安全区 37 104 名老人的基本情况全部输入数据库，并针对老年人家庭的不同情况确定了“无偿、低偿、优偿”三种服务方式：对特困高龄老人，由政府购买提供无偿服务；对一般高龄老人减免相关费用，提供低偿服务；对普通老人以低于市场价格提供优质服务。居家助理中心的建成运行，已经显示出良好的社会效益，受到了老年人及广大社区居民的欢迎。

附录Ⅴ　媒体关注

无锡市崇安区实施“七彩工程”，为特殊群体购买精细化专业化社区服务

政府掌舵　民间划桨

- 作者王伟健
- 摘自 2011 年 7 月 5 日《人民日报》连线基层版

阅读提示

因为工作人员少、经费不足等限制，社区往往对一些处于社会边缘的困难群体有心无力，很难给予他们有效帮助。

江苏省无锡市崇安区，2010 年开始由政府提供资金向专业的社会工作组织购买服务，以点对点的方式提供给这些特殊群体、困难群体。2011 年 6 月，该区进一步进行专业化分类，实施了针对不同群体的“七彩工程”。

越是处于社会边缘，维持生计就越艰难，他们也就越需要专业化、精细化服务。但传统的社区工作模式，对这部分群体的帮助往往是杯水车薪，无力帮他们走出困境。

这个群体为数不少，据江苏省无锡市崇安区民政局介绍，该区有老年人、重度残疾人、生活困难户等 4 万余人。为此，崇安区从去年开始“试水”政府购买社区服务，让这部分人分享经济社会发展的成果。

2011 年 6 月，该区正式启动“七彩工程”，包含红丝带、棕丝带、紫丝带、橙丝带等 8 个项目。根据服务对象的不同，每种颜色对应一种服务项目，服务更加精细化、专业化。

境遇糟糕因缺少帮助

如果有专业人士帮一把，他们就不会滑向深渊。

家住崇安区江海街道的华彪（化名），以前被街坊四邻叫做“武疯子”。他总是“听”到别人在讲他的坏话，屡屡与同事发生矛盾而丢掉工作。一开始他做过联防队员、超市

营业员等工作，渐渐地就只能做一些简单的体力活儿。有一段时间，他深更半夜突然跳起来，扬言有人谋害他，拿着菜刀到处乱砍，吓得家人魂飞魄散。

父母带着他到处求医，可几十年来华彪的病情一直没有根本性好转。“蓝丝带”社会工作服务社的成员得知情况后，主动上门请华彪到服务社做康复治疗。经过生理、心理和环境等综合疗法治疗后，短短 3 个月，华彪的病情得到康复，还进入了一家台资企业工作。

8 月 31 日，记者见到华彪时，他已经成了一位洋溢着笑容的社区志愿者，专门帮助那些慢性精神疾病患者。从前对他避让三分的邻居们，都愿意与他聊几句，小孩子们也亲切地喊他“叔叔”。

据介绍，类似华彪这种精神疾病患者在辖区内有 47 人。据“蓝丝带”社会工作服务社义工、心理咨询师朱一峰介绍，随着社会的转型、工作和生活压力的加大，很多人会精神世界失衡。而那些精神疾病患者往往非常脆弱，当心理压力大时就会爆发。

“蓝丝带”社会工作服务社负责人杨志伟说，由服务社提供上门服务或定点服务，服务对象会感到特别贴心，大多愿意接受帮助。如今服务社的服务范围已经扩展到智障人群、肢残人群的康复理疗和心理疏导。

“如何去关怀帮助那些处在社会边缘的人，始终是我们在社会管理工作中不断思考的问题。”崇安区区委书记蒋伟坚说，2011 年 5 月中旬，崇安区试水政府购买社区服务，“蓝丝带”社会工作服务社成为采购的项目。

感谢社会工作服务社的工作人员，是他们给了我重新回到正常生活轨道的机会。

——曾经的精神残障患者 华彪

专业社工待遇有待提高

“如今我们的收入提高了，父母看法也改变了。”

——社工

走进“蓝丝带”社会工作服务社，一眼就能看出与一般社区服务社的不同。没有宽敞现代化的楼宇，每个活动室门口都摆着怒放的百合花，柔和的阳光洒进天井，显得格外温馨。

崇安区民政局局长徐向林告诉记者，“蓝丝带”社会工作服务社主要为精神残障、肢体残障及心理障碍等群体提供专业服务。工作人员佩戴蓝丝带标识、身着粉红马甲，他们中有专职社工、精神卫生医生，也有从事法律服务和护理工作的志愿者。

每周三上午，康复医生、心理咨询师和社工们就会来到活动室，为残障、心理障碍人员测量血压、脉搏，做游戏。根据他们的病情和恢复情况，及时调整药量，传授服药方法，修订康复计划，指导康复训练，有针对性地进行心理疏导。平时，还经常上门走访，对残障、心障人员嘘寒问暖。

“蓝丝带”社会工作服务社工作人员黄明原本学的是新闻，在报社实习的时候，接触到各种弱势群体。“社区服务工作者能更直接、更契合地帮助弱势群体”，于是2007年毕业后黄明选择了“蓝丝带”社会工作服务社，并取得了社区工作的资格证书。

第一次工作，黄明便服务了一个“几进宫”的肢体残疾人刘某。40多岁的刘某因为屡次打架斗殴，父母与他断绝了关系。2007年底，刘某最后一次从看守所出来，到社区居委会要求解决吃饭问题。黄明登门了解了刘某的真实想法，“从内心来讲，刘某不喜欢打架斗殴，但因为江湖义气而拗不开面子，不断犯错，最后自暴自弃。”黄明帮助刘某一家人恢复了关系，并逐步解开刘某的心结。如今，刘某已经在一家工厂上班，过着自食其力的生活。

一次次看着被帮助的人重新站起来，黄明觉得很自豪：“社工在我国还不太为人知晓，但随着社会的发展，这个职业会越来越重要。”

崇安区实施政府采购社区服务以后，服务社的境遇改善了不少。黄明说：“以前，父母不理解我的工作，认为收入低、前途不好，如今我们的收入提高了，还能切切实实地帮助别人，父母看法也改变了，他们现在很支持我。”

据了解，“蓝丝带”社会工作服务社已经从初期的几个工作人员发展到现在拥有精神康复师4名、肢体康复师2名、心理咨询师5名、中级社工5名、初级社工14名、义工志愿者180名的团体。

通过点对点的个案式服务，运用专业的理念与方法全程跟踪指导，帮助服务对象重新回到正常生活轨道，这是我们工作的价值所在。

——“蓝丝带”社会工作服务社负责人 杨志伟

从特殊走向普及

“希望从服务特定群体开始，为全社会提供多彩生活。”

——社工

经过崇安区一年多的实践，充分证明政府花钱购买社区服务确实行得通。崇安区民政局局长徐向林介绍说，政府购买服务项目，是指政府通过招标等公开方式，聘请专业社工，向社会工作组织购买服务，建立起政府、专业社会工作机构和服务对象三者间的专业关系，政府最后对服务成效进行评估和验收。

2010年5月中旬，崇安面向全区社会服务机构、社工征集社会工作服务备选项目。很快就收到了30份项目申报书，经过评估、筛选，共有6个申报项目入选。2010年，该区为老年人、残疾人、单亲母亲、青少年和新市民建起了6个“家”，千余名市民享受到了“暖心服务”。

2011年该区进一步拓展社会工作体系，启动基层社会管理新模式“七彩工程”。按服务对象类别分设子项目，每个子项目对应一种颜色。比如，红丝带项目的服务对象为艾滋病病人和感染者、高危行为人群、重点人群和大众人群等四类人群；棕丝带为社区矫正对象和刑释解教人员；紫丝带为存在婚姻问题的家庭；橙丝带为贫困无助者和社会流浪乞讨人员；黄丝带为流动人口；蓝丝带为各类别残疾人及其家属；绿丝带为6~25周岁不在学、无职业的闲散青少年的。

“‘七彩工程’的实施目的，是希望能从服务特定群体开始，为全社会提供多彩的生活。”崇安区委书记蒋伟坚说。

阳光老人俱乐部是一个为老年人服务的“家”。2011年该项目被列入崇安区社会管理创新“七彩工程”的重点项目之一，并成为2011年政府购买社区服务项目。俱乐部既有专业社工参与老年活动的策划、组织、指导，又有专业的心理咨询师、人民调解员、律师为老人解决日常烦心事。最近，阳光老人俱乐部还添置了“自助厨房”。每天都有志愿者来这里做上几个可口的私房菜，空巢老人可以在这里搭伙，不用在大热天自起炉灶了。

目前，崇安区已建成7个社会工作专业服务基地，每万人中有6名专业社工，远高于全国、全省平均水平；同时区里还有居家主力中心、蓝丝带心疗室等20多个组织和机构参与社工专业服务。

在社会转型期，民生保障要求不断提高。“七彩工程”对特定人群做好保障工作，有利于促进社会和谐与发展。

——崇安区委书记 蒋伟坚

非物质帮扶 崇安社工在行动

- 作者赵晖
- 摘自2011年12月14日《无锡日报》A7版

在社区公共服务已实现全覆盖，对困难群体的物质救助基本到位的情况下，如何进一步提升社区管理和服务水平？2010年开始，崇安区由政府出资向专业的社工组织购买服务，再以“点对点”的方式提供给特定困难群体。经过一年多时间的探索和实践，这种专业化、精细化的“非物质帮扶”得到越来越多困难群众认可。崇安区民政局局长徐向林说，在人们的习惯思维里，“有事进法院，有病进医院”，但在法院、医院与家门口之间，还有一片广阔的“缓冲地带”，而社区提供的“非物质帮扶”，往往可以让很多烦恼在法院和医院门外得到化解。

“色彩丝带”彰显人性关怀

对特殊群体的管理和服务，不该仅仅依据法律规章，而是应通过“点对点”、面对面的跟踪帮扶服务，从源头化解社会问题。崇安区运用人们普遍认知的色彩区分，推行建立了红、橙、黄、绿、棕、蓝、紫等“七彩”丝带工作室或项目，分别为艾滋感染者、贫困无助和流浪乞讨者、外来流动人员、闲散青少年、社区矫治和刑释解教人员、精神残障者、婚姻危机人群和孤寡独居老人等8类特殊群体提供专业服务。

在江海地区的“蓝丝带”工作室，活跃着一群佩戴蓝丝带标识、身着粉红马夹的工作人员，他们中有专职社工、精神科医生，还有从事法律服务和护理工作的志愿者。每逢周三、周末，“蓝丝带”所在的小院内就会热闹非凡，康复医生、心理咨询师和社工们来到活动室，为残障、心障人员测量血压，与他们一起做游戏，并根据他们的病情和恢复情况，及时调整药量，传授服药方法，修订康复计划。李某患有精神幻想症，以前常在深更半夜惊醒，声称有人要谋害他，拿着菜刀到处乱砍，让家人生活在恐惧中，父母带着他四处求医，却不见好转。“蓝丝带”工作室的成员得知后，采取生理、心理和环境等综合疗法，很快让其恢复了正常。从前邻居见了避让三分的“武疯子”，如今在社区的帮助下，找到了适合的工作岗位，李某及其家人也成了“蓝丝带”的志愿者。工作室负责人杨志伟介绍说，如今工作室服务管理范围已经扩展到智障人群、肢残人群的康复理疗和心理疏导。

广瑞路新市民综合服务中心开展的“黄丝带”服务项目，把消除新老市民的隔阂作为工作目标。他们从介绍工作、找出租屋、为其子女联系上学做起，赢得了流动人员的信任，他们前后共推出了政策宣传、法律维权、治安管理、计划生育等10项服务。得到认同的外来务工人员如今已成为社区和谐文明建设的重要力量。

“个案 + 小组”的专业管理服务

“非物质帮扶”的服务对象是特殊困难群体，鉴于他们的需求各不相同，崇安区在确定服务项目时根据服务对象的个性需求，合理设计服务内容，为八类群体分别建立了数据库或备案资料，展开系统评估，通过“个案 + 小组”的专业方法，让服务更加精细、准确。

“紫丝带”项目是由区妇联牵头，为单亲家庭和有暴力倾向家庭提供服务的项目。妇联通过对 181 户重点单亲家庭生活现状的调查，分别形成个案，有针对性地进行帮扶，得到受助者肯定。张某离异 12 年，前一段时间因单位裁员下岗在家，而正处于青春期的孩子也开始“不听话”，学习成绩下降。生活的压力和孩子的“叛逆”，让张某悲愤不已，一时甚至萌生了轻生的念头。“紫丝带”项目组成员了解情况后，帮助她办理低保救助手续，为孩子申请助学金，先期给予经济援助。项目组又设计了“亲子活动计划”，邀请她和孩子一起参加，让她能敞开心扉。没想到，张某竟然在众人面前号啕大哭起来，长期积郁在心底的痛苦终于得到释放。张某说，社工们帮助她重新树立起生活的信心，让她感到身边还有那么多关心她的“亲人”。

“晓文红丝带”工作室是以个人名字命名，专门为艾滋病人和病毒感染者提供服务管理的组织。对于从事此项工作的几名年轻人来说，挑战除了来自于世俗的观念和家庭的压力外，还有与对方的配合程度。在他们的努力下，工作室如今成功掌控了 35 例患者，已经进行了近 3 万人次对高危行为人群、吸毒人员、失足妇女、性病就诊者以及同性恋者的筛查和干预。

“绿丝带”工程资助的项目“红星塔教育园”和“第三元成长空间”，都是主要针对闲散青少年建立的社区行动计划。该项目通过调查研究发现，部分青少年因学业压力和独生子女等因素影响，诱发自我中心、孤独自闭、沉迷网络等社会交往障碍，他们就从修复社会心理入手，围绕求学、就业、婚恋等方面的问题，开展社会工作，矫正不良行为，培养文明乐学和健康向上的生活方式，受到家长的普遍欢迎。

共建共享的“参与式”治理

一名服务对象身后，有着一群人或机构依据各自的优势，提供着从物质到精神、心理等多样化和个性化的服务。崇安区民政局有关负责人说，开展“非物质帮扶”需要动员社会力量广泛参与社会管理。

广益新村的“阳光老人俱乐部”，是一个让老人“阳光”起来的活动平台。俱乐部开办以来，已有 1 300 多名老人分别参加了欢乐艺术团、健康医疗队、帮困关爱队、治安巡防队等 10 个社团，而各社团的负责人都由老年人自己担当；上马墩街道的“老伙伴客厅”旨在让居民走出小家、融入“大家”，目前已有十几户家庭开放了自家客厅，定期请邻居到家里聊天、叙旧、读书看报、编织刺绣等。孤寡老人张老伯通过社区介绍，将一间闲置房出租给外来务工的小陈，小陈看到膝下无子的老人生活清贫孤独，便在工作之余承担起老人的就餐等生活照料，老人看到小伙子乐于助人也主动提出减免房租，房东与租客由此形成了“亲情”关系，老人和外来务工人员相伴相依被传为佳话。据崇安区民政局负责人介绍，在去年首次面向全区社会服务机构、社工征集社会工作服务项目时，该区从 30 份项目申报书中筛选出 6 个项目，由政府提供资金，并在政府帮助和监督下，为社区中的特殊群体、困难群体提供服务。2011 年，区政府又从年初申报的 53 个项目中筛选出 21 个，服务对象涵盖了各个领域。目前，崇安区已建成 7 个社会工作专业服务基地，有居家助理中心、心星社会工作之友、舒心驿站等 20 多个组织和机构参与社会工作服务，全区每万人中拥有 6 名专业社工，远高于全省、全国平均水平。

个案问题发生是社会问题的反映。崇安区开展“非物质帮扶”时，对个案问题不是孤立看待，而是寻找社会问题的深刻背景，以此为出发点开展对社会关系的修复和对社会问题的超前干预。该区实施的社区、社工、社会组织“三社联动”，建立起了政府、专业社会工作机构和服务对象三者间的良性互动模式，专业化服务的引入，使管理更柔性化，服务更精细。

参考文献

1. 王思斌. 社会工作概论. 北京：高等教育出版社，2004.
2. 王思斌. 社会工作综合能力（中级）. 北京：中国社会出版社，2007.
3. 史柏年. 社会工作实务（中级）. 北京：中国社会出版社，2007.
4. 陆士桢. 儿童青少年社会工作. 北京：高等教育出版社，2008.
5. 于燕燕. 中国社区发展报告（2008—2009）. 北京：社会科学文献出版社，2009.
6. 中国社会工作工作协会组编. 中国社会工作发展报告. 北京：社会科学文献出版社，2009.
7. 吕青. 社会工作实务. 上海：华东理工大学出版社，2010.
8. 史柏年. 中国文化与制度背景下社会工作本质的构建. 江苏社会科学，2011（1）.
9. 王思斌. 中国本土社会工作实践片论. 江苏社会科学，2011（1）.
10. 刘继同. 中国社会工作发展状况与社会福利政策处境. 首都师范大学学报（社会科学版），2005（1）.
11. 何增科. 社会管理体制改革背景下的社会工作发展思路. 毛泽东邓小平理论研究，2007（10）.
12. 王思斌. 购买岗位还是购买项目. 中国社会工作，2010（12）.
13. 李迎生. 构建本土化的社会工作理论及其路径. 社会科学，2008（5）.
14. 徐永祥. 社会工作是现代社会管理与公共服务的重要手段. 河北学刊，2007（3）.
15. 纪文晓 . 志愿服务与社会工作差异互动分析 . 中国青年研究，2010（10）.
16. 谭磊，丁建定 . 民政服务机构转型中的社会工作介入研究 . 广西社会科学，2011（3）.
17. 蓝云曦，谭晓辉，周红. 社会工作介入社会福利的探讨. 西南民族大学学报（人文社会科学版），2010（10）.
18. 文军. 论社会工作模式的形成及其基本类型. 社会科学研究，2010（3）.
19. 关信平. 加强社会工作服务流动人口的体制机制建设. 社会工作，2010（2）.
20. 夏学銮. 社会工作职业化呼吁三元联动. 检察风云，2008（2）.

21. 王克强. 社会工作在创新社会管理中的优势与作用. 中国社会工作（京），2011（7）.
22. 王卫平. 中国传统社会保障史研究述论. 江海学刊，2011（4）.
23. 杨团. 社区公共服务论析. 华夏出版社，2002.
24. 张琳娜，刘广生. 城市社区公共服务供给问题思考. 山东师范大学学报（人文社会科学版），2007（6）.
25. 雪萍. 城市社区公共产品供给机制论析. 社会科学研究，2009（3）.
26. 田华. 农村社区公共服务体系创建的若干问题. 求实，2006（4）.
27. 吕雁归. 农村社区公共服务的体制缺陷与机制改善. 中共福建省委党校学报，2009（7）.
28. 姜振华. 专业社会工作在城市社区发展中的介入及模式探讨——以北京市中关村街道华清社区服务站为例. 中国青年政治学院学报，2009（5）.
29. 王思斌，阮曾媛琪. 和谐社会建设背景下中国社会工作的发展. 中国社会科学，2009（5）.
30. 汤晋苏. 社区建设工作展望. 社会，2004（4）.
31. 民政部关于促进民办社会工作机构发展的通知（民发［2009］145号）. http://www. mca. gov. cn/article/zwgk/fvfg/zh/200910/20091000039649. shtm1.
32. 政府购买：民间社会工作服务组织的源头活水，中国社会报，广东社会工作网.

后　记

我国社会工作正处于快速发展的起始阶段，其发展路径正处在探索之中。江苏省无锡市崇安区社会工作体系建设既是本土社会工作的构建过程，也是社会管理创新之举；我们既是崇安区社会工作体系建设的参与者，也是崇安区社会工作体系的研究者。非常有幸亲临它走过的每一步，再回头探究它留下的每一个脚印！

本书是江南大学与崇安区政府的合作之作，由江南大学法学院的吕青与崇安区民政局的徐向林共同完成全书的构思，吕青负责撰写书稿第一章到第九章，徐向林负责相关内容的提供和编审，吕青、徐向林负责审读全稿。作为学者与政府合作之结晶，本书的出版得益于崇安区领导和江南大学法学院领导的亲切关怀与大力支持、编委会领导及成员的指导、华东理工大学出版社的热心帮助，我们在此表示感谢。我们还要感谢为本书收集资料作出贡献的赵倩、过景云同志，及所有为崇安社会工作体系建设添砖加瓦的建设者们！

社会工作制度作为发展社会服务和社会管理的一种工具性措施，目前正日益被推向前台，但社会工作制度在我国的建立和完善会是一个漫长的过程，因此本书的探究只能是初步的，还存在许多不成熟之处，在此，敬请学术界及社会工作同仁提出宝贵意见。

作者

2012 年 2 月 18 日